资源型产业服务化转型战略研究成果

建材产业服务化转型战略研究

姚 燕 著

科 学 出 版 社
北 京

内 容 简 介

服务化转型是建材等资源型产业结构调整和升级的重要战略选择。本书提出了建材产业价值链提升和服务化转型的两个方向，构建了建材产业服务化转型的战略框架，并在研究发达国家服务化转型国家策略的基础上，提出了建材产业服务化转型的措施和建议。

本书可供从事资源战略研究的相关人员阅读参考。

图书在版编目(CIP)数据

建材产业服务化转型战略研究 / 姚燕著. —北京：科学出版社，2018.7
ISBN 978-7-03-058115-0

Ⅰ. ①建…　Ⅱ. ①姚…　Ⅲ. ①建筑材料工业–工业经济–研究–中国
Ⅳ. ①F426.91

中国版本图书馆 CIP 数据核字(2018)第 134728 号

责任编辑：李　雪 / 责任校对：桂伟利
责任印制：师艳茹 / 封面设计：无极书装

科 学 出 版 社 出版
北京东黄城根北街 16 号
邮政编码：100717
http://www.sciencep.com
河北鹏润印刷有限公司 印刷
科学出版社发行　各地新华书店经销
*
2018 年 7 月第　一　版　开本：787×1092　1/16
2018 年 7 月第一次印刷　印张：11 1/2
字数：273000

定价：95.00 元

(如有印装质量问题，我社负责调换)

序

读完由中国工程院委托并由姚燕同志牵头的研究团队完成的《建材产业服务化转型战略研究》（“资源型产业服务化转型”项目建材部分），我感触良多。建材产业是国民经济的重要基础产业，改革开放以来，在国民经济快速发展的拉动下，建材行业坚持技术进步和结构调整，不仅保持了高速增长，而且经济规模与效益、技术装备水平、节能减排和废弃物利用等方面都取得了重大突破，为国民经济和城乡建设的快速发展和人民居住条件的改善提供了重要的原材料及生活资料的保障。但随着经济进入新常态，建材行业多年积累的结构矛盾并发，发展面临着巨大的挑战，特别是 2015 年以来，我用“三个普遍性”来形容，一是传统产业产能严重过剩，普遍存在原有产能过剩、新的需求不足，供需结构不合理；二是多数产业增长的增幅普遍下降；三是主要产品价格和企业经济效益普遍下降。这三个普遍性同时出现，是建材行业前几十年的发展中没有过的。这是发展方式转变慢和应对措施跟不上的必然结果。解决问题的办法有很多，但最根本的是靠创新驱动，改变发展方式，开辟新需求，发展新产品，加快行业转型升级的步伐。该书关于建材产业服务化转型的研究就是为建材行业转型升级、创新发展开出的一个药方，开辟的一条新路。

阅读该书，我感到非常欣慰和高兴。中国工程院在三年前就前瞻性地关注了资源型产业服务化转型的战略问题，并组织开展研究。该书从加工制造转向加工制造及其服务业转型的背景和现实需要出发，既提出了资源型产业面临的挑战和转型的必要性和重要意义，又阐明了全球向制造业服务转型的趋势，既囊括了建材各领域技术发展的现状与动向，又揭示了市场需求对建材发展的多层次要求。该书深刻分析了建材行业的发展现状和存在的问题，是奔着问题的解决而不是泛泛而谈的研究。同时对应性地从一些侧面展望了“十三五”时期建材行业发展的指向。我最看重该书的第三部分，它比较科学地阐述了推进服务业发展的战略意义和现实意义，大体构筑了建材产业服务业的内涵与框架，这为建材行业的转型提供了理论依据。该书第四部分，分别从住宅产业化、物流贸易服务、检验认证服务、技术工程服务、制造过程生态化、绿色建材效能增值多个角度，阐述服务业转型的实施路径。最后该书总结发达国家服务转型的主要做法，并对我国政府和企业提出了相关的建议。该书思路缜密、内容翔实、逻辑比较严谨、关键论点的论述也比较清晰，是对建材产业的转型升级和建材服务业的发展，具有参考价值的报告。

加快结构调整和转型升级是“十三五”的关键词，是改变供给侧结构的必由之路。现在中国经济进入新常态，既有挑战也有机遇，既有压力也有动力。那么建材产业进一步的动力是什么呢？概括地讲就是“创新驱动”，用新理念、新理论、性思维、新领域去改变产能过剩，改变发展停留在中低端，改变落后产能淘汰滞后，改变新兴产业发展缓慢，改变传统产业提升不足、附加值低和产品结构单一的发展模式，加快走出去的步伐。根据“中国制造 2025”的发展战略和“一带一路”倡议，用创新驱动新的发展。

党的十八届五中全会发布的《中共中央关于制定国民经济和社会发展第十三个五年规划的建议》中提出“推动制造业由生产型向生产服务型转变”。服务化转型将成为建材行业转型升级的重要途径之一，将成为行业新的发展战略。项目研究团队为我们做好“十三五”行业发展规划提供了重要的路径和参考。该书的立意具有前瞻性，并具有融合性创新，其成果应该肯定并值得推广。

中国建筑材料联合会会长

2016 年 3 月

前　言

资源型产业是以能源和矿产资源开发利用为主的产业，包括采掘业和制造业中的资源加工业，是国民经济的重要基础产业。煤炭、石油、冶金和建材是资源型产业的典型代表行业。但是，当前这些行业的发展都面临着资源、环境、市场约束和低端同质化产能过剩等多重压力，已有的“生产型”发展模式已经不可持续。行业发展中不断强化的两极分化，一方面有利于进一步提高产业集中度，另一方面具有差异化资源优势和技术优势、能实现柔性化生产、快速反应市场需求、实施定制化服务的企业更能在竞争中生存下来。

服务化转型是建材等资源型产业结构调整和升级的重要战略选择。2012 年 3 月，中国工程院设立的重点咨询项目“煤炭等资源型产业的服务化转型战略研究”，由刘炯天院士带队，王一德院士参加，对煤炭、冶金、建材及石油天然气等资源产业进行了深入分析研究。“建材产业服务化转型战略研究”是其中四个子课题之一，该子课题由姚燕（中国建材集团有限公司副董事长、中国建筑材料科学研究总院院长）担任课题负责人。课题主要探讨了建材等资源型产业服务化转型的内涵、战略框架、战略路径和措施建议。

建材等资源型产业服务化转型是一种通过增强服务意识、加大服务要素投入、增加服务产出，实现资源型产业从生产型向生产服务型转变的产业转型和升级模式。建材产业的服务化转型战略是指以建筑材料科学、现代管理科学和信息化网络技术等为支撑，建立新的运营模式、服务方式和管理方法，实现产业链主导权从大规模生产能力向以新技术研发能力为基础的、贴近终端消费的服务化战略能力转化的资源类产业升级路径。

研究提出了建材产业价值链提升和服务化转型的两个方向：通过服务型生产垂直提升价值链；通过生产性服务向两端延伸价值链。服务型生产（service-oriented production）是指以服务客户和社会的理念为导向，通过服务化手段将科学技术、信息技术和商业创新的价值注入传统制造环节，做到有效和绿色生产，向客户和社会提供最合适的资源性产品。生产性服务（service for production）是以产品为中心的传统生产制造向价值链两端延伸，围绕资源型产业生产过程中的前端、中端和后端业务，拓展营销、工程技术服务、物流、电子商务、金融、信息等增值服务和专业服务业务和产业领域，提升资源型产品的服务价值。

构建的建材产业服务化转型战略框架包括一个转型目标（生产制造—系统集成—综合服务）、一个核心理念（善用资源、服务社会）、两种主要转型方向（生产性服务和服务型生产）、三个转型阶段（服务理念树立和服务化转型试点阶段、服务化快速转型阶段、服务型产业体系形成阶段）、六个具体转型路径（住宅产业化、物流贸易服务、检测认证服务、工程技术服务、生态化产业服务、新型建材产品）。

从生产型向生产—服务型转变，打造服务型产业体系，是建材产业服务化转型的目标。打造服务型产业体系主要通过全面树立服务观念、加大服务要素投入、加快发展服务产业、建立服务导向的评价体系等实现。课题在研究发达国家服务化转型国家策略的基础上，研究提出建材产业服务化转型的措施和建议，包括树立服务理念、完善市场机制、加大科技创新、培育新兴产业、推进转型试点、完善评价体系、培养创新人才、加强国际合作等。

当前，我国经济发展进入新常态，正处在爬坡过坎的关口。宏观经济形势和行业发展形势要求资源类产业要在巩固已有优势的基础上，强化创新驱动作用，加快转型升级步伐，不断提高企业活力和竞争力，实现新形势下的优势再造，实现有质量、有效益、可持续的发展。通过建材产业服务化转型的战略实施，从技术创新和管理创新实现价值创新，改变建材行业“四大五低”的痼疾，不断降低建材产业的资源密集程度和依赖程度，提高产业价值增值能力，从而实现建材产业与相关产业、环境和社会的可持续发展。

目　录

第一章　资源型产业服务化转型的背景和意义

第一节　资源型产业的地位和作用

经过多年的发展，我国已经建立了较为完善的现代工业体系。资源型产业作为基础产业，为国民经济建设和人们生活提供了各类能源燃料和基础原料。同时，资源型产业也是我国国民经济的重要组成部分，近年来其产值占工业销售总产值的20%～30%。作为最大的发展中国家，资源型产业在未来相当长时间内仍在国民经济的各个领域发挥巨大作用，其基础地位仍然存在。

一、资源型产业的范畴

资源型产业的界定总体可以分为以下三类。

从资源利用与保护的角度，资源型产业(natural resources industry)被认为是以自然资源为生产对象而形成的具有相同或相似特征的企业集合。资源是经济发展的物质基础，资源型产业因此被界定为基础产业，是其他产业的上游原材料和初级加工材料的供应产业。

从资源使用形态和使用过程角度，资源型产业是指“以资源为对象的经济部门，是通过劳动、资金、技术投入而进行有关自然资源勘查与评估、开发与利用、保护与养育、更新与再生、增值和积累的生产事业[①]”。从资源开发利用过程看，资源型产业包括资源开采前、开采中及开采后的一切资源经济活动，是全部资源的生产和再生产活动的集合，如矿产资源开采以前的生产活动(保护、测绘、勘探等)，开采中的生产活动(开采等)，开采后的生产活动(运输、加工、利用等)[②]。

从产业分类角度，中国科学院院士陆大道(2003)在《区域发展及其空间结构》一书中认为，资源型产业是以资源的开采和初加工生产为主的产业。它基于资源条件而确立发展方向，以资源为主要生产要素，资源含量较高，其一般包括：电力工业，如火电、水电、核电；化学工业，如基本化学工业(三酸、两碱、电石等)、合成材料工业(乙烯、聚乙烯、苯、乙炔等)；冶金工业，如有色及黑色金属的采选、冶炼和压延；石油工业，如石油采掘和炼制；煤炭工业，如煤炭采、选、炼焦；建材工业，如水泥砖瓦、建筑陶瓷、玻璃等；此外，还有纺织工业、森林工业、食品工业、造纸工业。

目前，国际上对资源型产业的划分比较广泛，包括农业、能源、林业、渔业、休闲业和采矿业。从广义上讲，资源型产业是以矿产、生物、土地等自然资源的勘探、保护、

---

① 李金昌. 资源产业论. 北京：中国环境科学出版社，1990.
② 杨艳琳. 资源经济发展. 北京：科学出版社，2004.

开发、更新、利用为基础，而形成的对自然资源极度依赖的产业。从狭义上讲，资源型产业是与矿产资源开发和初步加工有关的产业，包括采矿业和与采矿业密切相关的原材料产业，以及电力、热力的生产和供应业三大产业领域①。

本书中资源型产业是狭义上的依赖矿产资源形成的产业。一般而言，从事煤炭、石油、化工、金属、建材等矿产资源采掘和加工的企业均属于这一范畴，本书选择煤炭产业、油气产业、冶金产业、建材产业四大产业作为资源型产业的代表开展研究。从国民经济行业分类(GB/T 4754—2011)看，资源型产业主要包括煤炭开采和洗选业，石油和天然气开采业，黑色金属矿采选业，有色金属矿采选业，非金属矿采选业，石油加工，炼焦及核燃料加工业黑色金属冶炼及压延加工业、有色金属冶炼及压延加工业、非金属矿物制品业等行业。

二、资源型产业对国民经济的贡献

资源型产业是国民经济的基础产业，为其他产业发展提供能源、原料和材料等。同时，资源型产业也是国民经济的支柱产业，对经济增长、人口就业、社会稳定等贡献率较高。

(一)资源型产业是国民经济的基础和支柱产业

资源型产业对国家，特别是资源富集地区的经济社会发展起着巨大推动作用。2002～2011年，规模以上工业企业中煤炭开采和洗选业，石油和天然气开采业，黑色金属矿采选业，有色金属矿采选业，非金属矿采选业，石油加工、炼焦及核燃料加工业，黑色金属冶炼及压延加工业，有色金属冶炼及压延加工业，非金属矿物制品业等资源型产业各自所占全国工业总产值的比重虽然有升有降，但总体波动幅度并不明显，资源型产业内部始终保持稳定。但从资源型产业总体占工业产值的比重来看(图1.1)，资源型产业对工业销售产值的贡献比重有明显的增长趋势，2011年达到28%。从一定程度上说，资源型产业不仅是国民经济的基础产业，也是支柱产业。

改革开放以来，我国地区工业结构的变化，尤其是出口加工业的迅速发展，对煤炭、矿产品等资源型产品产生了巨大的市场需求，有力地推动了资源型产业的发展，并在部分地区形成了以资源型产业为主导的经济体系。受经济增长格局变化的影响，从20世纪90年代开始，资源型产业得到了快速发展，增长势头十分强劲，迅速成为工业部门内部增长最快的行业。尤其是进入2002年以后，资源型产业工业总产值占工业销售总产值的比重都保持在20%以上。因此，在今后相当长时期内，资源型产业仍为我国社会的主体产业。

① 惠宁，惠炜，白云朴. 资源型产业的特征、问题及其发展机制. 学术月刊，2013，45(7)：100-106.

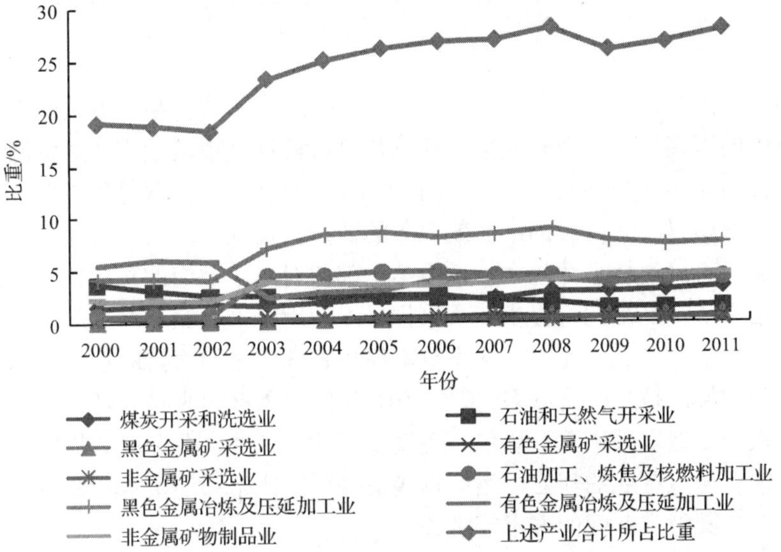

图 1.1　2000～2001 年我国规模以上工业企业中资源型产业产值占工业销售总产值的比重

从规模以上工业企业的主营业务收入比重中可以看出(图 1.2)，资源型产业所占比重较高，而且呈现在波动中上升趋势，尤其是 2003～2008 年是资源型产业快速发展的黄金 5 年。以 2012 年为例，煤炭、油气、冶金和建材四个产业比重之和高达 28%，其中冶金产业比重最高为 14%，油气、建材和煤炭的比重分别为 5.49%、5.19%、3.66%。

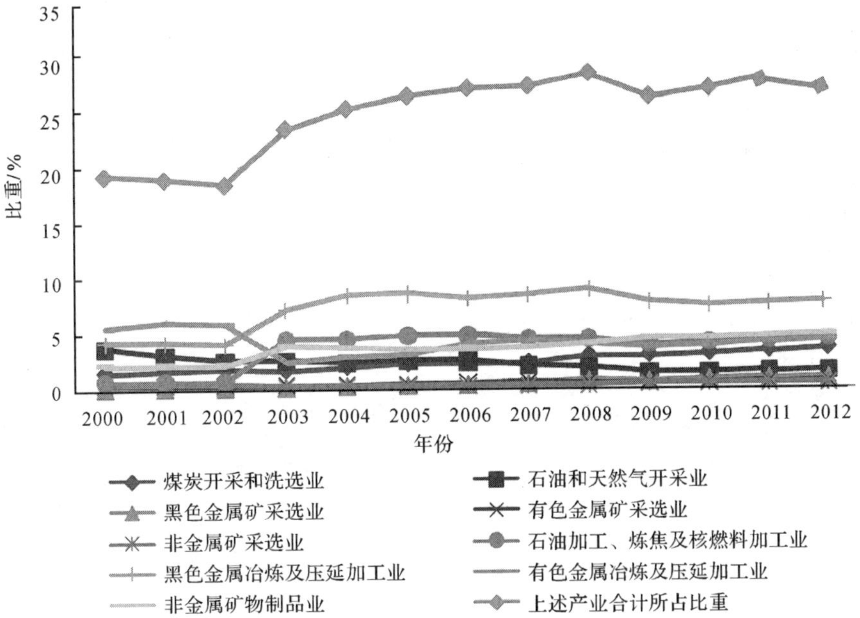

图 1.2　2000～2012 年我国规模以上工业企业主营业务收入中资源型产业所占比重

(二)其他产业对资源型产业的依赖程度高

资源型产业是其他产业发展的基础，其他产业发展对资源型产业依赖性较强。运用投入产出表中的直接消耗系数和完全消耗系数可很好地表现其他产业对资源型产业的依赖关系。直接消耗系数是指某一产品部门(如 j 部门)在生产经营过程中单位总产出直接消耗的各产品部门(如 i 部门)的产品或服务的数量，反映了部门之间相互依存和相互制约关系的强弱，直接消耗系数越大，说明第 j 部门对第 i 部门的直接依赖性越强。完全消耗系数是指第 j 产品部门每提供一个单位最终使用时，对第 i 产品部门货物或服务的直接消耗和间接消耗之和。完全消耗系数不仅反映部门之间直接的技术经济联系，还可反映部门之间间接的技术经济联系。依据 2010 年的投入产出直接消耗系数表和投入产出完全消耗系数表，选取采矿业，炼焦、燃气及石油加工业，非金属矿物制品业，金属产品制造业作为资源型产业的代表，运用直接消耗系数比重和间接消耗系数比重指标，测算资源型产业与其他产业间的技术经济关系。

从直接消耗系数比重曲线看(图 1.3)，除 4 个资源型产业以外的 13 个产业中，建筑业对资源型产业的依赖性最强，资源型产业的直接消耗系数比重高达 55.06%，其次是电力、热力及水的生产和供应业，资源型产业的直接消耗系数比重高达 29.70%，运输仓储邮政、信息传输、计算机服务和软件业和机械设备制造业两个产业，比重分别为 26.23% 和 24.33%，表明其对资源型产业的依赖程度也很强。

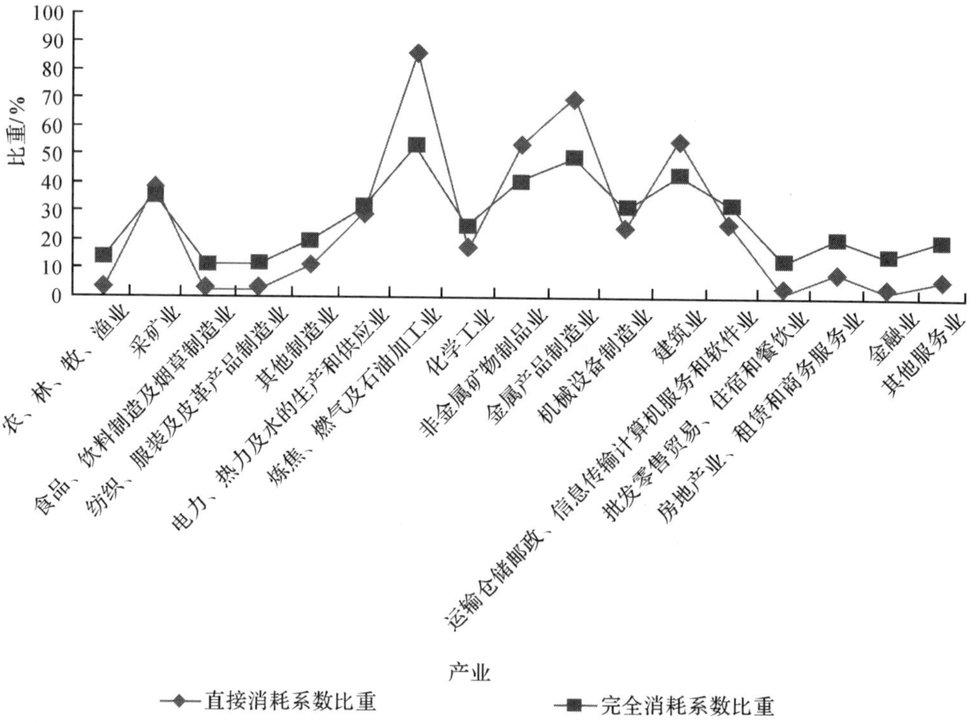

图 1.3　其他产业对资源型产业的依赖程度

从完全消耗系数比重曲线看，除 4 个资源型产业以外的 13 个产业中，资源型产业的完全消耗系数比重最大的依然为建筑业，数值高达43.18%，其次为机械设备制造业，运输仓储邮政、信息传输、计算机服务和软件业，电力、热力及水的生产和供应业，三行业该数值相当，为30%左右，再次为化学工业和其他制造业，两行业该数值均超过20%。

(三)资源型产业长期保持重要基础地位

我国是煤炭、钢铁、建材等资源的生产大国和消费大国，多种产品的产量和消费量位居全球第一，占全球总量的50%左右。煤炭等四大资源型产业在我国国民经济中将长期保持重要基础地位。

近年来，随着我国国民经济的快速发展，能源消费量保持2亿吨标准煤左右的年增长，对煤炭的需求量大幅度提高，煤炭在我国一次能源的生产和消费中占70%左右，2012年全国原煤产量为36.5亿吨，占全球煤炭产量的47.5%，连续多年居世界第一位。2014年我国原煤产量38.7亿吨，同比下降2.5%[①]。尽管随着我国能源结构的不断调整，可再生能源也会有一定的发展，但我国"富煤、缺油、少气"的一次能源赋存条件决定了我国煤炭的基础能源地位，在未来相当长的时期内，煤炭在能源结构中的主体地位不会改变，根据《中国可持续能源发展战略》，到2050年煤炭能源比例仍占到50%。作为我国可长期依赖的基础能源，煤炭是我国能源安全供应及经济社会发展的重要保障。

油气产业是我国重要基础产业和安全保障产业。人类进入工业化社会以来，所消耗的一次能源迄今仍主要靠化石能源。从世界能源结构格局来看，2012年世界一次能源消费结构中，原油的比重为33.1%，天然气比重为23.9%，二者所占比重之和达到了57%，石油及天然气产业在能源消费结构中占据了主导地位。2013年我国原油产量为2.09亿吨，同比增长1.8%，天然气产量为1170亿立方米，增速高达9.7%。2000年，煤炭所占份额为68.5%，石油为22.0%，到2014年，分别下降为66%和17.1%，二者合计下降7.4百分点[②]。在2014年世界一次能源消费结构中，原油的比重为32.6%，天然气的比重为23.7%，二者所在占比重之和达到了56%，石油及天然气产业在能源消费结构中仍占据主导地位。2014年中国原油产量为2.1亿吨，净增长138万吨，同比增长0.7%，连续5年保持2亿吨以上;天然气产量为1329亿立方米，净增长158亿立方米，同比增长10.7%。2014年中国的煤炭占能源消费比重为66%，石油、天然气所占比重为23.1%，但经济增长与结构调整所带来的对石油、天然气能源需求的持续增长则是毋庸置疑的，预计到2020年，煤炭占能源消费的比重将降至60%，石油、天然气的比重则增至24%，石油、天然气产业对国民经济的支撑作用在逐步加强。

冶金产业是指围绕采矿、选矿、金属冶炼、加工及应用形成的产业门类，它是工业、农业、交通运输业和国防工业等产业的基础，是国民经济的重要基础性产业，是衡量一个国家经济发展和国防实力水平的重要标志。进入21世纪以来，我国国民经济稳步高速增长，取得了举世瞩目的成就。为我国冶金产业的发展带来了前所未有的机遇，使我国冶金工业得到了飞速发展。2012年，我国共生产钢7.17亿吨，同比增长3.13%，这是我

① 国家统计局. 2014年国民经济和社会发展统计公报，2015.
② 马建堂. 近期我国能源消费呈现四大趋势. 中国经济网，2015-07-13.

国1996年钢产量超过1亿吨成为世界第一产钢大国后，连续17年保持世界第一，钢产量已占世界钢产量的47.21%。我国同样也是有色金属大国，2012年我国十种有色金属产量达到3691万吨，连续10年位居世界第一。2013年我国粗钢、钢材、十种有色金属的产量分别达7.79亿吨、10.68亿吨、4054.9万吨，同比分别增长7.6%、11.7%、9.9%，均超过2012年增速。2014年我国粗钢、钢材、十种有色金属的产量分别达8.23亿吨、11.26亿吨、4417万吨，同比分别增长5.6%、5.4%、8.9%。冶金产业的飞速发展为建筑、机械、汽车、家电、造船、航空、航天等行业快速发展提供了重要的原材料保障，有力地促进了我国国防工业及国民经济建设的快速发展。

建材产业是我国重要的材料工业。建材产品包括建筑材料及制品、非金属矿及制品、无机非金属新材料三大门类，其广泛应用于建筑、军工、环保、高新技术产业和人民生活等领域。到2013年，我国已经成为全球最大的建筑材料生产国和消费国，主要建材产品水泥(24.1亿吨)、平板玻璃(7.8亿重量箱)、商品混凝土(11.7亿立方米)、建筑卫生陶瓷、石材和墙体材料等产量多年居世界第一位。2014年全国水泥产量为24.8亿吨，同比增长2.9%，增速同比回落8百分点；全国平板玻璃产量为7.9亿重量箱，同比增长1.3%，增速同比回落10百分点。商品混凝土产量达15.5亿万立方米，同比增长32.5%。与此同时，建材工业主要生产工艺和装备水平已经接近或达到世界先进水平；结构调整、产业升级取得重大进展。建材工业已经逐步发展成为门类齐全、规模庞大、体系完整、产品配套能力较强、具有一定国际竞争力的重要基础原材料行业，为国民经济发展、城乡建设和人民生活水平的提高做了重要贡献，基本满足了国民经济和社会发展的需要。

三、资源型产业间关联紧密

本书中的资源型产业主要是指煤炭、冶金、建材、石油和天然气，这四大产业间的协同关系表现在：煤炭产业向冶金产业提供燃料，冶金产业生产可向石油、天然气产业提供油气开采、输送及储存等管线钢和压力容器用钢，以及向建材产业提供钢筋、钢结构等建筑钢材。同时，冶金产业在生产过程中所产生的矿渣、冶金渣等副产品又可作为建材产业生产水泥、玻璃的原料。四大产业间存在很强的物质流和能流关系：我国电力燃料的76%、钢铁能源的86%、建材能源的79%、化工原料的50%来自煤炭；煤炭消费结构为发电51%、锅炉窑炉22%、化工19%、其他8%。

另外，冶金工业生产过程要消耗大量的电能和煤炭，产生大量的煤气和余热。冶金企业应当优化能源结构和能源利用，在能源效率最大化的前提下，如利用钢铁生产流程中的余热余能和副产品煤气发电，与电力行业构成钢铁—电力循环经济产业链。

冶金生产过程中的副产品煤气资源化利用可提高煤气利用的附加值，可生产氢、甲醇、二甲醚等。目前，我国钢铁生产过程的焦炉煤气、高炉煤气和转炉煤气只是作为燃料，用于钢铁企业内部或钢铁厂附近的生活区，利用效率低，焦炉煤气中含有的氢气，高炉煤气、转炉煤气中含有的一氧化碳等均未得到资源化利用。钢铁生产可与化工行业构成循环链接关系，在煤气加工方面进行合作，使煤气资源得到优化利用，实现资源效率和经济效益的最大化。

钢铁企业下游企业延伸产业链主要是利用钢渣发展建材行业和钢铁进一步深加工。

在钢铁生产过程中，产生的固体副产物主要有高炉渣、转炉渣、除尘系统的粉尘及脱硫副产物等，这些固体副产物的主要成分与水泥成分接近，可以做水泥原料使用。因此，钢铁生产可与建材行业链接，构成钢铁—建材循环经济产业链，使副产的冶金渣高附加值化。

第二节 资源型产业发展面临的挑战

传统的以初级加工产品为主要最终产品，以耗费资源、污染环境和破坏生态为代价，附加值低、利润流失的“资源—产品—废弃物”线性发展模式，不仅使资源型产业自身发展缺少可持续性，而且造成资源富集地区环境污染、产业结构单一等比较严重的发展问题。

一、资源利用率低，资源瓶颈突出

资源型产业在开发利用有限的矿产资源方面，资源的有效开发利用率较低，附加值高的资源仅用于低端用途。例如，煤炭产业资源回采率仅为30%～40%，原煤入洗率仅为50%左右，高附加值的煤炭仅用做燃料，未开发其作为高端燃料或原材料的高端用途，造成煤炭资源利用价值的浪费。此外，资源的消耗效率较低，如2011年我国的GDP占世界的10%，而能耗却占世界总能耗的21%，这说明我国单位GDP的能耗比世界平均水平高出一倍。人均能耗也已达到世界平均水平，并在迅速增长。2012年我国一次能源消费量为36.2亿吨标煤，消耗全世界20%的能源，单位GDP能耗是世界平均水平的2.5倍，美国的3.3倍，日本的7倍，同时高于巴西、墨西哥等发展中国家。全国政协常委、经济委员会副主任、工业和信息化部原部长、中国工业经济联合会会长李毅中在由新华社《财经国家周刊》与国际能源署共同主办的“2014第二届中国未来能源论坛”发言时表示，我国的能源消费占全球总量的21.5%，创造了全球GDP的12.3%，但这个数据是扭曲的，因为GDP的能耗是人家的2倍。2014年我国的GDP达到10.4万亿美元，首次突破10万亿美元，成为继美国之后第二个跻身超10万亿美元经济体俱乐部，占全球GDP比重达13.3%。由于我国经济总量大，能源利用水平与国际先进水平存在差距，尽管这两年能源消费增速明显放缓，但我国能源消费总量仍然巨大。根据全国第三次经济普查更新后的数据，我国2013年和2014年能源消费总量分别为41.7亿吨标准煤和42.6亿吨标准煤，占全球能源消费总量的20%左右，节能降耗的任务仍然繁重。国务院办公厅印发能源发展战略行动计划(2014～2020年)，提出到2020年，一次能源消费总量控制在48亿吨标准煤左右，煤炭消费总量控制在42亿吨左右。

长期所沿袭的粗放型开发利用模式，多数较好的资源先期被粗放开采，而且生产加工过程中的资源消耗强度高，废弃资源没有得到很好的回收利用，导致一些资源存量锐减，随着开采难度加大，开采成本增加，有些资源的优势地位已受到削弱，资源型企业的进一步发展将受到资源存量的制约。

由于资源的过度开采，已造成了部分资源的枯竭，原材料市场已无法满足资源型产业的快速发展，对海外原料市场的依赖日益凸现。2002～2005年除煤、锰矿砂及其精矿的进口相对平稳之外，其他资源型产品进口增速明显(图 1.4)，尤其是原油、成品油、铁矿砂及其精矿、铜矿砂及其精矿、钢材、铜材等资源型产业的原料与加工品进口的增速更加突出。与此同时，2002 年后，焦炭、半焦炭、硅铁、钢材、铜材、铝材等的出口呈现明显的上升趋势，年均增速更加突出。

油气产业的产业集中度虽然很高，主要由中国石油化工集团公司(简称中石化)、中国石油天然气股份有限公司(简称中石油)、中国海洋石油总公司(简称中海油)三家寡头垄断，但油气产业的对外依存度仍然不断上升。2012 年，我国石油产量为 2.07 亿吨，进口量为 2.71 亿吨，对外依存度为 56.4%，石油进口额达到 2200 亿美元。2013 年我国原油产量为 2.09 亿吨，进口量为 2.82 亿吨，对外依存度高达 57.4%。2014 年我国石油产量 2.1 亿吨，进口原油 3.1 亿吨，对外依存度更是高达 59.6%。有专家预测，到 2020 年，我国石油消费量将达到 5 亿吨，对外依存度超过 60%。

冶金生产所必需的铁矿、铬矿、锰矿、镍矿等战略资源供应日趋紧张，60%以上的铁矿石需进口，进口铁矿石价格涨幅远远高于钢材价格的状况，吞噬了钢铁企业微薄的利润。2013 年铁矿砂及其精矿的进口量为 81931 万吨，同比增长 10.2%；2014 年铁矿砂及其精矿进口量为 93251 万吨，同比增幅 13.8%，2014 年进口量为近 10 年来最高水平。因此，我国资源型产业应积极开拓国际市场，在海外建立稳定的原料供应基地。

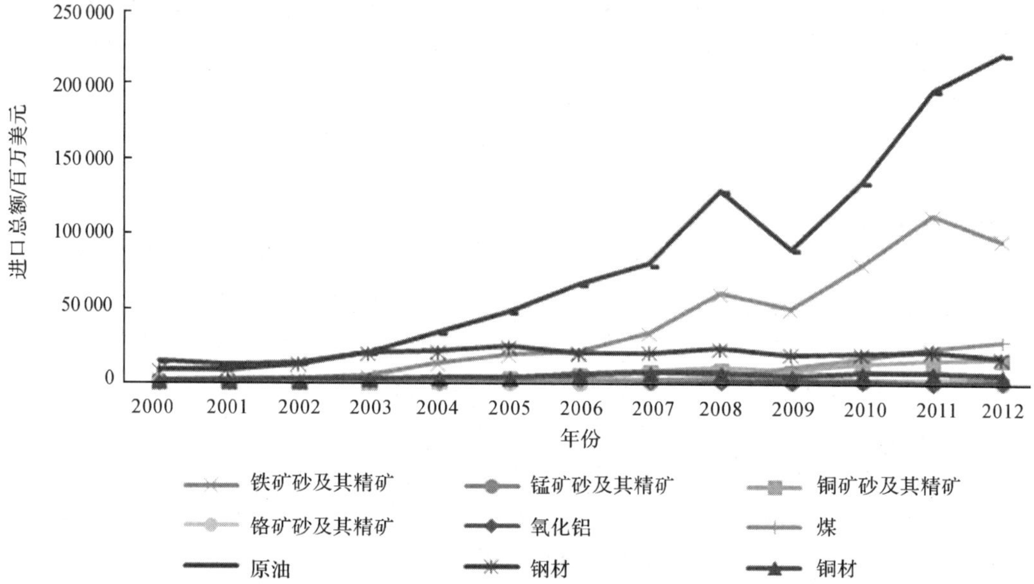

图 1.4　2000～2012 年我国主要资源型产品进口总额

国内资源利用效率低下，国际资源市场风险莫测，更加剧了国内资源紧张的形势和国外供给的不确定性，也必将直接导致我国经济损失和资源供给安全，致使资源型产业发展面临着严峻挑战。

二、生态破坏严重，环境制约明显

如今，随着全球可持续发展观念的逐步深入，绿色环保的呼声越来越高涨，资源型企业的“三高”(高消耗、高污染、高排放)特点越来越与当前全社会绿色发展的目标相冲突。采掘业引发的生态和环境问题日益严峻。

资源采掘引发地表塌陷、水土流失、植被破坏、生态退化。例如，煤炭采掘业，每采万吨原煤造成塌陷土地 0.2～0.3 公顷。以徐州矿区为例，截至目前徐州矿区累积塌陷土地约 2 万公顷，一方面是建筑物损坏，另一方面是建筑物下压煤严重，徐州矿区现有可采储量 80%被地面建筑物所压。煤炭开采过程中对含水层进行疏干，煤矿每年可排水 60 亿立方米，造成区域含水层水位下降，使地表水体干涸，影响区域植被生长，这一问题在西部缺水矿区尤为突出；煤炭加工利用过程中，每 3.5 吨标准煤燃烧产生 1 吨粉煤灰，大量煤矸石与低品质资源排放占地、煤中有害元素污染大气和水体，粉煤灰成为最大单一固废污染源。目前我国矸石山约 3800 座，百万吨矸石占地约 3 公顷。同时，燃煤造成的 SO_2、CO_2 和烟尘等污染物排放亦十分严重，排放量分别占 85%、85%和 70%。

污染物减排的要求与资源消费量，尤其是化石能源消费量的增长构成尖锐矛盾。我国的 SO_2 和 CO_2 排放总量居世界首位，SO_2 和 NO_x 的排放量均超过环境自净能力。据国际能源署统计，目前我国是全球最大的 CO_2 排放国，我国人均 CO_2 排放量已与世界平均水平基本持平，随着我国经济增长，能源消费增加，温室气体排放会在一个较长的时期内保持增长。

我国是一个能源相对匮乏的国度，能源的人均占有量很低，而钢铁、电解铝等，水泥、玻璃等，石油化工、煤化工等这些资源型产业都位于耗能大户的前列。资源型产业的过度能源消耗，必然会有过度的排放，造成过度的污染。最近京津冀、长三角，乃至大半个中国都在雾霾的笼罩下，有报告研究显示，京津冀地区雾霾分布趋势与该地区的钢铁、水泥及化工企业分布相吻合。另外，还有报告显示，煤炭燃烧排放出的大气污染物是整个京津冀地区雾霾的最大根源。从行业来看，煤电、钢铁和水泥生产是京津冀首要的“污染”行业，其排放出的烟尘、SO_2、NO_x 和挥发性有机物等是雾霾的主要来源，占京津冀地区一次 PM2.5 颗粒物总排放的 57%，SO_2 和 NO_x 总排放的 81%和 64%。在 2022 年实现空气质量达标，必须要削减 80%的 PM2.5 排放，燃煤削减将是减排的关键。

此外，以燃料类型来看，过度依赖煤炭的能源供应结构对京津冀地区的 PM2.5 污染影响巨大。煤炭是京津冀地区主导性的燃料污染来源，占一次 PM2.5 颗粒物排放的 25%，对 SO_2 和 NO_x 的贡献分别达到了 82%和 47%。因此，大幅度降低钢铁、水泥等“两高”产业的比重，进行电力行业的去煤和清洁替代，减少煤炭消费量。与此同时，资源型产业通过服务化转型在生产过程中要注重节能减排，生产出“资源节约型、环境友好型”的绿色产品。

三、生产能力过剩，经济效益下滑

自然资源是天赋资源财富，与其他产品的特征与属性存在较大差异。在资源丰裕的地区，骤然繁荣的资源产业与快速增长的资源财富，诱发了追逐 GDP 增长的地方政府的投资热潮。对于区域经济增长严重依赖资源产业的地区政府而言，为追求政绩的需要，其会源源不断地将自身控制的稀缺资源投向资源型产业，这在不同程度上又诱导了民间投资与外商投资在资源型产业的集中，从而导致了地方资源型产业的低水平重复建设，进而推动了资源型产品的快速增长与低水平生产能力的严重过剩。资源型产业已经形成较大规模，存在一定程度的产能过剩。

从资源型产业的主要产品产量看(图 1.5)，虽然产量增长率有所下降，但总量还在增长。2012 年全国煤炭产量为 36.5 亿吨，铁矿石全年产量为 13.1 亿吨，全国生铁、粗钢、钢材产量分别为 6.58 亿吨、7.17 亿吨、9.52 亿吨。建材及主要非金属产品增长速度从偏快向平稳回落，全年水泥产量 22.1 亿吨，平板玻璃 7.5 亿重量箱，陶瓷砖 92 亿平方米，天然花岗岩石材 4.1 亿平方米，卫生陶瓷产量 1.6 亿件。2012 年生产原油 2.07 亿吨，天然气产量稳定增长，全年天然气产量 1072.2 亿立方米，石油、天然气国内市场需求强劲，对外依存度进一步攀升，进口保持稳步增长。到 2013 年资源型产业除煤炭产量增速为 0.8%表现较慢外，其他主要产品增速又开始恢复快速增长，如粗钢、钢材、十种有色金属产量同比分别增长 7.6%、11.7%、9.7%，水泥产量同比增长 9.6%，平板玻璃同比增长 11.2%，商品混凝土同比增长 22.5%，天然气产量增速为 9.7%，均超过 2012 年增速。

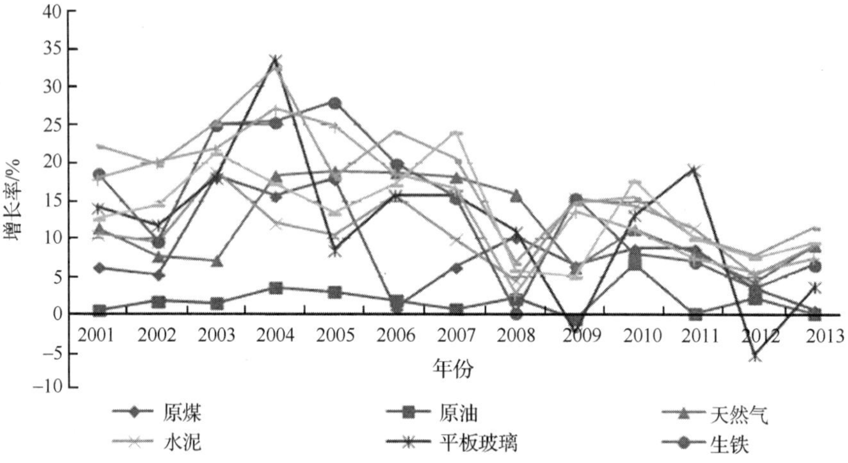

图 1.5　2001～2013 年我国主要资源型产品产量增长率

我国的钢铁、铝等常用十种有色金属及玻璃、水泥和陶瓷等建材产能均达到世界第一，已出现全面过剩。

欧美等国家一般用产能利用率或设备利用率作为产能是否过剩的评价指标。设备利用率的正常值在 79%～83%，若设备开工低于 79%，则说明可能存在产能过剩的现象。我国有约 10 亿吨的粗钢产能，目前国内市场需求消费不足 7 亿吨，也就是说，目前我国有 2 亿多吨的过剩产能要消化，产能利用率低于国际评价标准，粗钢产能过剩明显。也有专家提出，国际上判断水泥行业是否产能过剩有一条黄线，即 15%，超过 15%的黄线就属于严重产能过剩，应引起警惕。据工业和信息化部的数据，2013 年年底，全国水泥产能达 32.9 亿吨，产能利用率创新低至 73.3%。2014 年全行业新增熟料产能 7000 万吨(对应水泥产能约 1.2 亿吨)，同比增长约 3.5%，但水泥产能利用率却是不到 70%，水泥行业产能严重过剩现象没有得到实质性改善。2015 年行业预计仍新增熟料产能 4500 万吨(对应水泥产能 0.8 亿吨)，同比增长约 2%。自 2008 年 38 号文以来，资本市场对水泥行业年年抱有“明年新增产能大幅回落，后年几无新增产能”预期，但此预期年年落空，数据超出预期，水泥新增产能至今仍未停止。

产能过剩导致资源型产品竞争越发激烈，大多资源型产品价格近年来普遍呈下行走势，见图 1.6 和图 1.7。

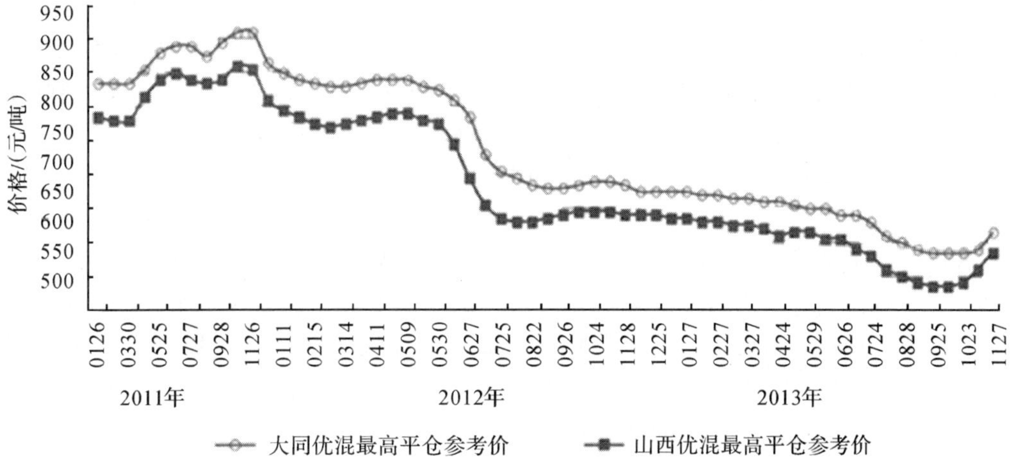

图 1.6　2011～2013 年秦皇岛港口主要监测煤炭品种价格走势图

资料来源：中国煤炭市场网

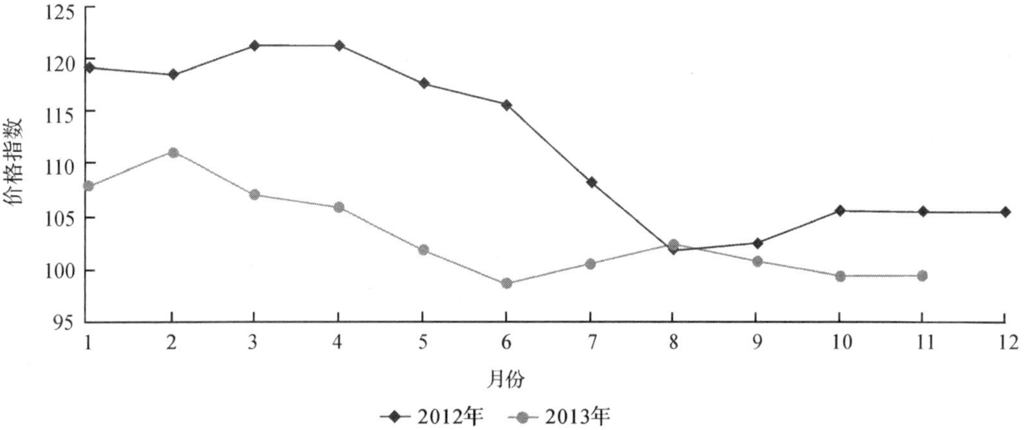

图 1.7　2012～2013 年我国钢材综合价格指数走势

资料来源：中国钢铁工业协会网

过剩的产能不仅造成资源、能源的过度消耗，环境的恶化，而且使得企业之间的竞争日趋激烈，企业的收益被摊薄，冶金、建材全行业处于微利状态。尤其是煤炭开采和洗选业的降幅最大，2013 年利润总额同比下降 33.7%，2014 年利润总额同比下降 46.2%。2011～2013 年煤炭开采和洗选业销售利润率分别为 14.52%、11.18%、7.31%，盈利能力持续降低，给煤炭产业带来巨大压力。

我国经济增长将从 21 世纪初的快速增长转变为未来的持续稳定增长。经济增长带动的资源型产业的市场需求增长空间日益缩小，面对着有限的市场容量和日益扩大的供给能力的尖锐矛盾，资源型产业的盈利能力下降明显，资源型产业再也不能走单纯数量增长型道路，需要突破原有发展模式，创新发展思维，提升竞争力。

第三节　资源型产业服务化转型的战略意义

20 世纪 90 年代以来，制造业出现了运用服务增强自身产品竞争力向服务转型以获取新的价值来源的现象。制造服务化(the servitization of manufacturing)指的是“制造商由仅仅提供物品或物品与附加服务，向物品—服务包转变”。完整的“包”(bundles)包括物品、服务、支持、自我服务和知识，并且服务在整个“包”中居于主导地位，是增加值的主要来源。进入 21 世纪以来，制造业服务化正成为全球许多制造企业的战略选择，全球 500 强企业所涉及的 51 个行业中，有 28 个属于服务业；500 强企业有 56%在从事服务业，而且在西方发达国家普遍存在两个“70%”的现象，服务业增加值占 GDP 比重的 70%，制造服务业占整个服务业比重的 70%。国际制造业跨国巨头都在推进制造服务化转型，制造业服务化时代已经到来。近年来世界各国政府也高度重视“制造业服务化”，纷纷将其作为本国制造业发展的重要战略。

结合制造业服务化的研究文献和研究成果，重点研究资源型产业的服务化转型问题，认为资源型产业服务化转型是一种通过增强服务意识、加大服务要素投入、增加服务产出，实现资源型产业从生产型向生产服务型转变的产业转型和升级模式。服务化转型对资源型产业发展具有非常重要的战略意义。

一、促进资源型产业生态文明建设

党的“十八大”报告中提出坚持节约资源和保护环境的基本国策，要发展生态文明，坚持节约优先、保护优先、自然恢复为主的方针，着力推进绿色发展、循环发展、低碳发展，形成节约资源和保护环境的空间格局、产业结构、生产方式、生活方式，从源头上扭转生态环境恶化趋势，为人民创造良好的生产生活环境，为全球生态安全做出贡献。

李克强总理在 2014 年政府工作报告中指出：生态文明建设关系人民生活，关乎民族未来。雾霾天气范围扩大，环境污染矛盾突出，是大自然向粗放发展方式亮起的红灯，必须加强生态环境保护，下决心用硬措施完成硬任务。

李克强总理主持下的 2014～2015 年节能减排科技专项行动方案中提出：重点突破煤炭、油气、金属矿产等资源开采、选冶及综合利用等过程中“三废”减排，尾矿废渣回收利用，绿色智能矿山，大气、水、土壤污染防治，燃煤电站 CO_2 捕集、利用与封存技术，行业清洁生产及循环经济，城市垃圾、工业固废等资源化利用、污染监测等技术及装备。

针对电力、煤炭、钢铁、有色、建材等重点行业，积极开展节能减排系统技术集成和示范应用，建设“两型”企业关键技术示范工程，大力实施智能电网综合集成示范项目、低温低电压铝电解技术集成应用示范项目、新一代可循环钢铁流程工艺集成应用示范项目、绿色建筑技术集成应用示范项目、太阳能光热技术与传统技术的结合推广项目。

资源型产业作为资源高耗、生态高损、污染高排的产业，在生产过程中勇于承担社会责任，通过在开采、加工制造、转化和利废等生产环节，融入服务社会和服务客户的意识，综合运用生态工程手段和现代科学技术改进生产方式，注意节约资源，节能减排，消除造成高能耗、高污染的根源，协调好保护生态与发展经济之间的关系，可实现集约、高效的无废、无害、无污染生产，构建生态化、低碳化的产业发展模式，实现人与自然、经济与社会和谐发展，提升资源型产业的生态文明发展空间，真正推进资源型产业可持续发展。

二、拓展资源型产业经济发展空间

20 世纪 60 年代以来，发达国家开始步入以服务业为主导的“后工业化社会”，生产性服务业迅猛发展，成为产值、利润和就业增长最快的部门。当今国际产业结构正向知识、技术、服务密集的方向调整，许多跨国企业开始以生产为中心转向以服务为中心。生产性服务业已成为许多发达国家的支柱产业，在世界经济发展和竞争中的地位日益显著。服务化转型是国际产业结构调整的客观趋势。在国际范围内，制造与服务的融合已经成为不争的事实，并引起了企业界和学术界的广泛研究。在欧美主要发达国家的制造企业中兼有服务和制造业务的企业已达 20%以上，美国制造业中服务比重高达 58%，英国服务比重已占制造业的 30%。我国制造业中服务发展严重不足，服务占制造业的比重低于 5%，97.8%的制造型企业仍然停留在产品的生产加工阶段。

李克强总理在 2014 年 5 月 14 日的国务院常务会议上部署了生产性服务业发展的举措，指出：加快发展生产性服务业，是向结构调整要动力、促进经济稳定增长的重大措施，既可以有效激发内需潜力、带动扩大社会就业、持续改善人民生活，也有利于引领产业向价值链高端提升，实现服务业与农业、工业等在更高水平上有机融合，推动经济提质增效升级。

资源型产业应转变经营思想，将为顾客提供产品转变为为顾客提供产品所带来的价值，为顾客提供基于资源全生命周期的价值，为顾客提供因资源而生的生产性服务业，拓展资源型产业的经济文明空间。资源型产业可适时发展物流、商贸、金融、技术服务等生产性服务业，赢得更多的服务利润，使服务利润成为资源型产业新的利润增长点和未来重要的利润来源，从而大幅提高资源型产业经济效益。

面对煤炭、冶金、建材等资源型产业的产能严重过剩，资源型产业要从“埋头生产”变为“抬头问路”，资源型产业通过服务化转型，合理利用资源、降低资源和能源消耗，生产出高性能、高品质、高附加值的产品，实现简约化生产，使企业产能减少而利润不减。

三、推进资源型产业创新体系发展

创新是经济结构调整优化的原动力。要把创新摆在国家发展全局的核心位置，促进科技与经济社会发展紧密结合，推动我国产业向全球价值链高端跃升。通过服务化转型，可推进资源型产业创新体系建设，实现资源型产业的理念创新、商业模式创新、技术创新、管理创新和生产制造方式的创新。

通过融入服务社会和服务客户的理念，资源型产业从生产导向转变为客户导向，源于满足客户需求，为客户提供的不是资源型产品，而是产品所带来的价值，满足客户的效用，从自我服务导向转变为社会服务导向，资源型产业作为社会的组成单元，不能仅限于服务企业自身，要承担起节能减排、资源高效开发利用等社会责任。

通过增强服务意识、加大服务要素投入、增加服务产出，可创新资源型产业的商业模式，创新新产品、开拓新市场、转变盈利模式。开拓附加值高的新产品，发展现代生产性服务业务和行业领域，增加资源型产业的服务能力和新的利润增长点，转变原有的通过销售产品或者附加服务获得利润的模式，创新通过提供服务满足社会和客户需求获利，即从产品获利转型为提供服务获利。

资源型产业服务化转型升级的过程，也是技术创新能力提升的过程。在生产环节提升服务意识，实现开采、加工制造、转化、利废等环节的服务目标，需要创新每个环节的生产方式、生产工艺、产品类型和质量，加大技术研发投入，利用现代高新技术和先进适用技术改造提升资源型产业，创新生产工艺，构建起符合循环经济要求的资源型产业高技术发展模式，以提高自然资源的开采率、利用率，实现剩余物与排放物的再利用与再循环。

资源型产业的服务化转型，可推进资源型产业的管理创新。创新管理方法和手段，发展智能化、网络化、信息化的管理方法，开发新的组织方式，发展动态联盟、虚拟企业、线上线下互动(online to offline)供应链一体化等组织形式。

资源型产业的服务化转型，可创新生产制造方式，发展虚拟制造、并行工程、精良生产、敏捷制造、绿色制造、智能制造等先进制造生产方式。

四、提升资源型产业社会经济效益

通过服务化转型，可转变资源型产业在国民经济和社会发展中的角色，包括主体角色、行业特性功能角色、经济角色、社会角色。通过服务化转型，资源型产业的主体角色将由资源生产商转变为资源服务商；行业特性角色将由“高消耗、高污染、高排放、低利润”的三高一低角色转变为“低消耗、低污染、低排放、高利润”的三低一高角色；经济角色将由国民经济和社会发展中的基础产业角色转变为先导产业，增强资源型产业对国民经济和社会的增加值、就业、科技等方面的贡献度；社会角色将由消耗大量资源的角色转变为善用资源、服务社会的担当社会责任角色。

通过服务化转型，加快煤炭、冶金、建材、油气等资源型产业能源梯级利用、源头减量化、资源循环利用等共性关键技术研发，改变资源型产业高耗能、高污染的现象，在生产过程中的每一个环节，都要有为社会服务的意识，注意资源、能源的节约及合理利用。对资源型生产过程中排放的废气、工业废水及城市生活污水等废弃物进行无害化处理，进行二次利用。同时还要消纳废塑料等社会垃圾，减少化石燃料的消耗，降低能源成本，减少环境污染，做到废弃物的循环利用、绿色生产，彻底改变资源型产业高耗能、高污染的局面，使资源型产业回归到良性循环的轨道上，推动资源型产业走新型工业化道路，实现资源型产业的可持续性发展。

资源型产业的服务化转型提高了资源型企业的竞争力，拓展和提升了企业价值链，能够产生较好的经济效益。

五、提高资源型产业国际竞争能力

我国资源型产业规模巨大，原料、燃料禀赋不足，生产集中度较低，技术装备相对落后，产品大都是低端产品。由于国内市场竞争激烈，因此为了寻求突破，也选择国际化发展战略。但是单纯的靠低端产品的数量来赚取微薄的利润，显然是不可行的。为提升我国资源型产业的竞争力，必须要有服务意识，通过服务化的转型提升自身的竞争力，生产出高附加值的产品，创出自己的品牌，从国际产业分工中低端向中高端提升，提高我国资源型产业在国际市场上的竞争地位。

我国资源型产业通过服务化转型，可摆脱目前粗放式、低附加值、高污染的经济增长模式，提升资源型产品品质、拓展服务业务领域、提高运营效率、降低运营成本，使资源型产业从资源产品运营提供商转型为为客户提供贯穿于资源产品整个生命周期的全系统综合解决方案的集成服务商，相对于他国或地区的资源型产业在生产效率、满足市场需求、持续获利等方面更有竞争优势，能够比国外资源型产业以更有效的方式持续生产出消费者愿意接受的产品和服务，并由此获得满意的经济收益，以此提升资源型产业在国际市场的话语权，增强资源型产业的国际竞争力。

如冶金等资源型产业对外矿石依赖性加大，就在矿石谈判中缺少话语权。通过服务化转型，实现内需、外需平衡发展，减轻对进口矿石的依赖程度。另外，还将提升出口商品结构，提高出口产品附加值和非价格竞争力，从而摆脱主要依靠价格竞争的不利局面，推动我国生产供给结构的优化，减少贸易摩擦，转变外贸增长方式，引导加工贸易转型升级，支持企业打造自主品牌和国际营销网络，发展服务贸易和服务外包，提升中国制造在国际分工中的地位，促进服务贸易与货物贸易的协调发展。

六、应对新常态的必然选择

新常态是对当前我国经济状况的描述。新常态的出现缘于我国经济的“三期叠加”：一是增长速度换挡期；二是结构调整阵痛期；三是前期刺激政策消化期。按照中央经济工作会议的解读，新常态有九大趋势，其中有三个核心特征：一是速度，从高速到中高速。改革开放30多年尤其是近10多年来，我国经济高速发展。我国GDP总量从2002年首破10万亿到2014年首破60万亿，只用了12年时间；从2000年首破1万亿美元到2014年首破10万亿美元，只用了14年时间，而美国完成这一跨越用时31年。现在，我国经济进入中高速发展阶段。二是结构，经济结构和产业结构不断优化升级。从经济增长结构来看，投资、消费和进出口这“三驾马车”的比重将有所变化，投资比重减弱，鼓励消费，稳定进出口。从产业结构调整来看，经历了30多年高强度大规模开发建设后，传统产业已经过剩，企业兼并重组、生产相对集中不可避免，新兴产业、服务业、小微企业作用更加凸显，生产小型化、智能化、专业化将成为产业组织新特征。三是动力，从要素驱动、投资驱动转向创新驱动。过去，我们主要注重资金投入，注重低成本要素；现在，资源环境约束加大，劳动力等要素成本上升，高投入、高消耗、偏重数量扩张的发展方式已经难以为继，必须加快转变经济增长方式，增添发展的持久动力，实现追求质量效益的集约化内生增长。

新常态给资源类产业带来新的挑战威胁和发展机遇。首先，经济增速虽然放缓，实际增量依然可观。即使是 7%左右的增长，无论是速度还是体量，在全球也是名列前茅的。其次，经济增长更趋平稳，增长动力更为多元。协同推进新型工业化、信息化、城镇化、农业现代化有利于化解我国经济发展过程中积淀的各种“成长的烦恼”。我国经济将更多地依赖国内消费需求拉动，避免依赖出口的外部风险。最后，经济结构优化升级，发展前景更加稳定。消费对经济增长的贡献率将超过投资，服务业增加值占比超过第二产业、高新技术产业和装备制造业增速高于工业平均增速、单位 GDP 能耗下降等可以看出，我国经济结构“质量更好，结构更优”。

传统制造业受宏观经济影响较大，新常态下经营压力遽增。与此同时，转变经济发展方式与新一轮工业革命历史性交汇，企业转型升级任务艰巨。具体来说，资源类制造业面临五大新常态。

(1) 需求不足。经济增速放缓带来的直接影响是投资增速下滑。2014 年，我国固定资产投资同比增长 15.7%，增幅比上年回落 3.9 百分点，增速为 10 年来最低，预计 2015 年增速还将维持在 15%左右。投资增速下降，基础原材料等周期性行业首当其冲，市场需求不足压力显现，水泥行业已从高速增长期进入平台期。所谓平台期，指的是从 2014 年开始的 8～10 年内，我国水泥需求量将保持在 25 亿吨左右。2014 年，全国水泥产量增速只有 1.8%，为 24 年来最低。2015 年 1～8 月全国水泥产量出现 30 年来首次实质性减少，同比下降 4.99%[①]；水泥行业收入同比减少 9.63%；利润总额同比下降 64%；行业亏损面达到 39%(亏损水泥企业数量占水泥企业总数量)，形势非常严峻。

(2) 过剩严重。现在几乎制造业的每个领域都过剩，过剩成为市场最大的问题。水泥和钢铁市场过剩产能接近 30%。其实，市场经济本身就是过剩经济，过剩并不可怕。如何让企业在过剩时代获得良好的效益，活得更好，才是要研究的问题。在过剩经济下，建材行业必须围绕供给端进行研究，提高对供给端的服务能力，淘汰落后、限制新增、联合重组、以销定产、错峰生产、市场竞合、转型升级，保持供给与需求、销量与价格的动态平衡，确保利润。

(3) 环保压力。新《中华人民共和国环境保护法》由中华人民共和国第十二届全国人民代表大会常务委员会第八次会议于 2014 年 4 月 24 日修订通过，自 2015 年 1 月 1 日起施行。为配合“史上最严”的新环保法“动真格”，环境保护部配套出台了按日计罚、查封扣押、限产停产、信息公开的四套具体办法。八种环境违法行为纳入按日计罚，按日计罚的最大处罚期限为 30 天。尤其是京津冀、长三角等特别排放限值地区，企业环保监管将更加严格。我国环境承载能力现已达到或接近上限，环保问题受到社会各界强烈关注。2014 年有部纪录片《穹顶之下》[②]流传很广，虽然有些争议，但反映了大家对雾霾的忧虑和高度关注。建材是高度依赖资源和能源并对环境产生一定负荷的行业，如何平衡

① 《数字水泥》，中国水泥协会，2015(9).

② 2014 年 2 月 28 日，原央视记者柴静向多家视频网站免费提供了大型空气污染深度公益调查——《柴静雾霾调查：穹顶之下》。全片 103 分钟，柴静综合运用当众演讲、现场演示、视频展示和网络传播这四大手段，剖析了给我国带来严重大气污染的燃煤和燃油存在的四大问题，讲解了雾霾的危害、产生原因、治理困难及经验教训等。

环保与生存和发展的关系，如何实现可持续发展，是建材产业的永恒命题。

(4) 经营风险加剧。经济增速回调的时候，各类隐性风险逐步显性化，特别是资金、汇率、债务等风险相互交织、集中暴露，可能形成系统性风险，甚至危及企业生存。拿建材行业来说，新常态下，价格下行、资金紧张、库存高企等风险逐渐增大。建材行业应加强资金管理和投资管理，加大对贸易、担保、债务、垫资等风险的管控，规避股票、期货等高风险业务，规避结构性和系统性风险，为金融服务提供机会和挑战。

(5) 新技术带来的紧迫感。当今世界，新一轮科技革命和产业变革浪潮席卷而来。全球制造业正呈现出全球化、精益化、协同化、服务化、绿色化、智能化的发展态势。我国是新兴工业国家，建材等资源类制造业长期存在自主创新能力弱、缺乏核心技术和自主品牌、产品附加值低、竞争力不强等问题。“中国制造”急需向“中国创造”“中国智造”转变，抢占国际竞争战略制高点。

在经济进入新常态的背景下，资源类产业进入爬坡过坎、转型升级的关键阶段，发展面临不少困难和挑战。除了经济发展速度减缓，投资拉动减弱之外，资源类产业结构过于传统和单一。资源类产业主要集中在挖掘开采、重化工业和冶炼制造等领域，大都为周期性行业，缺少对冲机制，且产能过剩、竞争激烈，利润下滑压力非常大。所以，今后应朝着“有限多元”方向发展。即在专业化基础上探索多元化发展，进入市场潜力大、逆周期或周期性不明显、企业具有独特资源和经营能力的专业化服务产业领域，建立风险对冲机制，构筑业务组合力。这样既可以确保企业不会因行业波动产生颠覆性风险，也可以获得稳定持续的收益。

第四节　全球制造业服务化转型的趋势

一、全球制造业的发展历程

回顾近 200 多年的历史，世界范围内曾发生三次重大的产业革命，制造业在每次产业革命中都经历不同程度和方向的发展与更新。

18 世纪中叶～19 世纪中叶，英法等少数欧洲国家发生了第一次产业革命。当时蒸汽机的发明与应用改变了英国经济面貌，它解决了传统手工业部门中人自身体能不足这一自然障碍，使生产力有了很大的提高。英国的纺织业最先感受到这种飞跃，紧接着，通过与纺织业有关的生产部门，这种机器的发明、改良和使用扩散到了重工业部门，促进了冶金业、采矿业和机械制造业的繁荣。1760～1870 年的 110 年间，英国的工业生产增长了 23 倍，占世界人口 2%的英国人，却掌握世界生产的 1/3～1/2，英国顺理成章地成为当时的“世界工厂”。1850 年英国的工业产值占世界工业总产值的 39%，占世界贸易总额的 21%，成为世界各国工业品的主要供应者和技术的主要输出国。

19 世纪 40 年代发生了第二次产业革命，发电机的出现使电力代替蒸汽机被广泛应用于工业生产。蒸汽机在此期间也不断得到改进，出现了内燃机。内燃机不仅促进了农业生产力的大幅提高，更对交通运输产生了极大的影响。汽车的发明、使用和推广，创造了一个新的工业部门——汽车工业部门，也扩大了对石油的需求，促进了石油和化学工业的发展。钢铁也在这一时期得到迅速发展，世界钢产量从1870年的52万吨迅速增加到了1900年的2830万吨，1870～1913年43年间世界钢产量增加了146倍。随着新元素的不断发现，人们开始通过人工合成材料，合成钢和人造丝、塑料等制造业也应运而生。第二次产业革命从英国扩散到美国、德国和日本，这时美国成为第二个“世界工厂”。1860年美国制成品总量还只居世界第四位，但到1894年，美国制造业总产值就已是英国的两倍，位居世界第一。在1895～1914年，美国制造业的产量翻了一番。制造业的成功确立了美国作为世界第一经济大国的地位。

始于20世纪40年代的第三次产业革命，仍然从解决能源问题开始。石油是不可再生能源且储藏量有限，对石油的使用会产生环境污染等问题，这使人们开始寻求一种能够替代石油的能源。以核能源的成功开发为代表的新能源产业开始了快速的发展。这一时期还诞生了材料科学和信息科学这两门新兴的科学领域。原有的自然材料远远不能满足生产发展的需要，以合成材料为主，由高分子化合物制成的新材料则可以无限量生产，满足生产的各种特殊需要。电子计算机的发明和普及奏响了信息时代的序曲，信息科学发展突飞猛进。这次产业革命还带动了其他制造业的发展，如航空航天、光机电一体化、生物制药等。而大力发展这些制造业的日本，也在这一时期跃居为第三个“世界工厂”。在这一时期，日本充分利用有利的内外部优势，大力发展高新制造业，完善制造业体系。在石化、钢铁、重型机械等领域，日本在很短时间内超过了欧洲，在汽车、电子通信和新材料等领域则让美国“老师”狼狈不堪。先进制造业领域的长足进步使日本成为当时的世界第二经济强国。

近年来，为实现工业转型升级，抢占工业制造的最高端，德国提出了“工业4.0”，也被称作“第四次工业革命”，其核心就是利用现代信息通信技术把产品、机器、资源和人有机结合在一起，通过现代信息通信技术建立一个高度灵活的个性化和数字化的智能制造模式。国际金融危机以来，世界经济竞争格局发生了深刻变化。一方面，实体经济的战略意义再次凸显，美国、德国、英国、日本等世界主要发达国家纷纷实施以重振制造业为核心的“再工业化”战略。另一方面，发达国家以信息网络技术、数字化制造技术应用为重点，力图依靠科技创新，抢占国际产业竞争制高点、谋求未来发展的主动权。美、德等国政府和相关专业人士纷纷提出通过发展智能制造来重振制造业。美国是国际智能制造思想的发源地之一，美国政府高度重视智能制造的发展，先后提出了先进制造伙伴计划(AMP)、先进制造业国家战略计划，加快智能制造技术创新。美国GE公司提出了工业互联网革命，其要素是智能设备、智能网络和智能决策，强调传感器系统、大数据分析能力。德国政府2010年制定的《高技术战略2020》，意图以未来项目“工业4.0”奠定德国在关键工业技术上的国际领先地位，并在2013年4月发布了“工业4.0”战略，形成了整个国家政、产、学、研高度共识的发展蓝图。“工业4.0”战略的核心就是通过CPS网络实现人、设备与产品的实时连通、相互识别和有效交流，从而构建一个高度灵活的个性化和数字化的智能制造模式。

我国以重化工业高速发展为特征的工业化中期发展阶段已经基本完成，开始转向工业化后期。原材料工业发展逐步减速并趋于需求增长的饱和点，工业对经济增长的拉动作用在逐步减弱，制造业开始由传统产业为主向战略性新兴产业和高端制造业转变。李克强总理在十二届人大三次会议政府报告中首次提出“互联网+”行动计划。2015 年 5 月，国务院印发的《中国制造 2025》提出“以促进制造业创新发展为主题，以提质增效为中心，以加快新一代信息技术与制造业深度融合为主线，以推进智能制造为主攻方向”的指导思想。根据百度词条的解释，“互联网+”是创新 2.0 下的互联网发展新形态、新业态，是知识社会创新 2.0 推动下的互联网形态演进。“互联网+”代表一种新的经济形态，即充分发挥互联网在生产要素配置中的优化和集成作用，将互联网的创新成果深度融合于经济社会各领域之中，提升实体经济的创新力和生产力，形成更广泛的以互联网为基础设施和实现工具的经济发展新形态。“互联网+”行动计划将重点促进以云计算、物联网、大数据为代表的新一代信息技术与现代制造业、生产性服务业等的融合创新，发展壮大新兴业态，打造新的产业增长点，为大众创业、万众创新提供环境，为产业智能化提供支撑，增强新的经济发展动力，促进国民经济提质增效升级。

二、全球制造业的发展趋势

从上面的阐述中，我们可以看出制造业始于欧洲，再扩散到美国、日本等国。随着全球化进程的推进，老牌制造业国家纷纷进行制造业的生产和结构调整，以适应由新兴经济体带来的激烈竞争，从而保持其优势地位。例如将低端产品的生产移植到国外，而自己有选择有侧重地发展更擅长的领域。当然各个国家根据国情选择的制造业升级道路不尽相同，但从产业价值链看，这些发达国家的制造业企业所控制的价值增值环节都集中于少数具有相对竞争优势的核心业务，而把其他低增值部分，如简单的生产加工外包给发展中国家的供应商。综合世界制造业的发展，当前世界制造业的发展主要呈现以下趋势。

(一)制造业全球化

随着经济全球化的深入及信息技术革命的发展，制造业向全球化发展的趋势不断加强。制造业全球化主要指：产品制造的整个过程不仅局限在一个国家内进行，而是在多个国家跨国化发展；与制造紧密相连的产业价值链中的各个环节都朝着全球化迈进；制造企业通过跨国并购，进行全球资源的重组和整合；制造企业在全球范围内调剂、共享和优化配置由制造生产的各种资源；制造业在全球建立的信息化基础设施得到各国政府的重视。

(二)产业链分工更加细化

随着经济全球化，制造业的国际分工正由垂直分工发展到水平分工，甚至网络分工。这主要表现在国际分工从传统意义上的垂直分工逐渐深化为发达国家或地区与发展中国家同一产业内部的企业之间、同一产品的产业链条之间的多层次混合分工。由于制造业产业链可以划分为技术环节、生产环节和营销环节，发达国家和发展中国家的国际分工由原来传统的垂直分工深化为在同一产业内的价值链环节、工序之间的混合分工。这三个环节按增值能力划分，技术环节和营销环节增值能力比较高，而生产环节增值能力最低。发达国家选择产品设计、研究开发及营销和品牌管理，生产环节则转移到发展中国家，充分利用发展中国家廉价的土地和劳动力。发达国家凭借其技术优势，不仅将其低技术的产业转移出去，即使在高技术产业领域，也是尽力抢占各产业的高技术和高附加值环节，将产业链条中的低技术环节转移给处于较低发展水平的国家，从而完成价值链的分离和转移，使其生产布局日益细化。

(三)技术中心与制造中心分离

随着全球制造业产业分工的细化和转移，制造业的技术中心已经逐渐与制造中心进行分离，并且控制着制造中心。技术中心对制造中心的控制主要通过跨国公司内部分工、扶持委托加工制造中心、强化低端产品对高端产品的依赖、核心技术对生产性技术的控制及市场需求等方式来实现。例如，美国作为知识经济的发源地，几乎在所有重大技术创新领域都领先于世界，但是美国并未谋求恢复全球制造中心的地位，而是利用全球技术创新中心地位和综合国力来控制全球制造业中心，从而使制造业规模、制造业中心地位与产业能力的关系明显弱化。

(四)制造业的信息化

制造业正向全面信息化迈进，主要表现为制造的信息控制，来实现制造的高速、精密、智能、简便、效率提高、时间缩短、质量保证、成本降低、高附加值。其关键不仅在于芯片与软件的融合，更在于制造技术与信息技术的融合。信息化将制造业的设计、生产、物流、销售和服务一体化，信息化制造贯穿于从订单开始，产品的制造加工、运输、销售、售后服务等产品全寿命周期。目前，国际上一些制造型企业已完成了信息化改造，全部采用 CAD 进行产品设计和计算机管理。信息化已彻底改变了传统的业务流程和工作方法，因此，制造业的信息化将是 21 世纪制造业发展的重要趋势。

(五)制造业服务化

随着制造业在产业价值链中追求附加值的提升，制造业企业除了向研发、技术等环节迈进以外，纷纷开始通过完善售后服务或提供整套解决方案来拓展自身的业务，甚至从产品提供商转型为服务提供商。服务化覆盖着产品的开发、生产、售后服务、报废和回收。服务不仅有利于保持品牌的特色，增强市场竞争能力，更重要的是保持客户，延长产业链，获取更多产业利润的重要方式。国外制造企业越来越依靠服务来扩大经营的增值空间，如美国通用电气公司，不仅为自己的用户，而且为竞争对手的用户提供服务。其服务作为该公司的独立领域，所创造的价值相当于其海外工程承包总额的 70%。数据显示，无论是发达国家还是发展中国家，服务业在国民经济中所占的比重都处在一个稳定的持续上升阶段。服务化已成为制造业的发展趋势。

(六)制造业绿色化

历史上制造业的迅猛发展给经济社会带来了严重的环境问题，它利用地球上许多有限的自然资源进行生产，而伴随着生产过程却制造出对环境对身体有害的物质，如废气、废水、废料等。而人类又要花费许多资金和人力对这些废物进行处理，处理的过程不免又需要利用自然资源，这样对资源利用的效率非常低，而且对人类生活的环境也是一种破坏。20 世纪 90 年代初，可持续发展已经作为经济发展的目标被全球各国所认可，其中就包括如何使制造业环保化或绿色化。环保化制造或绿色化制造是综合考虑环境影响和制造效率的现代制造模式，也是目前所倡导的循环经济的一个方面，其目标和宗旨是使所制造的产品在从设计、制造、包装、运输、使用、维护直至报废处理和善后处置的整个产品生命周期中，对环境的不利影响最小、而对资源的利用效率最大。

以上制造业的发展趋势，都是由于全球化的深入、物流业的迅猛发展及信息技术的发展而出现的。这也说明了制造业正将资源从产业低效率或低附加值环节向高效率或高附加值环节移动。例如，美国的制造业企业将投入多放在产品创新和设计上，德国制造业企业除了研发，还有质量控制和如何为用户提供完整的解决方案上；日本制造业则体现在精密，现在也开始追求从客户角度思考如何更好地为客户服务的“感性价值”上。其中每一项举措都还有很细致的具体内容，以帮助企业实现这样的移动。不管各国的举措如何，都说明了制造业企业要想持久的保持竞争力和持续发展，必须寻求合适的产业升级道路，以面对激烈的竞争。

制造业是我国的传统优势行业，但与发达国家的先进制造业相比，现阶段我国的制造业在许多方面都存在较大差距，如大部分企业都缺乏核心竞争力，发展主要依赖于低成本优势，产品和服务也以模仿为主，创新不足，客户也相对同质，需求单一等。我国制造业企业与国外优秀企业相比，利润水平上也存在着巨大的差异。《经济研究参考》公布的数据显示，目前我国人均制造业增加值大约为发达国家的 1/17，这种利润水平不高的增长在经济学中被称为“悲惨式增长”。对广大的中小规模制造企业而言，这种状况甚至还要严重得多。伴随着我国制造业整体实力的不断提升以及我国全面进入创新型国家步伐的逐渐加快，越来越多的制造业企业认识到提升自身竞争能力的重要性。

传统制造企业更多关注自身制造能力的提升、自身产品达到了怎样的先进水平，而在很大程度上忽视了与客户需求的深入识别与响应，甚至在产品的功能定义和配置上与客户需求存在较大差异。因此，传统的制造观念需要进行根本性转变，并引入创新的服务理念。在进行产品创新的同时，更要关注另一种竞争形势—产品的服务增值，促进整个制造业向服务领域延伸。与此同时，传统的制造形式也需向新的形式，即服务型制造形式转变。我国的新型工业化道路，探索科技含量高、经济效益好、资源消耗低、环境污染小、人力资源得到充分发挥的发展模式，推进我国制造业的投入服务化。通过服务来主动实现产品与知识的有效集成以及制造企业与客户双方知识的深度融合，这不但是制造业提升客户满意度的有效措施，也是企业进一步获得自身竞争力的有效保障。

三、全球制造业的服务化发展

进入 21 世纪以来，随着经济全球化的不断推进，顾客需求逐渐趋于个性化，制造业正面临着日益加剧的全球化竞争和环境可持续发展的重大压力，制造业所处环境的改变迫使传统制造模式在制造价值链上发生着根本性的变化，制造业再也无法仅仅依靠产品本身的功能和质量来维持竞争力，以客户为中心的经营理念应运而生，创新和服务逐渐成为整个经济的核心价值，很多大型制造企业的营业额和利润越来越多地来自服务，制造业的服务化成为当今世界经济发展的重要趋势之一。制造业服务化不是“去制造业”，从产业价值链角度看，是服务在制造业价值链中所占比重不断提高、产品附加值不断提高的动态变化过程。与制造业服务化相关的名词包括服务型制造、生产服务业、制造业服务增强等。

当前，制造业所处的经济环境发生了影响深远的变革，知识经济的发展对经济增长方式产生了深刻影响，产品价值越来越取决于无形要素。全球服务业所占比重从 1980 的 56.5%逐步上升到 2010 年的 70.7%。“服务经济”已经成为 21 世纪经济的主导，无论是西方发达国家，还是发展中国家，都在大力发展服务业，提升服务业在整个国民经济中的比重，将此作为增强制造业，甚至整个国家竞争力的重要途径。制造业服务化也是中国制造业升级的重要途径。

成本压缩的竞争模式，无法使制造业再创造更高的附加价值，唯有对制造业进行服务化创新，才能提升制造业的竞争力。因为，在知识经济时代，制造业体质再健全都难以摆脱游牧特性，因此，只有在原本制造业的企业骨架中加入服务元素，才能走出制造业一再迁移的历史轮回，让企业得以朝永续经营的路途迈进。在全球化竞争和企业微利运营时刻，制造业者必须朝“服务化”转型，在既有专长领域下，注入高附加价值的服务元素，才能掌握产业价值链中的高利基点。吕耀志引述德勤会计师事务所(Deloitte)的报告指出，企业服务部门的营业收入虽仅占整体营业收入的 26%，但是净利润却是企业整体利润的 46%，足见服务化对制造业摆脱微利经营有相当大的帮助。

德国机械设备制造业联合会于 1995～2004 年开展了 5 次调查，结果显示，在德国机械设备制造企业中，服务性业务收入在营业额中的占比从 1999 年的 13%提升到 2005 年的 20%；企业对增值服务越来越关注，1/3 以上的企业把服务作为独立的一项业务来开展；企业的服务部门越来越多地成为服务公司，服务业务越来越专业化、国际化。有关方面研究还显示，在全球工业中，所有的制造业企业服务业务收入占企业销售收入的比值平均为 26%；在全部销售中服务业务占比排名最高的前 10%的企业，这一指标均超过 50%，这足以说明从生产型制造向服务型制造转变是制造业发展的必然趋势。世界上越来越多的制造业企业通过提供服务来增加其核心产品的价值，有些制造业企业甚至不再卖产品而是卖产品的功能或服务，服务化已成为全球制造业发展的重要趋势之一，也是制造业选择产业升级的途径之一。

制造业投入呈现服务化趋势。投入服务化是指企业内部服务的效率对制造业企业竞争来说日益重要，已超过企业技术质量、人力资源质量、资产质量等传统的决定因素，因此企业要加大产品和过程开发、设计、后勤、扩展训练、岗前培训、价值链管理，以及组织开发和协调、人力资源管理、会计、法律、金融等方面的服务投入。随着信息网络技术的广泛应用，服务业与制造业在全球范围内开始融合发展，制造业中服务投入不断增加，制造业部门的功能日趋服务化。以 OECD(Organization for Economic Cooperation and Development，即世界经济合作与发展组织)九个成员国(包括日本、荷兰、加拿大、美国、法国、丹麦、澳大利亚、英国、德国)20 世纪 70～90 年代的投入产出表为原始数据，采用制造业对服务活动的依赖度来考察发达国家制造业服务投入的变动规律。尽管各国制造业对服务的投入增长幅度不同，但总体来看，制造业对服务业的中间投入呈较为明显的上升趋势。投入服务化主要表现为：在企业的各项投入中，物质投入比例下降、知识与技术和品牌等服务投入比例上升，从而促进产品质量性能及企业经营管理水平的提升，但企业经营形态并未发生根本性的变革，企业为客户提供的也依然是产品，企业仍体现为完全的制造企业。

制造业产出呈现服务化趋势。产出服务化是指与产品相关的外部服务对顾客来说，其复杂性和重要性也日益提高，因此企业由单纯提供产品转向“产品+服务”等，除维护和修理外，还包括购买融资、运输、安装、系统集成和技术支持。随着国际分工的不断深化和信息网络技术的不断应用，制造业产品中服务含量不断提高，越来越多的制造企业把服务作为差异化竞争的重要手段，制造业成为同时对物质、信息和知识进行处理的制造与服务相融合的产业，作为产品无形成分的服务，提高了产品的价值和效率。传统的三次产业之间的界限日益模糊，物质生产投入不断融入更多的服务业务，物质产品的产出形态体现出功能性和服务性。在产出服务化中，企业的经营形态发生重大转变，企业由单纯的制造业转向部分或全部的服务业。福特公司出售的是一个四轮驱动装置与消费信贷服务有机组合的产品，苹果公司出售的是一个智能移动终端与数字内容服务有机融合的产品，卡特彼勒更是提供了一个工程机械产品精准、高效的全生命周期服务。

OECD 国家制造业产出中服务所占的比重，从 20 世纪 70 年代的 15%上升到 2000 年的 30%。2010 年德勤会计师事务所的研究报告《基于全球服务业和零件管理调研》表明，在其调查的 80 家制造业公司中，从平均水平看，服务收入占总销售收入的百分比超过 25%，其中，有 19%的制造业公司的服务收入超过总收入的 50%，特别是在航空和国防领域、汽车制造领域、消费品领域、工业自动化领域、高科技和通信设备制造领域、生命科学和医药设备领域，服务正在成为制造企业利润的重要来源，发挥着越来越重要的作用。从全球 500 强企业获得的数据看，占 56%的企业从事服务行业，在全球跨国制造企业中，服务收入比例超过 25%，两成制造企业的服务收入超过总收入的 50%。

一个值得关注的现象是，从先行国家和地区实践看，相比产值服务化，产出服务化在就业方面表现更为突出，制造业产出服务化首先在就业人员中集中表现出来。例如，发达国家在其大都市服务化过程中，传统的制造企业，特别是大型的制造企业集团表现出明显的服务化趋势：从就业构成看，制造企业内部从事非制造职能，如从事管理、科技研发、品牌销售等服务活动的人数快速增长，也就是说，白领比重增长大大超过了蓝领，其结果就是生产性服务业就业增长远远超过产业总就业增长和其他服务业就业增长。相关数据显示，1970～1986 年，美国生产性服务业的产值与就业增长率（173.3%、200.8%）是同期服务业（91.0%、85.3%）增长速度的两倍多。1984～1993 年，以金融房地产和商务服务业为代表的生产性服务业就业增长远远超过了该国总就业增长，如日本这两个增长率分别是 44.9%与 12.0%，韩国是 226.5%与 41.2%，新加坡是 132.5%与 34.0%，菲律宾是 48.9%与 32.5%。2002 年，OECD 13 个国家中，约有 40%的制造企业员工从事与服务相关的岗位，如科技专业人员、会计师、律师、管理人员、办事员或者其他服务岗位。

（一）全球制造业服务化发展态势

随着生产原材料和劳动力成本的提高，单靠扩大生产环节已经无法获得足够的附加值。从全球的制造业发展动向也能看出，发达国家制造型企业将附加值低的环节纷纷转移至发展中国家，如生产环节；而自身牢牢抓住附加值高的环节，如产品研发、理念设计等。服务化经过三十几年的发展，也由于其高附加值被制造型企业重视，许多制造性企业纷纷开始边实践边研究服务化道路，从而实现产业升级。当前全球制造业的服务化呈现出三种态势。

一是制造业企业的产业价值链逐步由以产品为中心向以提供服务为中心转变。越来越多的制造企业不再仅仅关注产品的生产，而是将注意力逐步转移到产品的开发、改进、销售、售后服务及回收等领域。企业不再仅仅提供产品，而是以提供产品、服务、支持、自我服务和知识的“集合体”为最终目标。

二是制造企业提供的服务类型逐步多元化。根据对全球上市公司财务分析库(OSIRIS)中排名前50位的制造业企业的分析，可以将其提供的服务类型分为以下12种：①咨询服务；②设计和开发服务；③金融服务；④安装和实施服务；⑤租赁服务；⑥维护和支持服务；⑦外包服务和运营服务；⑧采购服务；⑨知识产权和房地产；⑩零售和分销服务；⑪系统和解决方案；⑫客运和货运服务。其中，最常见的服务产品包括设计和开发服务(21.92%)、系统和解决方案(15.70%)、零售和分销服务(12.18%)及维护和支持服务(11.94%)。

三是制造业服务化的水平与地区经济的发展程度呈正相关。调查公司Andy Neely对全球13000家制造业上市公司提供的服务进行了研究，结果表明，发达国家制造业服务化的水平明显高于正处在工业化进程中的国家。美国制造与服务融合型的企业占制造企业总数的58%，芬兰的这一比值为51%、马来西亚是45%、荷兰是40%、比利时是37%。我国制造业的服务化进程相对落后，具备服务型制造能力的企业仅占所有企业的2.2%。这是我国制造业发展长期处于价值链低端的重要原因。

（二）全球制造业服务化成因

制造业的服务化是产业竞争加剧的必然结果，也是适应市场需求变化、应对产业生产方式转变的客观要求。概括起来，制造业服务化的形成主要有以下几方面的因素。

资源能源约束及要素成本的上升迫使制造业向能源消耗更低和附加价值更高的服务业转型。加工制造在全球化分工链中处于低端，附加值比较低，市场竞争激烈。近年来，随着全球原材料价值上涨和人力成本上升，制造业的成本越来越高，已经很低的利润空间再度被挤压，传统的加工制造业的发展空间越来越窄。另外，与服务业相比，传统制造业对能源、资源消耗强度高，环境污染严重，但是世界性的能源、资源短缺，加上各国对环保的日益重视，都迫使高消耗、高污染的制造企业向服务业进行转型发展。

1. 市场需求

日益激烈的市场竞争要求企业必须专注自身的核心竞争力，许多企业不再满足于对单项产品的需求，而是倾向于对一整套解决方案的需求。一整套解决方案往往涵盖的是“产品服务的综合体”，包括从规划、咨询、安装、维修到教育培训一整套的服务。制造企业需要顺应这一要求，通过整合产业链上下游生产与服务资源，构建面向客户的全面解决方案的产品供应模式。制造业服务化转型和服务创新最根本的驱动力是客户需求的变化。

2. 价值链环节

从产业价值链来看，能够决定产品异质化程度的环节往往是获利最丰厚的环节，这些环节往往在价值链的两端：一端是价值链的上游环节，如研发设计；另一端是价值链的下游环节，如售后服务。于是，制造企业纷纷“打服务战”，进入产业价值链的不同环节，进行价值链的重构，将产品和服务进行“捆绑销售”，以便在满足消费者需求的同时实现价值链多环节的盈利。另外，虽然当前我国制造企业的产品质量已达到一定水平，但由于企业普遍未掌握核心技术，因此在此基础上通过成本高昂的研发和生产设备改造、工艺流程改进等资本投入继续提升实体产品质量的难度相当大。当单位实体产品质量提升的边际成本大于其边际收益时，企业便会在一定程度上放弃相应的资源投入，并转而寻求其他竞争手段，如服务创新，加以弥补。

3. 竞争优势

实施差异化竞争战略是企业市场竞争的重要选择，但现代化的大工业生产方式，使标准化工业制成品大规模、大批量生产越来越容易，传统制造业生产能力急剧膨胀、快速扩张，制造企业越来越难从数量相对过剩且缺乏差异的标准化工业制成品上获取竞争优势。许多管理者把服务看作创造新商机的途径，而成熟行业的管理者则把服务作为差异化的工具，延伸产品的生命周期，使企业免遭淘汰。服务的差异化有助于帮助制造企业培育竞争差异化优势，避免同质竞争，服务化最重要的推动力就是它可以增加企业的竞争优势。在这一背景下，提供以技术、知识为基础的服务，正成为制造企业实施差异化策略，形成企业竞争优势的重要途径。它是优势企业不可模仿、难以复制、不可完全转移的独特资源和能力，能够获得较长时期的差别化竞争优势，成为企业培育竞争优势、实施差异化发展，提升客户满意度的重要途径。制造企业服务化拓宽了企业在市场竞争中的发展空间，相对于制造，服务通常比物品有更高的利润，能提供更为稳定的收益来源。在许多传统的制造行业，知名企业往往不直接从事生产，却能在行业里独领风骚，它们是制造转型服务的典范。

4. 交易方式

消费方式和生产方式正在发生变化，传统的基于一次性购买的短期接触变为持续的多次服务过程，甚至是终身服务的长期共生关系。在与顾客的长期接触过程中，生产者不仅了解到顾客的需求，而且在顾客的参与下可以更加清晰地知道怎样满足其需求，这将促使生产者提供与质量、设计、便利、文化、娱乐和环境等方面相关的服务，而提供广泛、完备的服务，满足客户越来越多的服务需求，以提高客户满意度，无疑是建立客户同盟、建立客户忠诚度的关键举措。

（三）制造业服务化演进阶段

制造业的服务化是随着制造业的发展逐渐被提出来的，因此它的发展也是根据制造业发展需求而变化，大致的发展分为以下五个阶段。

第一阶段：制造企业仅提供产品。这时制造企业除了提供生产的产品以外，不提供任何服务或只提供少量的附加服务。任何制造型企业在发展最初时期都曾经历过这个阶段。

第二阶段：制造企业提供产品，并提供附带的基本服务。制造企业除了提供产品以外，还提供基本的与产品相关的服务，这时服务的价格一般隐含在产品的价格当中，不单独体现。服务仅作为销售产品的附加物，如产品的安装、调试、故障排除等。目前，绝大多数的制造企业多多少少都有这样的服务化内容。

第三阶段：制造企业除了提供物品、附带的基本服务以外，还提供与本产品相关的配套服务。这里的配套服务是指那些应该由客户自己去完成的工作。一般来说，这类由制造企业提供的配套服务，都会向客户额外收取费用。这时服务作为一种产品也成为制造企业经营范围中的重要组成部分，如维护服务、培训服务、产品校准服务等。许多欧美的先进制造企业就已经从事此类服务。

第四阶段：制造企业提供产品——服务包。制造企业提供由产品和服务构成的完整解决方案，以满足客户的需求。这时提供的服务已经不仅针对自身生产的产品了，可能还包括第三方或竞争对手的产品。制造企业将所有者产品连同服务一起以套餐的形式提供给客户。在运作实例中，一般指系统集成等。

第五阶段：制造企业提供完全的服务契约，这可能是制造企业服务化的最终阶段。这里的提供服务契约是指，把既有的实物产品作为工具或平台，向客户提供与物品相关的服务。客户与制造企业就一定的内容和价格签订契约，制造企业拥有实物产品的所有权，而客户需向制造企业支付使用产品的费用。制造企业需要对客户使用其产品的效果负责。这也就是说客户购买的不是产品本身，而是使用产品的效果。这时制造企业真正从产品提供商转变为方案提供商。例如，生产化学品的企业提供化学品管理服务，Xerox 和 IBM（International Business Machines，即国际商用机器公司）的转型也是最好的实例。

（四）制造业服务化的作用

1. 实现差异化竞争

近年来，技术的进步和信息网络的飞速发展使产品更新速度不断加快，目前我国制造业企业正在经历产品的不断更新换代和技术创新的过程，企业不仅相应地会面临着巨大的成本和风险考验，而且也不能保证其在市场上具有相对的竞争优势。企业间产品模仿能力不断增强，导致同类产品之间技术含量差别很小，通过制造业企业服务化，使制造业企业在不同属性特征产品的基础上增加相关服务内容，形成差异化竞争优势，从而为客户提供更加贴心的专门服务，更加有效地吸引目标群体消费，成为提高企业利润率的关键。产品是企业有形的竞争载体，而服务则是企业间无形的竞争手段。另外通过制造业企业服务化还可以树立企业的品牌优势。制造业企业服务化为消费者提供产品及其相关服务，满足了顾客相关的产品使用保障和产品附加要求，提升了企业的综合实力。因此，通过制造业企业服务化可以有效地提高制造企业的利润率、提升制造企业的综合实力，并提高企业的获利能力和抗风险能力。制造业企业服务化帮助企业摆脱同质化竞争，并使企业成功形成产品差异性，避免了与同行业企业之间非价格竞争。

2. 实现优势互补

随着制造业市场竞争的日益激烈，相关产品生命周期的缩短，越来越多的企业倾向于采用社会化大生产方式，将内部生产环节的非核心部分，即产品制造的一部分或者全部环节外包给专业化的企业来完成；也有越来越多的专业化制造服务供应企业为其他制造企业提供制造外包等服务性生产活动，如富士康集团就为苹果公司的相关数码产品提供代工组装服务。由于多企业主体能够更好地在制造环节进行相关业务流程的协作，从而更好地创造专业化优势，完成技术复杂度更高、创新性更强的产品，故而制造企业服务化成功带动分散化制造资源的自发聚集，进而实现整体竞争力的提高。通过制造企业和相关服务供应企业的这种协作，使各种企业主体能够在相对更广阔的范围内寻找具有比较优势的制造性资源，从而降低制造成本、提高生产效率、增强生产柔性、降低生产投资风险并加强市场应变能力。

3. 实现价值增值

制造企业服务化的特点之一便是将顾客引入到制造和服务的全过程，通过顾客参与式设计、制造和销售，使制造业企业改变了过去以产品为中心的生产模式，充分满足了目标顾客的个性化需求，取得了一定的技术异质性。制造业企业在提供产品及相关服务的同时，成功地实现了目标顾客的锁定，也一定程度地提高了顾客满意度和忠诚度。正如波特的价值链模型指出的，制造企业的竞争优势来自于整个产业链上游的研发，中游的零件制造与组装，下游的广告、品牌、包装、促销、分销及售后保证等诸多环节，制造业企业通过采纳相关的生产性服务，使企业自身的价值链比以往仅集中于产品制造得以延长，也使企业能够在更大范围内创造价值。从产品生命周期的角度，制造企业通过为顾客提供产品全生命周期的服务，从而使企业获得更多价值。在这种全生命周期服务中，制造企业就通过服务化及时发现并创造顾客需求，拓展了其价值增长空间。

4. 促使组织变革

迈克尔·波特认为，把一个企业作为一个整体来看待是不能理解竞争优势的，每个企业都是进行种种活动的集合体，竞争优势来自于一个企业在设计、生产、销售、运输和辅助其产品的过程中所进行的许多互不联系的活动，这些活动中的每一项都有助于企业的相对成本地位，并为别具一格的形象奠定基础。在我国制造业企业中，本应作为中间投入的生产性服务多由制造企业自身完成，大量可以通过社会分工节省成本的机会没有被恰当地利用，而制造企业服务化以及由此带来的相关服务效率的提高，能够向制造企业提供更多、更专业化和更高质量的服务，有助于改变制造企业将所需要的生产性服务内部化的倾向。相应地，专业提供生产性服务的企业面临着争取客户的竞争压力，这使它们具备了提高生产率和服务质量的动机。同附属于制造企业内部的服务部门对企业形成成本负担相比，它们不仅形成了制造业企业间互相协作的强大动力，也实现了制造企业成本的压缩。

(五)制造业服务化范例

从国际产业发展趋势来看，制造业服务化已成为引领制造业产业升级和保持可持续发展的重要力量。现代制造服务业不是制造业的简单延伸，而是制造业的发展，是制造服务业的产业化。很多知名的跨国企业集团，如 IBM、通用电气公司、耐克(NIKE)、罗尔斯•罗伊斯公司、米其林轮胎等，它们原来的主营业务集中在制造业领域，但当前都已实现由传统制造向制造服务业的转型。

1. IBM：从硬件制造商向 IT 服务商的成功转型

诞生于 1911 年的 IBM 在当时是一个典型的制造企业，以生产穿孔卡片设备起家，在此后的近百年时间里，IBM 的产品线逐步扩展到计算机、服务器、硬盘及集成电路制造等多个领域，并在 20 世纪中后期成为全球最大的电子信息产品制造企业。然而，1993 年，IBM 作为全球最大的计算机公司，连年亏损已高达 160 亿美元，公司股票一再下跌，在媒体眼中 IBM 的一只脚已经踏进了坟墓。1993 年 4 月 1 日，51 岁的郭士纳接管公司，将 IBM 从硬件生产商转型为服务型提供商，让大象重新起舞；9 年后，50 岁的彭明盛接替郭士纳，IBM 完成了全新的蜕变。

IBM 将产业重点从硬件制造转向软件和服务，这一过程是通过出售、并购、重组等一系列手段实现的。从 2002 年起，IBM 先后将硬盘生产部门出售给日立公司、将 PC(personal computer，即个人计算机)生产部门出售给联想公司，将打印机生产部门出售给理光公司、将复印机生产部门出售给柯达公司。与此同时，IBM 不断并购重组服务、咨询、软件等业务部门，先后收购了普华永道咨询公司、Rational 软件、莲花公司、Informix、马士基数据等，不断加强其在战略咨询、中间件、数据库、网络管理等领域的实力。五大软件产品家族 DB2、Lotus、Tivoli、WebSphere、Rational 非常完整，而且包含了数据库、BI 工具、基础设施平台等多个部分；服务的范畴也大大超出了原来的 IT 服务，延伸到人力资源管理、会计、客户服务、供应链管理、保险理赔等，包含了商业咨询、战略外包、集成技术服务和维护四个层次的服务。通过整合内外部资源，提出“四海一家的解决之道”，为客户提供一体化解决方案，这标志着 IBM 向提供解决方案的转型。在 2008 财年，在国际金融危机的背景下，以硬件为重点的 IT 公司基本都遭遇重创，而 IBM 全年收入为 1036 亿美元，比上年增长 5%，其中硬件业务收入下降，软件和服务业务增幅分别超过 11%和 9%，公司利润增长超过 18%，向服务的成功转型使 IBM 公司经受住了此次国际金融危机的冲击。

IBM的理念演变为“IBM就是服务”“买IBM其实买的就是质量和服务”。目前，IBM全球营收体系中大约有55%的收入来自服务。

2. 罗尔斯·罗伊斯公司：制造商不卖产品卖服务

成立于1904年的罗尔斯·罗伊斯公司是全球最大的飞机引擎和汽油涡轮机制造商，并提供陆路、海洋和航空用电力系统的全球性公司。该公司的产品主要为飞机发动机，可用来装配西方各国制造的近70种军用和民用飞机。公司为近120个国家提供能源领域的大型设备，还曾以生产豪华汽车闻名于世。大约有5.4万台燃气涡轮在全球各地服务。公司不仅提供质量可靠的产品，还为其客户提供高价值的服务，并从服务业务中获取巨额收入。公司的CEO(chief executive officer，首席执行官) John Rose认为：“每销售一台引擎，就有重大的服务机会，用服务来保障收入，服务将给我们客户增加价值，同时也将增加我们自己未来可以预见的收入。”

罗尔斯・罗伊斯公司为不同客户提供了三种服务：一是为公务机用户提供了“公务机服务”产品(corporate care)，由AE3007、BR710涡扇发动机等装备的公务机，支持新的和在役发动机，提供整机的大修、修理和检查，以及发动机数据采集和分析，用户则根据发动机实际工作时数每月支付酬金。二是为航空公司量身定制“全面维护”服务产品(total care)，全面维护服务产品包括发动机动态在线监控、故障诊断、维修支持、配件管理等。三是为国防发动机客户提供“项目管理方案”(mission ready management solutions，MRMS)。

近年来，罗尔斯・罗伊斯公司通过改变运营模式，扩展发动机维护、发动机租赁和发动机数据分析管理等服务，通过服务合同绑定用户，增加了服务型收入。公司销售的现代喷气发动机中55%以上都签订了服务协议。2007年，服务收入就已经达到公司总收入的53.7%。

(六) 中国制造业服务化发展态势

同时，服务化在我国的影响已经越来越深入，服务化现象在我国的各领域中都已初见苗头，这已经是不争的事实。上海、江苏、浙江、山东、深圳等一些制造业基础较好的省市，顺应国际上制造业与服务业日益融合的趋势，积极推进从工业省市向服务经济省市的转型，大力发展生产性服务业，制造业企业开始从卖产品向卖服务转变，制造业服务化开始显现良好的态势。

21世纪以来家电、汽车、通讯设备制造、IT、机械制造领域，出现了不同程度的服务化。清华大学技术创新研究中心，2008年通过对国内电器机械、通信设备、交通运输设备等10个典型制造业服务化的大样本调查，对来自辽宁、江苏、浙江、山东、四川等9个省市的52家公司高层管理人员进行问卷调查，同时构建了服务差异化实证模型和要素替代实证模型，研究表明，国内制造业企业已经在一定程度上运用服务来增强企业竞争力，服务质量的差异化确实对企业绩效产生显著影响。根据2009年中国机械工业联合会对我国机床工具、电工、汽车、农机、工程机械、重型机械、仪器仪表等机械制造业服务化问题的问卷调查，我国制造企业对服务化发展有了一定的认识，95%的企业开展了各种不同内容的业务活动，比较多的服务活动类型：一是设计、研发、实验的专业化服务；二是检测、维修、零部件定制服务；三是工程总承包、交钥匙工程、整体解决方案；四是第三方物流、供应链管理优化。

部分制造领域领军企业服务化进程加快推进。由于产品市场竞争日趋激烈，而消费者个性化需求的欲望越来越强烈，加上国家相关政策的推动，国内一些行业领军企业开始了从纯商品提供者向服务外包或解决方案提供者转型的实践和探索。2010 年海尔提出将逐渐淡出制造业向服务业转型，主要做好研发和渠道服务。联想也正在谋求向服务转型。陕西鼓风机集团已发展成为冶金、石化、煤化工、电力、环保等行业提供大型动力装备系统问题解决方案的集成商和系统服务商，是我国装备制造业服务化发展的一个标杆。在全球汽车制造业的利润从制造业向服务业转移的情况下，上汽集团坚持制造业与服务业并举，提出了围绕主业剥离非核心服务、拓展服务向价值链两端延伸的服务化发展战略。近年来，一汽大众、宝钢、武钢等大企业集团原有的信息化部门，逐步成为独立运作的专业服务公司，出现了一汽启明、宝钢宝信、武钢自动化、东风东浦等一批典型制造服务企业，在金融、物流等领域开展社会化服务，成为新的增长点。

一些省市在工业企业剥离服务环节、促进生产性服务发展方面进行积极探索。2008 年以来，天津、江苏、浙江等省市出台了鼓励工业企业剥离生产性服务的优惠政策，择优筛选出一批具有一定规模、经营业绩良好的重点工业企业进行试点，积极推动工业企业分离发展生产性服务业，此项举措在浙江、江苏等省市取得了较好的成效。随着这种服务剥离或外包活动的大范围、深度推行，在岸服务外包将会形成较大规模，从而将有力地促进当地制造业服务化和生产性服务业的发展。

同时，涌现出一批知名的国内制造业服务化先行企业，如远大空调、海尔家电、陕西鼓风机等，成为国内制造业服务化的典范。例如，海尔集团提出实施两个战略转型：第一是企业转型，从“卖产品”转变为“卖服务”；第二是商业模式转型，从传统商业模式转型为“人单合一”双赢模式。又如，中钢集团提出，公司战略定位是具有核心竞争优势的生产性服务商，核心业务既包括矿产资源开发及加工、冶金材料及相关新材料等传统版块，也包括商贸物流、金融服务与投资咨询等服务环节。

远大集团以中央空调起家，2006 年远大空调由原先纯粹卖空调产品的制造公司转型为兼做控温管理的服务化企业，实现了产品运营提供商到一站式解决方案提供商的转型。其转型经历了四个阶段。第一阶段为产品提升阶段，其重点是通过产品开发和技术创新，提升产品性能、质量；第二阶段为基于产品的服务阶段，重点是提供基于空调产品的配套服务；第三阶段为合同能源管理阶段，重点是为客户提供“冷和热”空调服务；第四阶段为全系统服务阶段，重点是为客户提供贯穿于空调产品整个生命周期的系统解决方案服务。远大的理念是“远大所有产品和服务，从本质上优化着人类生活和地球环境”，该理念体现了远大集团服务社会和服务客户的意识。

第二章　建材产业服务化转型的现实基础

第一节　建材产业发展现状

建材工业是国民经济的重要基础产业，主要包括建筑材料及制品、非金属矿及制品、无机非金属新材料等相关产业。建材产品广泛应用于建筑、军工、环保、高新技术产业和人民生活等领域。改革开放以来，我国建材工业在生产技术和工艺装备方面得到了长足的进步，发展成为门类齐全、规模庞大、体系完整、产品配套能力较强、具有一定国际竞争力的重要基础原材料行业，为国民经济发展、城乡建设和人民生活水平的提高做出了重要贡献，基本满足了国民经济和社会发展的需要。

一、成为最大的生产国和消费国

截至 2013 年年底，建材行业主营业务收入 6.3 万亿元，同比增长 16.3%。规模以上建材工业增加值占全国的 6.9%，占比提高 0.3 百分点。建材行业实现利润总额 4525 亿元，同比增长 18.2%；平均利润率 7.2%，同比提高 0.1 百分点，其中，水泥制造业利润率 7.9%，同比提高 0.5 百分点，平板玻璃制造业利润率 6.0%，同比提高 5.4 百分点。水泥产量 24.1 亿吨，同比增长 9.6%，水泥制造业实现利润 765.5 亿元，同比增长 16.4%；平板玻璃产量 7.8 亿重量箱，增长 11.2%，平板玻璃制造业实现利润 45.2 亿元；商品混凝土 11.7 亿立方米，增长 22.5%。水泥、平板玻璃、建筑卫生陶瓷、玻璃纤维等产量和消费量已经占全球的 50%以上[①]。在国民经济进入新常态背景下，建材工业已从高速增长转入中速增长阶段。2014 年，规模以上建材工业实现主营业务收入同比增长 9.7%，增速与 2013 年相比回落 6.2 百分点，下滑幅度较大。规模以上建材工业实现利润总额同比增长 4.9%，增速同比回落 15 百分点。其中，水泥制造业实现利润总额占建材工业利润总额的 23.3%，份额最大；平板玻璃制造业实现利润总额比 2013 年下降 65%。全年建材工业实现利润总额增幅逐月收窄，与一季度增长 32.5%、上半年增长 21.8%、前三季度增长 13.6%相比，四季度回落速度呈加速态势。2014 年建材工业盈利水平下降，规模以上建材工业销售利润率同比下降 0.3 百分点。受宏观环境及行业内部结构调整等因素影响，传统建材产品增长速度大幅回落。2014 年全国水泥产量 24.8 亿吨，同比增长 1.8%，增速同比回落 8 百分点；全国平板玻璃产量 7.9 亿重量箱，同比增长 1.1%，增速同比回落 10 百分点。2014 年水泥产品产销率为 98.9%，同比下降 0.4 百分点；平板玻璃产销率 96%，同比下降 2 百分点[②]。

---

① 工业和信息化部. 2013 年建材工业经济运行情况. http:www.miit.gov.cn/n11293472/n11293832/n11294132/n12858402/n12858582/1589097.html，2014-02-21.

② 中国建筑材料联合会信息和经济运行部. 2014 年建材工业经济运行特点分析，2015.

二、主要工艺和装备水平接近或达到世界先进水平

我国已全面掌握了大型新型干法水泥、大型浮法玻璃、大型玻璃纤维池窑拉丝等先进生产工艺技术，具备了成套装备的生产制造能力。新型干法水泥在预热分解窑节能煅烧工艺、大型原料均化、节能粉磨、大型提升、自动控制和环境保护等方面，从设计、装备制造和工程建设整体都接近或达到了世界先进水平，并实现了大型成套技术装备的出口；建筑陶瓷和玻璃纤维的生产技术装备在部分领域达到了世界先进水平，大规格建筑陶瓷薄板的研制与开发取得突破性进展；12 万吨超大型玻璃纤维的研制及全氧燃烧技术，达到了国际领先水平。这些成果的推广应用提升了建材行业技术和装备的整体水平，为实现建材工业可持续发展提供了重要支撑。到 2013 年年底，我国新型干法水泥产量比重、浮法玻璃产量占平板玻璃产量比重、玻璃纤维池窑拉丝工艺生产能力比重均已达到或超过 90%。

三、结构调整、产业升级取得重大进展

“十一五”期间，水泥、平板玻璃分别累计淘汰落后产能 3.4 亿吨、6000 万重量箱。技术和产品结构不断优化，产业集中度进一步提高。水泥行业产能前十家企业的产量占全国水泥产量的 25%；玻璃行业产能前十家企业占全国玻璃产量的 57%[①]。中国建材集团进入世界 500 强，成为全球第二大建材产业集团。通过 2014 年的努力，尤其是重点省份的努力，2014 年淘汰落后钢铁 3110 万吨，淘汰水泥 8100 万吨，淘汰平板玻璃 3760 万重量箱，2011～2014 年，累计淘汰落后炼钢产能 7700 万吨、水泥 6 亿吨、平板玻璃 1.5 亿重量箱，提前一年完成“十二五”淘汰任务。在 2015 中国国际水泥峰会上，中国水泥协会公布了 2015 年全国水泥熟料产能前 50 家企业排名，中国建材以 3.1 亿吨的年熟料产能位居榜首，海螺水泥、中材集团分别以 1.88 亿吨和 8706 万吨的年熟料产能位列第二和第三。根据排名企业数据统计，截止到 2014 年年底，我国(不含港澳台)前 50 家大企业集团的水泥熟料设计产能共计 13 亿吨，占全国总产能的 74%。其中，前 10 家大企业集团的水泥熟料产能占全国总产能的 52%。近年来，建材工业以产业结构调整和能力扩张为特征的投资增速高位回落，投资向低能耗制品加工新兴行业倾斜，水泥、建筑卫生陶瓷投资下降，平板玻璃、玻璃纤维投资增速大幅回落，同时，玻璃纤维增强塑料、建筑用石、云母和石棉制品、隔热隔音材料、防水材料、技术玻璃、水泥制品等行业的发展速度远远超过了传统的高能耗的行业增长速度，建材产业结构逐步优化。2013 年，产能过剩的水泥、平板玻璃行业固定资产投资分别下降 3.7%、5.8%；低消耗低排放的石材、轻质建材、技术玻璃等行业固定资产投资分别增长 28.9%、23.5%、36.3%；混凝土与水泥制品行业完成投资达 2085 亿元，同比增长 12.7%。水泥制品、轻质建材、建筑陶瓷、建筑用石等行业利润以高于 20%的速度快速增长。2012 年以后，原本高速增长的建材工业固定资产投资增长速度逐渐与全国工业固定资产投资增速趋同。2014 年建材工业完成限额以上固定资产投资同比增长 14%，增速同比略升 0.1 百分点。建材投资低

① 中国建筑材料联合会. 建筑材料工业“十二五”发展指导意见. 2011.

于全国投资增速，高于工业投资增速。混凝土与水泥制品业、建筑用石开采与加工业、砖瓦及建筑砌块制造业、轻质建材制造业占据建材投资前 4 位，水泥制造业投资由 2009 年第 1 位下降到 2014 年的第 5 位，连续 4 年下降，年投资完成额从高峰期占建材投资总额的 23.8%降到 2014 年的 7.4%，卫生陶瓷制造业、平板玻璃制造业、玻璃纤维及制品制造业等行业固定资产投资为负增长，建材工业产业结构将继续朝低能耗、低排放方向优化①。

第二节　建材产业存在的主要问题

我国建材工业发展中不平衡、不协调、不可持续的问题依然突出，尚处在以原材料制造为主的阶段，产品加工深度和产业链延伸不足，与国际通行的大建筑材料概念相关的建筑钢材和木材物流、贸易等业态的快速发展相比，发展相当缓慢。行业专家将建材工业“大而不强”的现实总结为“四大五低”：“四大”为产品产量大、企业数量大、职工队伍大、能源消耗大；“五低”则是劳动生产率低、集约化程度低、科技含量低、市场应变能力低、经济效益低。建材工业作为“两高一剩”（高消耗、高排放、产能过剩）产业亟待积极转变经济发展方式，加快结构调整，延展产业链，实现产业服务转型升级，才能适应时代发展的要求。

一、产能过剩问题依然突出

我国玻璃、水泥和陶瓷产能全面过剩，出现行业性亏损。我国人均水泥消费量已经达到国际人均的两倍。2013 年全国水泥产量为 24.1 亿吨，产能利用率为 73%，全国水泥行业实现利润总额 765.5 亿元，同比增长 16.4%。截至 2013 年年底，全国有 3800 多家水泥企业，前十家大型企业集团水泥产业集中度为 31%，2014 年全国水泥产量为 24.76 亿吨，产能利用率不到 70%，全国水泥行业实现利润总额 780 亿元，同比增长 1.4%。截至2014年年底，全国有3500多家水泥企业，前十家大型企业集团水泥产业集中度为52%，而国外成熟水泥市场前几家大型水泥集团的产业集中度在 70%以上。近 20 年来，吨水泥价格一直在 200～450 元，与钢铁、煤炭相比，水泥价格结构性超低。近年来，受宏观经济调控和全社会固定资产投资增速放缓影响，国内平板玻璃需求下降，在需求萎缩和产能过剩的双重挤压下，浮法玻璃市场需求低迷，玻璃价格持续下滑，普通玻璃产品的成本售价倒挂现象日趋严重。受欧债危机、“双反”调查等外部因素及产能过剩、行业混乱等内部因素的双重影响，全国光伏产业受到很大冲击和影响。此外，太阳能电池的终端销售市场主要集中在欧洲，其中西班牙、德国等光伏安装量占全球安装总量的六成多。因此，虽然我国光伏产品的产量已经稳居世界第一，但产业链上下游“两头在外”的格局使我国光伏制造厂商在产业链中处于风险较大、利润较低的环节。企业在技术创新、节能减排、安全生产等方面投入受限，制约其可持续发展。

① 中国建筑材料联合会·建材工业 2014 年经济运行形势分析及 2015 年趋势判断. 中国建材报，2015-03-05.

二、资源环境依赖的产业属性没有根本改变

建材工业的总能耗仅次于冶金和化工，居工业部门第三位，建材工业能耗总量约占全国能耗总量和工业部门能耗总量的 7%和 10%，建材工业废气排放总量占全国工业废气排放总量的 18%。水泥、玻璃、建筑卫生陶瓷等资源能源依赖较大的传统建材制造产业仍然占建材行业总量的近半数。以水泥工业为例，水泥工业粉尘、SO_2 和 NO_x 的排放量分别占全国工业生产总排放量的 31.7%、4.8%和 4.7%。这些排放物质与地球的温室效应、光化学烟雾、酸雨等现象密切相关。虽然近年来混凝土与水泥制品、技术玻璃、轻质建材、玻璃纤维增强塑料等新型建材、新型复合材料发展迅速，但远未达到国际先进水平。

三、部分建材产业工业现代化尚未完成

建材行业企业总体数量庞大，行业集中度低，企业规模小且过于分散。2012 年建材规模以上企业 2.4 万家，规模以下企业 16 万家左右。规模以上企业平均资产规模仅为 1.2 亿元，平均销售规模为 1.5 亿元。建材产业工业现代化尚未完成，很大程度上影响了产品升级和技术进步，影响了建材工业的产业结构调整，同时也说明建材工业转变发展方式，实施服务化转型有巨大潜力。

四、绿色节能建材技术和产品有待进一步推广

我国是一个能源相对匮乏的国度，能源的人均占有量很低，而建筑能耗已经占全国总能耗的 27.5%左右。我国单位建筑面积采暖能耗相当于气候条件相近发达国家的 2～3 倍①。与发达国家相比，我国在住宅建造和使用过程中，存在严重的资源浪费。建筑节能主要来自于建材节能。举例来说，外门窗玻璃的热损失占建筑物能耗的 50%以上，而玻璃内表面的传热以辐射为主，辐射传热占 58%，这意味着减少玻璃热能损失最有效的方法是改变玻璃的性能，抑制其内表面的辐射。普通浮法玻璃的辐射率高达 0.84，当镀上一层以银为基础的低辐射薄膜后，其辐射率可降至 0.15 以下。因此，用 Low-E 玻璃②制造建筑物门窗，可大大降低因辐射而造成的室内热能向室外的传递，达到理想的节能效果。因此，大力开发 Low-E 玻璃的生产技术并推广其应用领域，必将带来显著的社会效益和经济效益。目前欧洲 Low-E 玻璃使用率高达 80%～90%，美国使用率有 40%左右，我国使用率仅有 10%左右。我国节能材料和技术的使用潜力还相当巨大。

第三节　“十三五”期间建材行业面临的新形势

“十三五”是我国经济社会发展全面建成小康社会、加快从制造大国转向制造强国的重要阶段，也是我国建材工业实现转型升级、由大变强、超越引领的关键时期。“十三

① 国家发展和改革委员会，节能中长期专项规划. 2004-11-25.

② Low-E 玻璃（低辐射节能玻璃）是在玻璃表面镀上多层金属或其他化合物组成的膜系产品，使其具有对可见光高透过及对中远红外线高反射的特性，从而达到优异的隔热效果和良好的透光性。

五”时期，我国经济也将面临更严峻的形势：全球经济和金融深刻变化，传统制造业面临严峻挑战，各项重大改革和经济社会转型矛盾错综复杂等。

一、“十二五”期间建材工业的变化和成就

(一)产业规模继续扩大

2014年规模以上建材工业企业完成主营业务收入4.8万亿元，与2010年相比，前4年完成主营业务收入年均增长15.5%，比同期全国工业年平均增速高出3.6百分点。

2014年水泥熟料产量为14.2亿吨，增长20.2%；水泥产量为24.8亿吨，增长32.2%；平板玻璃产量为7.9亿重量箱，增长25.4%；建筑陶瓷产量为102.3亿平方米，增长31.2%；玻纤产量为308万吨，增长14.5%。

(二)产业结构明显优化

产业技术结构调整取得显著成效。2014年水泥新型干法比重达95%以上，平板玻璃中浮法玻璃和玻纤池窑拉丝比重均达90%以上，新型墙材比重接近65%。2011～2014年，全国累计淘汰落后水泥产能6亿吨、平板玻璃产能1.5亿重量箱，提前完成“十二五”规划目标。

产品结构调整取得较明显进展。传统建材占建材工业产值比重逐年下降。2013年规模以上建材工业企业中，水泥和平板玻璃企业主营业务收入占24.4%，比2010年下降4百分点。与此同时，加工制品业发展迅速，建材加工制品等高附加值产品比重提升。2014年混凝土及水泥制品行业主营业务收入超过1万亿元，首次超过水泥制造业，成为建材工业最大产业，统计范围内的水泥混凝土及水泥制品行业的产业经济规模已超过水泥制造业；2014年规模以上技术玻璃制品制造业销售额已经达到平板玻璃制造业2倍以上；建筑用石加工业已成为建材行业第四大产业。玻璃深加工、石材加工、复合材料及制品等行业平均增速超过20%。

产业组织结构明显优化。水泥、平板玻璃、玻璃纤维等行业产业集中度进一步提高，大型企业集团继续发展壮大。2013年水泥前十家企业集团产量占水泥总产量的37.8%，比2010年提高12.8百分点，已提前完成“十二五”规划制定的目标。平板玻璃年生产能力5000万重量箱以上的企业(集团)从2010年的1家增加到2013年的6家，其生产能力占全国总量的40.3%。前三家玻璃纤维企业生产集中度为68%，比2010年提高6百分点。新型墙体材料和建筑部品、玻璃、陶瓷、石材等产业园区和产业聚集区发展迅速，日益成为支撑行业创新、延伸产业链的有效载体，许多产业园区或聚集区正成为区域经济发展的支撑。

(三)技术创新能力有所增强

自主创新意识普遍增强，全行业研发投入有所提高。2013年建材工业新产品研发经费和新产品项目数分别比2010年增长173.8%和221.6%，从而带动新产品销售收入比2010年提高134.6%。

集成协同创新模式在解决行业共性技术问题中不断推广。以产、学、研、用相结合的产业技术创新联盟在探索中发展，目前产业技术创新联盟已涉及水泥、陶瓷、复合材料、保温隔热材料、防水材料、非金属矿、机械设备及绿色建材、资源综合利用等多个领域，用协同创新的模式解决行业共性技术问题已经在部分行业和领域达成共识。取得了一批支撑行业发展的重大技术成果，如降低水泥窑氮氧化物排放技术及应用、新型干法水泥窑协同处置城市污泥技术、利用新型干法水泥窑处置生活垃圾系统的开发与应用、离线 Low-E 玻璃产业化关键技术及成套装备、薄膜太阳能电池用在线透明导电膜玻璃产业化技术、薄型瓷砖及其制造技术、挤出干挂空心陶瓷板及其制造技术、节能高效五层辊道式干燥器、玻璃纤维覆膜滤料等。

(四)绿色发展取得显著进展

绿色发展已成为行业共识，粗放发展方式得到抑制。建材工业能源消耗总量增速、建材工业能耗占全国总能耗比重及主要产品综合能耗不断下降。绿色建材发展得到全行业高度重视，发展取得重要进展，基本能够满足绿色建筑发展的需求。

治污减排成效显著。建材全行业烟粉尘排放量大幅下降，脱硝技术改造取得进展。2013 年年末水泥、平板玻璃行业安装脱销装置的企业已超过 600 家。

生态产业功能更加完善，已成为循环经济发展和改善城市环境的重要环节。建材工业资源综合利用量超过 10 亿吨。全国 20 多个省(市、区)已建成或正在推进建设水泥窑协同处置工业废弃物、城市污泥、生活垃圾及危废生产线 30 多条，年处理废弃物能力约 250 万吨。

余热发电技术普及率进一步提高。截至 2013 年年底，全国配套纯低温余热发电系统的新型干法水泥生产线约占全部新型干法水泥生产线的 64%，总装机容量 7300MW；2012 年年底，全国共有 90 条浮法玻璃熔窑建立了 41 个余热发电站(机组)，装机容量达到 303.5MW，占全部平板玻璃生产线的 31.91%。煤矸石烧结砖隧道窑余热发电项目在山西、吉林、河北等省建成投产成功发电，取得显著的社会效益和经济效益。

(五)国际竞争力进一步提高

出口贸易不断增长，产品竞争力不断增强。2014 年建材商品出口额达 361 亿美元，是 2010 年的 1.9 倍。对外工程服务业继续加速扩展。建材成套技术装备出口规模不断扩大。特别是水泥技术装备工程市场份额和品牌影响力不断提升，我国水泥工程服务已占全球 50%以上的市场份额。大型建材企业对外投资力度不断加大，境外收购企业、投资建厂步伐明显加快，已涉及水泥、平板玻璃、玻璃纤维、墙体材料、石材等多个行业。

二、“十三五”期间建材行业发展面临的环境与形势

(一)全球经济环境与发展趋势

世界经济虽短期动荡，但总体上仍将保持稳步增长态势。2010～2013 年，世界经济累计增幅达到 10.9%，年均增长速度达到 3.5%，比 1991～2013 年全球经济的年均增速

3.15%高出0.35百分点，是近20年增长较快的时期。今后几年虽然欧洲国家受债务危机困扰，经济增长受到严重影响，我国经济由高速转向中高速或中速“新常态”化增长，但由于美、德经济复苏加快，中、印及其他南亚、东南亚国家发展仍保持较快增长势头，带动世界经济继续呈现增长态势。

全球经济一体化和区域化特征并存，多边贸易和投资便利化机制不断加深。随着各国需求、资源和生产要素的不断变化，在互联网、信息和物流业极速发展的大环境下，区域经济合作和全球经济一体化已成为各国寻求共同发展不可逆转的基本趋势。尤其是伴随着以德美等发达国家为主导的欧洲经济一体化、北美自由贸易协定(North America Free Trade Agreement，NAFTA)、跨太平洋伙伴关系协定(Trans-Pacific Partnership Agreement，TPP)和以中俄为主导的上海合作组织、金砖五国，以及中国新近提出的亚洲基础设施投资银行和“一带一路”经济带等，区域经济合作越来越密切。在此基础上，世界贸易组织(World Trade Organization，WTO)于2014年11月正式通过《贸易便利化协定》，正在陆续获得签约国认可，使全球经济合作又向前迈出了重要一步。

以信息化和智能化为代表的新技术革命正在以前所未有的力量和速度深刻影响着全球经济、科技和产业竞争格局的变化。发达国家纷纷实施“再工业化”战略，重塑制造业竞争新优势，一些发展中国家也在积极努力参与全球产业再分工。我国建材产业作为传统制造业和以发展无机非金属新材料为己任的战略性新兴产业，既面临千载难逢的发展机遇，又面临着发达国家和其他发展中国家“双向挤压”的严峻挑战。

我国“一带一路”倡议的实施将带动沿线国家经济社会发展和基础设施建设，同时通过国际产能合作，有助于化解一部分国内过剩产能，促进产业升级。“十三五”期间“一带一路”将进入全面推进阶段。“一带一路”建设的加快推进将有利于促进沿线各国经济繁荣与区域经济合作，基础设施互联互通成为“一带一路”建设的优先领域，沿线国家将共同推进国际骨干通道建设，逐步形成连接亚洲各次区域及亚欧非之间的基础设施网络。沿线国家的经济发展、基础设施建设和贸易往来将为建材产品带来广阔的市场需求空间。

(二)国际建材产业发展趋势

发展中经济体将成为全球建材市场的主体。欧美发达国家已经度过大规模建设时期，建材工业不再是未来发展的重点。发展中经济体作为全球经济增长的主要驱动力，未来经济发展重心将由发达经济体向其转移，而发展中经济体的发展重点是基础性建设、基本的生产和生活需求，从而将对建材及无机非金属材料产生巨大的市场需求，世界建材工业的发展重心也将进一步向发展中经济体转移。

世界建材工业将朝着绿色化、智能化、融合化方向发展。首先，21世纪以来，世界绿色建筑发展经历了从低能耗建筑、零能耗建筑，到负能耗建筑的演变，2013年德国推出“负能耗”房屋，并规定到2020年，所有新建建筑都要成为“负能耗”建筑。大幅度降低建筑能耗，反映了当今世界各国的城市规划、建筑设计、建筑标准更加注重以采用绿色建材和发展绿色建筑为宗旨的绿色化发展。随着全球绿色建筑推广力度的不断加大，对绿色建材的市场需求也将不断提高。根据Navigant的报告，全球绿色建材市场规模将从2013年的1116亿美元增长至2020年的2540亿美元。

其次，随着信息技术与制造技术融合创新的快速发展，建材工业的发展将加快向集成化、智能化、柔性化方向发展，不断创造出新的产业形态、商业模式及新的消费和投资需求，形成新的经济增长点。智能建材的市场需求将保持快速增长，未来世界智能家居将迎来发展高峰期。据分析，全球智能家居市场总规模将从2013年的330亿美元提高到2018年的710亿美元，从而对智能涂料、智能玻璃幕墙、智能卫浴、智能陶板幕墙、智能板材等智能建材产品产生新的市场需求。

最后，融合发展将成为世界建材发展的新动向。建材与建筑产业间的融合将加快推进建筑工业化，从而为建材工业拓展新的发展空间；信息技术与建材产业的融合将提高建材产业的生产效率并变革生产经营方式；无机非金属材料和非金属矿精深加工产业与相关产业融合，不仅将拓展应用领域，也势必会带动其规模化发展；产业链各环节的融合，将催生新业态，实现商业模式创新。

（三）国内建材行业发展趋势

战略性新兴产业将成为国民经济的支柱产业和先导产业。新兴产业正在成为引领未来经济社会发展的重要力量，世界主要国家纷纷调整发展战略，大力培育新兴产业，未来新兴产业将向绿色低碳化、产业融合化、产品高端化、区域集聚化和国际合作化方向发展。2020年我国战略性新兴产业增加值占国内生产总值的比重将达到15%，预计战略性新兴产业增加值将超过14.3万亿元。节能环保等产业将成为国民经济的支柱产业，新材料等产业将成为国民经济的先导产业，节能、环保与新能源汽车产业化将取得重大进展，由此将拓展以无机非金属新材料为代表的建材产品的需求空间。

我国仍处在城市化和工业化阶段，各项建设必不可少，但建设规模和速度将回归常态化，建设重点将转到以满足人们对建筑物品质提升和功能增加的需求为主。预计到2020年，常住人口城镇化率将达到60%左右，期间城镇化率仍将每年以1百分点左右的速度提高，从而带动每年超过1300万人口从农村转入城镇。随着城镇人口的增长，城镇房屋和基础设施建设仍将保持较大规模，为建材工业的发展提供持续稳定的市场空间。但从总体分析，目前我国房屋建设总规模已基本达到饱和点，未来建设的任务不再是以满足数量增长为主，而是以满足人们对建筑物品质的提升和功能增加的需求为主。

房地产业将进入一个新的调整周期。一是房价的高速增长及畸高的房价收入比，脱离了以工薪阶层为主的普通劳动者的购买能力，房地产价格面临去泡沫化过程；二是房地产业的过度投机与炒作使其发展面临巨大的波动风险，最终必须回归以解决居民住房与改善居住条件为主要功能的理性市场；三是地方政府对房地产业，特别是土地财政的过度依赖，加大了地方政府的债务风险，这种局面不可能持续；四是供给增长快于需求增长，房屋空置率高，特别是部分二、三线城市盲目发展，透支未来需求，导致严重供大于求现象。为保证房地产业稳步发展，防范泡沫破裂带来的经济和金融风险，房地产业必将进入一个新的调整周期，对建筑、建材业产生重大影响。但从长远看，不会动摇建筑业市场发展的基本趋势。

建筑工业化是建筑业发展的方向，绿色建筑将加快发展。建筑工业化是实现建筑业现代化的根本途径，是建筑业转型升级的必由之路。未来我国将加快建立促进建筑工业化的设计、施工、部品生产等环节的标准体系，推动结构件、部品、部件的标准化，丰富标准件的种类，提高通用性和可置换性。推广适合工业化生产的预制装配式混凝土结构、钢结构等建筑体系，加快发展建设工程的预制和装配技术，提高建筑工业化技术集成水平，这将拉动对建筑产品的市场需求。

近年来，我国先后推出了《绿色建筑评价标准》(2014)、《绿色建筑选用产品导向目录2012》等政策及标准，2013年国务院发布的《绿色建筑行动方案》提出“到2020年绿色建筑占新建建筑比重超过30%”的目标，以推动建筑业向绿色化方向发展。绿色建筑的发展将带动大批与节能环保相关联的产品和服务的发展，预计到2020年绿色建筑带动的产业规模将超过1万亿元。

“十三五”期间，我国建材行业迫切需要解决的重大问题和发展任务包括以下几方面。

1. 发展新兴产业

主要建材产品产能过剩，建材产业必须加快战略转移，在改造提升传统产业的基础上，大力发展无机非金属新材料等新兴产业。在市场需求增速趋缓，生产能力严重供大于求的局面下，如何有效化解产能过剩、促进行业发展方式转变已成为行业面临的严峻挑战，迫切需要研究建材工业新的增长点和建材工业未来发展的方向与重点。

面对传统建材主要产业产能过剩的严酷现实，建材工业必须加快发展方式的转变，寻找新的经济增长点，即进一步推进传统产业的改造提升，培育发展新产业，加快“走出去”步伐，实现真正意义上的转型升级。

2. 依靠创新驱动

创新支撑不足是长期制约行业发展的瓶颈，必须从体制机制上寻求突破之道，真正把行业发展引导到依靠创新驱动，实现超越引领的轨道上来。虽然我国建材主要行业技术、装备水平接近或达到世界先进水平，但行业技术发展尚处在对世界先进水平的追赶和模仿跟进阶段，绿色建材、新材料等产业的转型升级和结构调整缺乏先进技术和新产品的技术引领支撑，行业整体自主创新能力明显不足，同时，还存在基础研究和应用基础研究薄弱、缺乏自主知识产权和技术储备、知识产权保护尚缺法律保障、有效转化和产业化的能力不足等问题。

技术支撑能力不足已成为行业发展中需要迫切解决的重大问题，建材工业必须加快技术进步步伐，推进创新能力建设，依靠自主创新，突破技术支撑能力不足的制约瓶颈。

3. 重塑竞争市场

市场秩序失范已成为行业发展需要突破和解决的难题，重塑重质量、守信用、公正、公平、规范、自律、高效、有序的竞争市场成为下一步改革和发展的基本任务。由于行业信用服务体系尚不成熟、企业诚信意识和信用水平偏低等因素的影响，行业在投资发展秩序、技术市场秩序、人才市场秩序、经营市场秩序等方面存在较多问题，市场秩序失范已成为制约行业发展、效益提高的重要问题，需通过深化改革寻求突破。因此，需要深化改革，进一步加强和改善行业管理，为行业发展创造良好的环境，以促进行业健康发展。

4. 寻求绿色发展

在加快生态文明建设新的国家战略下，实现更高水平的绿色发展需要寻求新的支撑点和发展路径，绿色发展任重而道远。党的“十八大”已经把生态文明建设列入建设文明国家的总布局，中央审议通过的《关于加快推进生态文明建设的意见》首次提出“绿色化”概念，并将其与新型工业化、城镇化、信息化、农业现代化并列，绿色化已成为新常态下经济发展的新任务、推进生态文明建设的新要求。建材工业的绿色发展是生态文明建设重要组成部分之一，生态文明建设对行业发展不仅是要求和挑战，也是机遇。如何实现建材工业更高水平的绿色发展需要寻求新的支撑点和发展路径。适应生态文明建设的需要，建材工业必须走绿色发展之路，进一步推进节能减排和资源综合利用，特别是要加快绿色建材和生态治理材料的发展。

5. 加快发展服务业

生产性服务业是建材工业发展中的薄弱环节，必须加快发展，补上短板。长期以来行业发展的重点主要在产品生产环节，生产性服务业成为行业发展的薄弱环节。目前我国建材生产性服务业整体发展缓慢，已不能适应未来行业发展的需要，如何加快推进生产性服务业的发展，促进建材工业各环节协调发展，已成为行业发展需要解决的重大问题。“十三五”期间，需要在如何加快生产性服务业发展并促进产业链各环节统筹协调发展方面实现突破。

6. 实现智能转型

建材工业数字化、网络化、智能化水平整体较低，实现智能转型面临艰巨任务。当今时代已经进入信息化社会的智能化时代，行业的信息化发展水平体现其现代化发展程度。我国建材工业数字化、网络化、智能化水平整体较低，无论是与国际先进水平比还是与国内先进行业比，都存在较为明显的差距。提高全行业信息化水平，加快推进“两化”深度融合迫在眉睫。“十三五”建材工业必须走两化融合之路，加快推动行业数字化、网络化、智能化进程，打造升级版建材工业。

7. 提高国际融合度

实施国际化战略面临新形势、新挑战，促进国际产能合作，加快提高国际融合度成为建材企业“走出去”的必然选择。随着经济全球化的不断深化，我国经济与全球经济融合度日益加深，提高建材工业国际融合度的问题也已提上议程。在经历了三十多年的改革开放后，需要重新思考我们的国际化战略：在主要传统产业产能过剩的环境下，如何加快建材“走出去”步伐？特别是在国家实施“一带一路”倡议的大背景下，尤其需要深入研究如何提高我国建材工业的国际融合度，提升建材行业的对外开放水平。实施

“走出去”战略，绝不仅仅是简单的资本输出问题，既有战略问题，也有模式问题，还面临来自世界先进企业在技术、管理、品牌等方面优势的诸多挑战，面对新形势、新挑战，需要深入研究如何加快提高国际融合度。

8. 应对新常态

我国经济发展的新常态，是指从改革开放以来，国民经济持续保持两位数高速增长以后，进入一个新的发展阶段，它的主要特征是，经济发展由高速增长转入中速增长阶段，形成一种新态势。从表 2.1 主要经济指标看发展态势，我国主要经济指标的增长速度呈逐步下降的趋势。2000～2010 年，GDP 增速保持平均 10.6%的平均速度增长，其他几项主要经济指标，基本保持了 20%以上的高速增长。但从 2010 年开始，主要经济指标增长明显减速。我国的经济发展告别了高速发展阶段，进入了中速发展的新阶段。

表 2.1　2010～2015 年我国主要经济指标的增长速度

指标	年均增速/%			
	2000～2010 年	2010～2013 年	2014 年	2015 年
GDP/亿元	10.6	8.2	7.4	6.9
固定资产投资/亿元	23.8	17.1	15.3	9.8
财政收入/亿元	20.0	15.8	8.6	5.8
进口贸易额/亿美元	20.1	11.9	2.3	–7.0
外汇储备/亿美元	32.9	10.3	0.6	13.3
人民币贷款总额/亿元	17.0	14.5	13.6	14.2

长期以来我国产业结构构成制造业比重最高，改革开放以来，第一产业比重逐步降低，第三产业稳步上升。但到了 2013 年，产业结构发生了重大变化，第三产业比重超过第二产业，产业结构从制造业为主转向服务业为主。2014 年，第三产业发展进一步加快，增加值比重已超过第二产业 5.6 百分点。2015 年服务业比重达到 50.5%，2020 年超过 55%，其中生产性服务业比重由目前的 15%提高到 30%，见表 2.2。

表 2.2　1980～2015 年我国三个产业的构成变化①

年份	第一产业	第二产业	第三产业
1980	30.2	48.2	21.6
1990	27.1	41.3	31.5
2000	15.1	45.9	39.0
2010	10.1	46.7	43.2
2011	10.0	46.6	43.4
2012	10.1	45.3	44.6
2013	10.0	43.9	46.1
2014	9.2	42.6	48.2
2015	9.0	40.5	50.5

① 国家统计局. 2015 年国民经济和社会发展统计公报. 2016-02-29.

新常态的九大特征将对资源类产业服务化转型产生非常深远的影响。新常态的九大特征包括：模仿型排浪式消费阶段基本结束，个性化、多样化消费渐成主流；基础设施互联互通和一些新技术、新产品、新业态、新商业模式的投资机会大量涌现；我国低成本比较优势发生了转化，高水平引进来、大规模走出去正在同步发生；新兴产业、服务业、小微企业作用更凸显，生产小型化、智能化、专业化将成产业组织新特征；人口老龄化日趋发展，农业富余人口减少，要素规模驱动力减弱，经济增长将更多依靠人力资本质量和技术进步；市场竞争逐步转向质量型、差异化为主的竞争；环境承载能力已达到或接近上限，必须推动形成绿色低碳循环发展新方式；经济风险总体可控，但化解以高杠杆和泡沫化为主要特征的各类风险将持续一段时间；既要全面化解产能过剩，也要通过发挥市场机制作用探索未来产业发展方向①。

第四节　建材产业服务化转型战略的理论基础

一、建材产业服务化转型文献综述

与建材行业服务化转型相关的理论概念包括生产性服务业、制造服务化、服务型制造业及近年来比较热的“再工业化”。

美国经济学家 Greenfield（1966）在研究服务业分类时最早提出了生产性服务业的概念，即可用于商品和服务的进一步生产的、非最终消费服务②。

1988 年出现“制造服务化”这一概念。在制造业服务化问题研究过程中，由于对制造业服务化有着不同的理解，不同学者对制造业服务化的内涵的界定实际上也并非一致。Vandermerwe 和 Rada 等学者认为，制造服务化指“制造商由仅仅提供物品或物品与附加服务，向物品——服务包转变”。完整的“包”包括物品、服务、支持、自我服务和知识，并且服务在整个“包”中居于主导地位，是增加值的主要来源③。

20 世纪 90 年代以来，制造业出现了运用服务增强自身产品竞争力向服务转型以获取新的价值来源的现象。学者重点探讨了基于知识、信息的经济环境下制造业的发展道路问题，提出了“服务增强型产品”“服务增强型制造业”等概念，并对服务增强的宏观表现、微观机理及模式等进行了研究。

White 认为，服务化指“制造商的角色由产品提供者向服务提供者转变”④。Reiskin 将服务化定义为“企业从以生产产品为中心向以提供服务为中心的转变”这一动态变化过程⑤。此外，Fishbein、Makower 等认为，服务化就是“卖产品的功能或服务，而不是

---

① 中央经济工作会议闭幕 首提经济新常态九大特征. 搜狐新闻，2014-12-11.

② 王敬荣. 国内外生产性服务业研究述评. 商场现代化，2006, 12(2): 39-40.

③ Vandermerwe S, Rada, J. Servitization of business: adding value by adding services.European Management Journal, 1988, 6(4): 314-324.

④ White A L, Stoughton M, Feng L. Servicizing: the quiet transition to extended product responsibility.Boston: Tellus Institute, 1999.

⑤ Reiskin E D, White A l, Kauffman J, J,et al Servicizing the chemical supply chain.Journal of Industrial Ecology, 2000, 3(2~3): 19-31.

卖产品本身”[①]“卖服务而不是卖产品”[②]；Toffel 认为服务化是一种与传统销售模式相对应的业务模式，该模式具有四个特点：制造商向顾客出售的是物品的功能而不是物品本身；制造商保留它所生产的物品的所有权；顾客根据物品的使用情况向制造商付费；制造商维修物品而不向顾客收取费用[③]。

Szalavetz 认为，制造业服务化(tertiarization of manufacturing)具有两层含义：其一是内部服务的效率对制造业企业竞争力来说日趋重要，已超过了传统的决定因素，如企业技术质量、人力资源质量、运作效率、资产数量。这些内部服务不仅包括产品和过程开发、设计、后勤、扩展训练、岗前培训及价值链管理，还包括组织开发和协调、人力资源管理、会计、法律及金融服务。其二是与物品相关的外部服务对顾客来说复杂性和重要性日益提高。“物品——服务包”不仅包括维护和修理，还包括融资、运输、安装、系统集成和技术支持[④]。

2008 年全球金融危机爆发以来，很多专家认为，美国金融危机根源在于十年以来美国经济的“去工业化”，过于注重金融创新导致了房地产市场泡沫破灭、金融市场过度扩张及金融资产过度升值、商业银行和投资银行混业经营风险无法控制等，美国新的经济增长必须依靠于实体创新而非金融创新。美国总统奥巴马提出了“新经济战略”，包括“美国经济要转向可持续的增长模式，即出口推动型增长和制造业增长，要让美国回归实体经济，重新重视国内产业尤其是制造业的发展”。这也就是美国的“再工业化”战略——基于工业在各产业中的地位不断降低、工业品在国际市场上的竞争力相对下降、大量工业性投资移师海外而国内投资相对不足的状况提出的一种“回归”战略，即重回实体经济，使工业投资在国内集中，避免出现产业结构空洞化。美国学者 Amitai Etzioni(1985)[⑤]认为，“再工业化”是指产业的结构转型面向高附加值、知识密集要素和产品，以及服务于新市场以新技术创新为主的产业等，通过政府帮助、税收激励、工厂和机器现代化等途径实现的工业和工业社会的复兴。

孙林岩教授提出，服务型制造是知识资本、人力资本和产业资本的聚合物，是三者的黏合剂[⑥]。知识资本、人力资本和产业资本的高度聚合，使服务型制造摆脱了传统制造的低技术含量、低附加值的形象，使其具有和以往各类制造方式显著不同的特点：在价值实现上，服务型制造强调由传统的产品制造为核心，向提供具有丰富服务内涵的产品和依托产品的服务转变，直至为顾客提供整体解决方案；在作业方式上，由传统制造模式以产品为核心转向以人为中心，强调客户、作业者的认知和知识融合，通过有效挖掘服务制造链上的需求，实现个性化生产和服务；在组织模式上，服务型制造的覆盖范围虽然超越了传统的制造及服务的范畴，但是它并不去追求纵向的一体化，它更关注不

① Fishbein B K, McGarry L S,Dillon P S. Leasing: A Step toward Producer Responsibility.NY: INFORM, 2000.
② Makower J. The clean revolution: technologies from the leading edge.Presented at the Global Business Network Worlding Meeting, 2001.
③ Toffel M W. Contracting for servicizing.Haas School of Business University of California-Berkeley, 2002.
④ Szalavetz A. Tertiarization of manufacturing industry in the new economy: experiences in Hungarian panies.Hungarian Academy of Sciences, 2003.
⑤ Etzioni A.Reindustrialization or Quality of Life,America Must Choose.CUED Commentary(Council for Urban Economic Development), 1980: 8-9.
⑥ 孙林岩，李刚，江志斌，等. 21 世纪的先进制造模式——服务型制造. 中国机械工程，2007, 18(19): 2307-2312.

同类型主体(顾客、服务企业、制造企业)相互通过价值感知，主动参与到服务型制造网络的协作活动中，在相互的动态协作中自发形成资源优化配置，涌现出具有动态稳定结构的服务型制造系统；在运作模式上，服务型制造强调主动性服务，主动将顾客引进产品制造、应用服务过程，主动发现顾客需求，展开针对性服务。企业间基于业务流程合作，主动实现为上下游客户提供生产性服务和服务性生产，协同创造价值。

从国际产业发展趋势来看，制造业服务化已成为引领制造业产业升级和保持可持续发展的重要力量。现代制造服务业不是制造业的简单延伸，而是制造业的发展，是制造服务业的产业化。很多知名的跨国企业集团，如 IBM、通用电气公司、耐克、罗尔斯 • 罗伊斯公司、米其林轮胎等，它们原来的主营业务集中在制造业领域，但当前都已实现由传统制造向制造服务业的转型。

国际知名的商用机器公司 IBM 成功实现了从硬件生产商到服务型提供商的转型。1993 年，IBM 公司作为全球最大的计算机公司，连年亏损已高达 160 亿美元，公司股份一再下跌，在媒体眼中 IBM 的一只脚已经踏进了坟墓。1993 年 4 月 1 日，51 岁的郭士纳接管公司，将 IBM 从硬件生产商转型为服务型提供商，让大象重新起舞；9 年后，50 岁的彭明盛接替郭士纳，IBM 完成了全新蜕变。IBM 的理念演变为“IBM 就是服务”“买 IBM 其实买的就是质量和服务”。目前，IBM 全球营收体系中大约有 55%的收入来自服务。

国内知名的远大集团以中央空调起家，2006 年远大空调由原先纯粹卖空调产品的制造公司转型为兼做控温管理的服务化企业，实现了从产品运营提供商到一站式解决方案提供商的转型。其转型经历了四个阶段：第一阶段为产品提升阶段，其重点是通过产品开发和技术创新，提升产品性能、质量；第二阶段为基于产品的服务阶段，重点是提供基于空调产品的配套服务；第三阶段为合同能源管理阶段，重点是为客户提供“冷和热”空调服务；第四阶段为全系统服务阶段，重点是为客户提供贯穿于空调产品整个生命周期的系统解决方案服务。远大的理念是“远大所有产品和服务，从本质上优化着人类生活和地球环境”，该理念体现了远大集团服务社会和服务客户的意识。

二、建材产业价值链分析及微笑曲线

根据价值链理论，企业活动可分为基本生产活动和辅助活动两类，基本生产活动包括内部后勤、生产作业、外部后勤、市场和销售、服务等，辅助活动包括采购、技术开发、人力资源管理和企业基础设施等。这些互不相同但又相互关联的生产经营活动，构成了一个创造价值的动态过程，即价值链。建材产业的基本生产活动包括资源勘探、基础建设、资源开采、制造加工、转化和综合利用，以及运输配送和营销服务。辅助活动包括企业组织结构、外部金融服务、人力资源管理(教育服务、培训服务)、技术或研究与开发(工艺设计、加工技术)、原材料能源采购、运输服务、备件储存，以及一般管理等。资源型产业的价值创造也是通过一系列活动构成的，不仅存在资源生产价值主链，而且还存在非资源产品生产服务价值链。资源生产价值主链和非资源产品生产服务价值链交织、并行，一方面它们共享某些资源，另一方面又具有独立的运作体系，构成极其复杂多样的网状的价值链条。建材产业的价值链构成用图 2.1 表示，其中实线框表示建材产业生产性活动，虚线框表示可以剥离的服务性活动。为了获取竞争优势，价值链需由以制造为中心向以服务为中心转变。

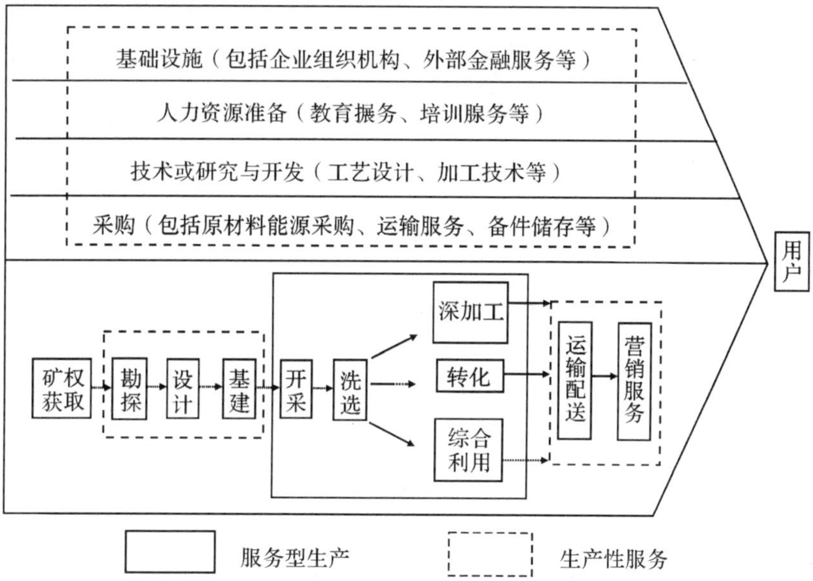

图 2.1　建材产业价值链构成

产业链是构成同一产业内所有具有连续追加价值关系的活动所构成的价值链关系。Michael E. Porter 在《竞争优势》中提出用价值链来反映企业价值增值活动的理论，将"服务"视为企业价值创造的五种基本活动之一①。依据制造业的制造对象不同，制造业产业链可以分为四个子产业，即材料子产业、研发子产业、生产制造子产业和服务子产业②。图 2.2"多产业价值链微笑曲线图"表明，加工制造位于产业链价值曲线的最底端，利润相对薄弱，企业如果要获得更多附加值，就必须向两端延伸。制造业产业链价值重心的转移是制造业服务化趋势产生的重要动力。

在发达国家普遍存在两个"70%现象"，即服务业增加值占 GDP 比重的 70%，制造服务业占整个服务业比重的 70%。从全球化的角度来看，跨国企业一直致力将普通的制造加工转移到海外发展中国家，降低生产成本，但是却牢牢掌控了技术研发、技术创新等核心环节。因此，在制造的产业链上出现了"归核化"与"业务外包"。20 世纪 80 年代，通用电气公司在全球 24 个国家共拥有 113 家制造厂，其产值中传统制造产值的比重高达 85%，服务产值仅占 12%。经过多年的转型开放，通用电气的"技术+管理+服务"所创造的产值占公司总产值的比重已经达到 70%。这种转变得益于韦尔奇实施的新服务战略。他大力发展通用电气的资本服务公司，业务涵盖信用卡服务、计算机程序设计、卫星发射等。

在建材产业价值链中，水泥、玻璃、陶瓷等大宗建材产品的利润率最低，从价值低谷一方面向上游的建材装备及工程、环保装备、新型建筑材料研发领域延伸，另一方面向下游的标准部品部件、集成方案服务、利废协同处置、检验认证及第三方技术服务延

① Porter M E. 竞争优势. 陈小悦译. 北京：华夏出版社，2005.
② 袁永科，蒋国瑞. 我国制造业产业链的特点及其优化完善. 商场现代化，2006，10(30)：220-221.

伸。建材企业为了实现制造价值链中各利益相关者的价值增值，通过产品和服务的融合、客户全程参与、企业相互提供生产性服务和服务性生产，实现分散化制造资源的整合和各自核心竞争力的高度协同，达到高效创新的一种制造模式。

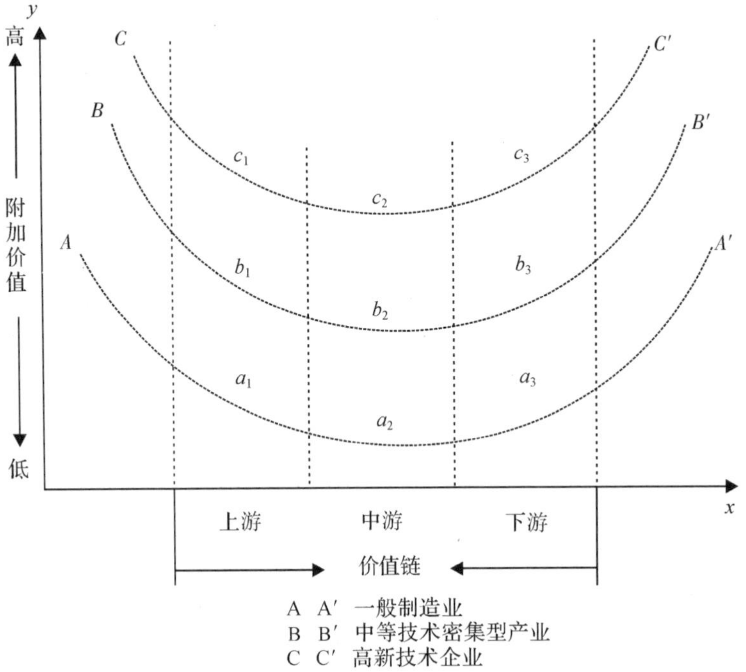

图 2.2　多产业价值链微笑曲线图

从建材产业价值链微笑曲线角度分析，建材产业价值链的服务化提升包括服务型生产和生产性服务两个方面，见图 2.3。

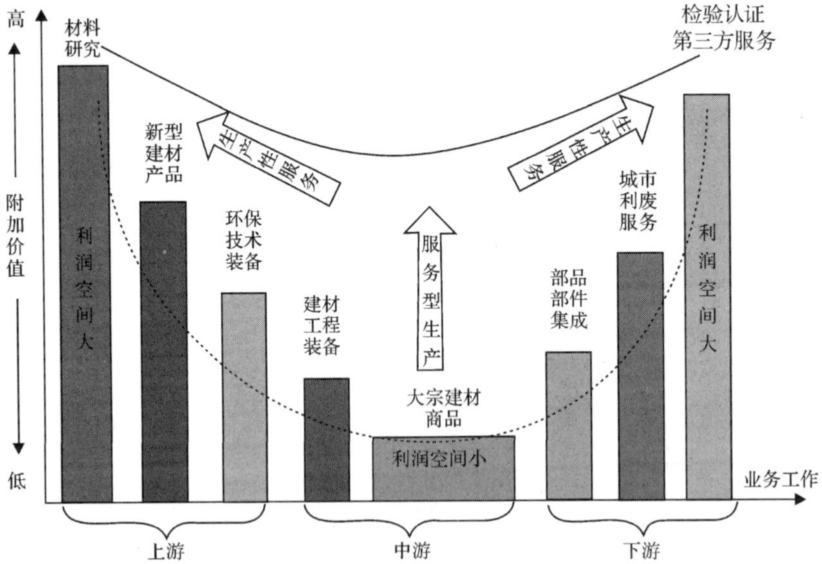

图 2.3　建材产业价值链微笑曲线图

服务型生产表现为微笑曲线的整体提升，尤其是制造加工环节的低端化向高附加值的高端化的垂直提升。围绕建材产业的开采、制造加工、转化和利废各生产环节，融入服务、技术、环保、信息、客户参与等要素，提升产品附加值，更好地满足社会和客户需求。

生产性服务表现为微笑曲线向两端的延伸。围绕建材产业生产过程中的前端、中端和后端业务，拓展营销、工程技术服务、物流、电子商务、金融、信息等专业服务业务和产业领域，提升建材产品的服务价值。

建材产业的服务型制造是基于建材产品生产的服务和面向服务的产品生产，我们称之为建材综合服务商。一个具有国际竞争力的建材产业集团，必须是一个规模化的生产能力，一个强大的技术研发体系，一个顶级的品牌战略，一个现代化的服务链条——从以制造为中心转向以服务为中心，从产品制造商到集成商，再到综合服务商。

第五节　建材产业服务化转型的战略意义

一、推进建筑节能

实施建材产品服务化转型战略，实现绿色消费和建筑节能，对于节能减排、扩大内需、改善民生、实现城乡社会经济发展一体化有着重要意义。“十二五”期间，我国每年新建建筑近 20 亿平方米，超过了所有发达国家建筑量的总和。同时我国既有近 400 亿平方米的建筑基本上是高耗能建筑，单位面积采暖耗能相当于气候条件相近发达国家的 2～3 倍。由于现有的建筑节能方式和水平十分落后，能源浪费很严重。有关调查显示，我国建筑能耗比例已占到全国总能耗的 1/3，建筑高能耗日益成为制约可持续发展的顽疾。随着未来人口的增加和人民生活水平的提高及气候变化等因素，建筑能耗必将大幅度增长，在全国总能耗中的比重也会越来越大，加之我国的能耗结构是以煤为主，环境污染严重。建筑能耗将直接影响社会经济的运行、大气的污染程度、建筑热环境的舒适质量和整个建筑业的发展。

同时，农房建设是社会主义新农村建设的重要内容，也是体现农村文明和现代化程度的重要标志。据统计，“十二五”期间将有 1500 万农户建设新房，总建筑面积达到 18 亿～22 亿平方米。与此同时，国家将继续推进农村 1000 万贫困农户的危房改造，其中中央和地方政府重点支持中西部地区 600 万左右农户，其余地区和农户主要依靠农民自己的力量逐步改善住房条件。

我国现阶段处在全面建设小康社会的快速发展时期，城镇化和经济发展对建筑材料和产品的需求量迅速增大，推广绿色建材，实现建筑节能已刻不容缓。近年来我国提高了建筑节能标准，建设部已在 2005～2010 年全面启动建筑节能和推广绿色建筑，平均节能率达到 50%；2010～2020 年，将进一步提高建筑节能标准，平均节能率将达到 65%。通过实施建材产品服务化转型战略，大力发展绿色低成本的新型建筑材料和节能省地的新型房屋，实现绿色消费和建筑节能，将进一步拉动内需、带动城乡统筹发展和城镇化，对实现我国城乡社会经济发展一体化，推动社会主义新农村建设有着重大意义，也有着巨大的市场发展空间。

二、推进循环经济

实施生态化产业服务化转型战略，利用建材工业综合利废的工艺特点大力发展循环经济，发挥对我国社会经济可持续发展举足轻重的作用。由于自身工艺特点，建材工业在实现综合利废、发展循环经济方面有着得天独厚的优势。水泥行业在低碳城市建设中可以执行的碳减排措施包括替代原料、替代燃料、增加混合材掺量、余热发电、工艺过程优化、能源管理等，特别是水泥窑协同处置城市固体废弃物技术，对低碳城市建设意义重大，将大力推动资源的合理利用、促进绿色市政技术的应用、促进低碳节能材料的使用、树立低碳生活理念。

随着国民经济的快速发展，对资源和能源的需求不断加大，资源约束矛盾日益突出，环境压力越来越大，我国工业生产和消费过程中的尾矿、赤泥、钢铁渣、煤矸石、粉煤灰、工业副产石膏和氨碱白泥等大宗固体废物产生量逐年增加。“十二五”末，我国工业固体废物产生总量产生量将达 150 亿吨，堆存量将净增 80 亿吨，总堆存量将达到 270 亿吨，大宗工业固体废物堆存将新增占用土地 40 万亩[①]。堆存量增加将使环境污染和安全隐患加大，大宗工业固体废物中含有的药剂及铜、铅、锌、铬、镉、砷、汞等多种金属元素，随水流入附近河流或渗入地下，将严重污染水源。干燥的尾砂、粉煤灰等遇大风形成扬尘，煤矸石自燃产生的二氧化硫会形成酸雨，对环境造成危害。尾矿库、赤泥库等超期或超负荷使用，甚至违规操作，会形成极大安全隐患，对周边地区人民财产和生命安全造成严重威胁。此外大量天然矿物资源的开采也引起严重的环境、生态破坏等问题。

与此同时，随着经济发展和生活水平的提高，我国生活垃圾正在以每年 8%～10%的速率增加。据国内环保部门的调查，我国人均城市生活垃圾年产生量已经达到 440～460 千克，2010 年我国城市生活垃圾量达到了 3.52 亿吨，垃圾的历年堆存量达到 60 多亿吨，全国有 200 多座城市陷入垃圾的包围之中。前瞻产业研究院发布的《2014～2018 年中国垃圾处理器行业市场需求与投资规划分析报告》数据显示：2013 年全国设市城市生活垃圾清运量为 1.73 亿吨，全国市级 600 多个城市中，城市生活垃圾产量已把 2/3 的城市包围，1/4 已经无垃圾填埋堆放场地。全国城市垃圾堆存累计侵占土地超过 5 亿平方米，每年的经济损失高达 300 亿元。2013 年年初，新闻界曝光农夫山泉水源地被城市生活垃圾包围，从而引发全社会对纯净水标准热议，对瓶装水产业产生了较大的负面影响，直指国家水源安全和食品安全。追根溯源，城市生活垃圾正在成为影响居民生活质量的突出问题。城市生活垃圾的清洁化处置已经成为多数城市发展的瓶颈，寻求经济、安全的城市生活垃圾处理方式已成为当务之急。

通过实施生态化产业服务化转型战略，进一步提高建材产品中再生资源的利用量，降低建材产品对自然资源和能源的消耗，实施工业原料替代和协同处理，大量消纳各种工业废弃物和生活垃圾。同时，利用工业副产品生产高标号水泥、烧结砌块和脱硫石膏板等建筑材料，构建循环经济体系，实现“减量化、再利用、再循环”，为社会提供生态

---

① 1 亩≈666.67 平方米。

化产业增值服务，这对于我国实现循环经济发展模式，实现社会可持续发展具有举足轻重的作用。

三、推进科技创新

实施建材技术服务化转型战略，是行业自身发展的客观需要，对进一步提高行业科技创新水平、提升我国建材产业国际竞争力和实现国民经济又好又快发展起着强有力的支撑作用。经过几十年的发展，我国建材产业中出现了大量技术含量高、操作复杂的新工艺，如新型干法水泥窑炉技术、大型浮法玻璃工艺技术、大型池窑拉丝玻璃纤维生产线、TFT 基板玻璃及 TCO 导电膜等。由于该类产品生产技术具有结构复杂、自动化程度高、安全危险源多等特点，仅出售装备产品显然是不够的。为保证装备产品的使用性和安全性，装备提供商还必须向客户提供相关操作技术和维护技巧培训服务，以及日常维护和定期检查的售后服务，在整个产品/技术生命周期内发挥技术优势。罗尔斯·罗伊斯公司是全球最大的航空发动机制造商。作为波音、空客等飞机制造企业的供应商，罗尔斯·罗伊斯公司并不直接向它们出售发动机，而是以“租用服务时间”的形式出售，承诺在对方的租用时间段内，承担一切保养、维修服务。随着经济全球化不断深入，技术、管理、品牌、资本等要素将决定建材企业能否更加有效获得竞争优势，能否应对国际化带来的严峻挑战。

同时，随着国家战略性新兴产业政策的陆续出台，加快发展新材料、新能源等战略性新兴产业将成为全行业新的发展方向，对无机非金属新材料品种、质量、性能等均提出了新的要求，也为建材企业抢占新的战略制高点，实现产业升级提供了重要机遇，将极大地带动碳纤维、兆瓦级风力叶片、Low-E 玻璃、TFT 基板玻璃、太阳能薄膜电池等无机非金属新材料产业的快速成长。

四、现代产业结构

实施建材物流贸易深度服务化转型战略，对降低社会物流成本，优化资源配置，提高产业服务比重，优化建材产业结构，行业经济发展方式的转变将起到极大的促进作用。

物流贸易业是融合运输业、仓储业、商贸和信息业等的复合型服务产业，是国民经济的重要组成部分，涉及领域广，吸纳就业人数多，促进生产、拉动消费作用大，在促进产业结构调整、转变经济发展方式和增强国民经济竞争力等方面发挥着重要作用。包括砂、石在内的建筑材料形成了我国最大的物流量。由于历史发展原因，我国建材工业尚处在以原材料制造为主的阶段，产品加工深度和产业链延伸不足，与国际通行的大建筑材料概念相关的建筑钢材和木材物流、贸易等业态的快速发展相比，相对发展缓慢。

我国物流存在一些突出问题：一是全社会物流运行效率偏低，社会物流总费用与 GDP 的比率高出发达国家 1 倍左右；二是社会化物流需求不足和专业化物流供给能力不足的问题同时存在，“大而全”“小而全”的企业物流运作模式还相当普遍；三是物流基础设施能力不足，尚未建立布局合理、衔接顺畅、能力充分、高效便捷的综合交通运输体系，物流园区、物流技术装备等能力有待加强；四是地方封锁和行业垄断对资源整合和一体化运作形成障碍，物流市场还不够规范；五是物流技术、人才培养和物流标准还不能完全满足需要，物流服务的组织化和集约化程度不高；六是建材物流的国际化运营程度偏低，未形成具有国际竞争力的资源配置能力。

因此，实施建材物流贸易深度服务化转型战略，将有利于提高运输效率，加快我国建材商品流通和资金周转，降低社会物流成本，优化资源配置，促进国内外、城乡和地区间商品流通，满足人民群众对多样化、高质量的建材产品服务需求，对提高产业服务比重、优化建材产业结构、行业经济发展方式的转变起到巨大的促进作用。

在新常态下，实施建材制造企业服务化转型战略，有助于建材企业规避经济下行、成本上升等经济环境风险。随着全球化市场竞争加剧、人民币升值、贷款利息上升、环保要求的提高，企业的盈利空间受到挤压。劳动力成本、工资和福利伴随着竞争压力逐渐增加。全球化、竞争加剧、更苛刻的客户、成本压力都要求企业不断推出新的产品、服务和解决方案。制造业的服务创新以及逐步迈向服务型制造，为企业的发展提供了转变的思路，可以增进客户关系并为建材企业获取更多的竞争优势，利于建材企业规避政策变更、经济下行、成本上升等地域经济环境风险。

因此，实施建材技术服务化转型战略，研究和运用生产制造、节能减排、科学管理等方面的高新技术改造传统产业，向“集成化、产业化、工程化、国际化”发展，延长装备制造、检测认证等产业服务链，通过自主创新和集成创新，以国际先进水平为目标、以满足国家建设需求为己任，重点研究和开发绿色建材、节能建材、建设用配套建材产品的成套技术及设备，为提高行业的科技自主创新能力和核心竞争能力，提升我国建材产业国际竞争力和实现国民经济又好又快发展将起到强有力的支撑作用。

第三章　建材产业服务化转型的内涵和战略框架

第一节　建材产业服务化转型的内涵和特征

建材产业是国民经济的基础和支柱产业。在当前资源、环境、生态和市场等多重严峻约束下，建材产业传统的粗放型发展模式已经不可持续。服务化转型成为“十二五”乃至未来更长时期建材产业结构调整和升级的重要战略选择。推进建材产业的服务化转型，首先需要明确建材产业服务转型的概念和内涵。

一、建材产业服务化转型战略的内涵

基于已有的服务化相关理论和概念，结合建材产业的特点，将建材产业服务化转型定义如下(图 3.1)：建材产业的服务化转型战略是以建筑材料科学、现代管理科学和信息化网络技术等为支撑，建立新的运营模式、服务方式和管理方法，实现产业链主导权从大规模生产能力向以新技术研发能力为基础的、贴近终端消费的服务化战略能力转化的资源类产业升级路径。

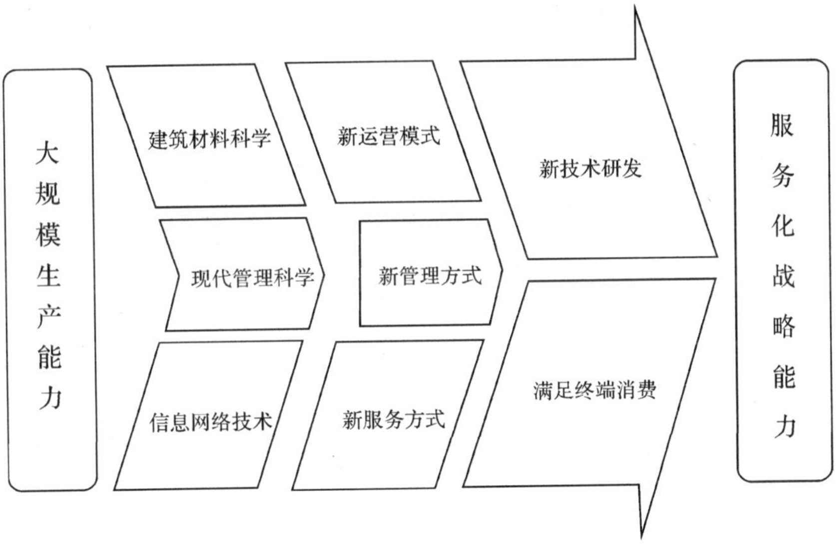

图 3.1　建材产业服务化转型战略内涵及要素示意图

建材产业的生产型发展模式与生产，服务型模式的比较见表 3.1。

表 3.1　建材产业的生产型发展模式与生产服务型模式的比较

维度	生产型发展模式	生产服务型发展模式
背景	资源型产品需求快速增长，卖方市场	资源型产品需求放缓、产能过剩、买方市场，资源、环境约束加大
市场需求	同质化、单一化，注重产量	需求升级、多元化、个性化，客户服务重视、社会节能环保需求(可持续)
产业导向	服务于规模扩展和 GDP 增长	产业的转型升级，服务型生产和生产性服务都属于产业转型升级，产业链延伸、附加值提升、新型产业，产业业态变化(服务于客户和社会需求，提供社会和客户需要的煤炭能源、资源产品)
价值主张	通过资源的开采和加工为客户　提供多种产品	向客户提供个性化产品—服务系统解决方案
竞争方式	低成本竞争	差异化竞争
支撑条件	优质的资源、良好的赋存条件、有效的运输保障等	先进的经营理念、创新的商业模式、有力的科技支撑、精细化管理系统等
产业绩效	从数量上满足客户和国家能源需求	塑造高效、安全、清洁、低碳的能源、资源服务业
主体角色	生产商或集成商	综合服务商

二、现代建材产业服务化转型的基本表征

(一)服务内容多样化

传统建材产业服务的核心内容是提供合格的建材产品。随社会分工的专业化，新技术、新机制的引入，建材产业的服务内容不断扩展，一方面服务于以建材企业为主的工业企业，服务内容包括贸易物流服务、检验认证服务、工程技术服务等；另一方面服务于建筑业和终端消费者，服务内容为新型的房屋产品和建材产品；同时，基于建材工业循环利用资源，消纳固体废弃物的功能优势，为城市和其他产业提供生态化服务。

(二)服务方式专业化

建材服务业态多数产生于建材制造的配套产业，新的运营模式和管理方法，使建材服务业态逐渐形成自身独有的经营体制。客户需求的不断升级，使建材服务趋向综合化、体系化和集成化；伴随现代技术，特别是计算机和网络信息技术的发展，也使建材服务形成了专业化的经营模式。

(三)主导力量科技化

传统建材产业是资源依赖型产业，产品质量控制、成本控制、市场开拓等对资源的依赖程度高。建材服务产业多基于新技术和新机制，技术水平的高低、运营模式和管理方法的有效性，对于可提供的服务内容、服务水平和自身价值的增值均占据主导地位。

(四)服务场所分散化

由于对资源的依赖程度高，传统建材产业的战略布局多以便于获取资源为主要因素。随建材产业服务内容多样化，服务对象愈加广泛，企业在战略布局、经营场所的设置等方面以便于为客户提供服务为主要因素。建材产品的服务对象包括大宗原材料采购商，也包括终端消费者；建材贸易服务对象包括建材制造企业，也包括建材原材料供应商；工程技术服务对象包括建材企业，也包括其他行业的企业客户；检测认证服务对象包括企业和普通消费者。因此，企业的服务场所呈现布局广泛、地域分散的特征。

三、现代建材产业服务化转型的基本特点

(一)途径是发展方式和经营理念的转型

建材产业的服务化转型是发展方式和经营理念的转型。转型战略的核心是从“以物为本”的传统发展模式转向“以人为本”的科学发展模式，主线是转变经济发展方式，由主要依靠第二产业带动向依靠第二、第三产业协同带动转变，由主要依靠增加物质资源消耗向依靠科技进步、劳动者素质提高和管理创新转变，推动经济走上内生增长、创新驱动的轨道。建材产业的服务化转型是原来以 GDP 和企业利润贡献的导向转变为服务社会、服务客户的导向，是经营理念的变革。

通过服务化转型，推动建材产业由生产型模式转型升级为生产服务型模式，从而使企业核心竞争力从大规模生产制造能力转换为提供集成服务综合能力，实现产业链主导权从大规模生产能力向以新技术研发能力为基础的、实现客户效用的服务能力转化。

(二)过程是制造与服务的融合

服务化转型不是单纯从制造业转向服务业，更不是要放弃制造环节去做服务环节，而是注重制造与服务的相互渗透，制造与服务的一体化。通过服务化手段将科学技术、信息技术和商业创新的价值注入传统制造环节实现增值，或者提供新的产业服务形式实现增值。在建材产业推行先进科技、绿色理念、人文关怀与社会可持续化一体的和谐制造。在建材产业全价值链整体和每个环节中，都增强服务社会和客户的意识，在全价值链中融合服务活动于生产过程，增加服务活动在建材产业价值创造中的贡献和地位。

(三)核心是价值链环节的变化

从价值链环节看，高价值环节从以制造环节为主向以服务环节为主转变。因此，我国相关产业在限制总产能的情况下，还要提高利润，唯一行之有效的办法就是从产业价值链出发。决定产品高利润的环节往往在产业价值链的两端：一端是价值链的上游环节，如研发设计；另一端是价值链的下游环节，如售后服务。进入产业价值链的不同环节，进行价值链的重构，将产品和服务进行“捆绑销售”，以便在满足消费者需求的同时获

取价值链多环节的利润。也就是高价值环节将从以生产制造环节为主向以服务环节为主转变。

价值链核心环节的变化带来商业模式的变革。生产型模式局限在生产导向、关注资源型产品的生产过程，而生产服务型模式强调服务社会和客户导向，以需求为中心，向社会和客户提供满足其需求实现其价值的低投入、低消耗、低污染、高附加值的产品和服务。生产型的商业模式主要是通过销售产品或者附加服务获得利润，生产服务型的商业模式是通过提供服务满足社会和客户需求获利，即从产品获利转型为提供服务获利。

（四）主体由生产商转型为综合服务商

如表 3.2 所示建材产业的主体角色由建材生产商转型为系统集成商，最终转型为综合服务商。建材生产商是生产导向的资源产品提供者，综合服务商是社会营销导向的资源服务价值的提供者。

表 3.2　建材产业转型过程主体角色比较

主体角色	导向	起点	关注点	运作模式	价值实现形式	商业模式
生产商	生产导向	企业	增加产量和降低成本	销售能够生产的产品	产品	通过销售产品获得利润
综合服务商	社会营销导向	社会和客户需求	兼顾现在需要与社会个人长远利益	主动性服务：将顾客引进产品制造、应用服务过程，企业间基于业务流程合作	为顾客提供整体解决方案	通过提供整体解决方案满足社会和客户需求获利

第二节　建材产业服务化转型的战略框架

建材产业的服务化转型战略是指按照国家产业政策导向，以“善用资源，服务社会”为核心理念，以建筑材料科学技术、现代管理科学和信息化网络技术的发展等为支撑，通过增强服务意识和(或)开展更多、更好的服务业务，建立新的产业领域、运营模式、服务方式和管理方法，促进建材产业从生产型业态向生产服务型业态转变，从而使企业核心竞争力从大规模生产能力向以新技术研发能力为基础的、实现客户效用的集成服务综合能力转化。

构建的建材产业服务化转型战略框架包括一个转型目标（生产制造商—系统集成商—综合服务商）、一个核心理念（善用资源、服务社会）、两种主要转型方向（生产性服务和服务型生产）、三个转型阶段（服务理念树立和服务化转型试点阶段、服务化快速转型阶段、服务型产业体系形成阶段）、六个具体转型路径（住宅产业化、物流贸易服务、检测认证服务、工程技术服务、生态化产业服务、新型建材产品），见图 3.2。

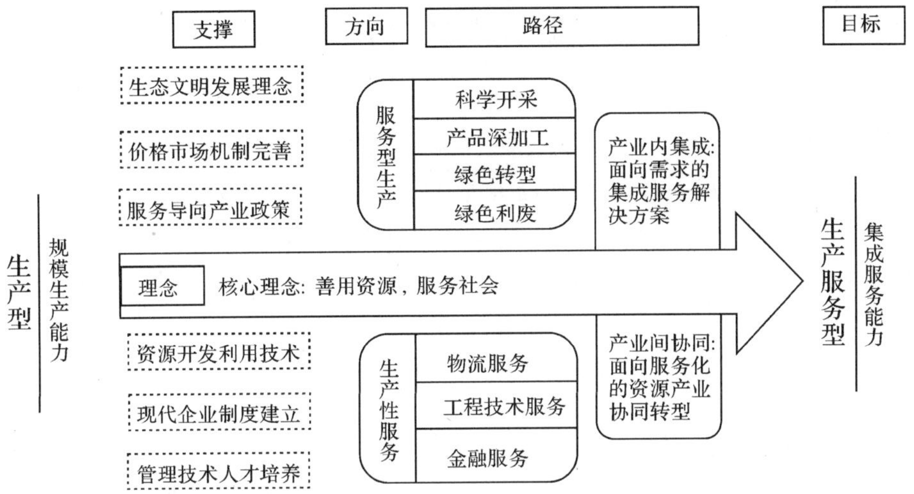

图 3.2　建材产业服务化转型战略框架图

一、转型目标

建材产业服务化转型的目标是促进建材产业从生产型业态向生产服务型业态转变，从而使企业核心竞争力从大规模生产能力向以新技术研发能力为基础的、实现客户效用的集成服务综合能力转化。

通过服务化转型，增强建材产业善用资源、服务社会的能力，创新建材产业的资源综合服务商运营模式，优化资源的有效开采加工转化利用的服务型生产方式，创新拓展生产性服务活动和产业领域，建材产业生产方式实现由资源的基础、低利用、低价值、高污染的生产方式向尖端、高利用、高附加值、低污染的服务型生产方式转变，建材产业生产性服务实现从服务自身到服务市场，从低端、简单、缺失的服务到专业化、系统化、综合化、创新化的服务转变，建材产业的角色实现由建材产品生产商向资源系统集成商进而向资源综合服务商的转变，促进建材产业从生产型业态向生产服务型业态转变，使企业核心竞争力从大规模生产能力向以新技术研发能力为基础的、实现客户效用的集成服务综合能力转化，使建材产业的服务理念、服务活动和服务产业达到国际先进水平。

二、核心理念

建材产业服务化转型的核心理念是善用资源、服务社会。

善用资源，就是合理高效地利用资源。改变目前建材产业存在的“四大五低”现状：“四大”为产品产量大、企业数量大、职工队伍大、能源消耗大；“五低”则是劳动生产率低、集约化程度低、科技含量低、市场应变能力低、经济效益低。改变建材产业“两高一剩(高消耗、高排放、产能过剩)”的经济发展方式，加快结构调整，延展产业链，实现产业服务转型升级。

服务社会，就是要一方面通过提供专业和优质的全生命周期服务，降低建材产品生命周期成本，保证建材产品全生命周期的使用可靠性，从而提高系统运行的灵活性及效率，满足客户的多种需求；另一方面将社会服务理念融入资源能源开采、加工转化、流通消费等产业全生命周期过程，满足资源回收率、产品质量、安全效益及节能减排等社会需求。

三、转型方向

建材产业服务化转型的两种主要转型方向，即生产性服务和服务型生产。

从产业过程来看，制造业服务化基本可以分为两个阶段：一是投入服务化，即服务要素在制造业的全部投入中占据着越来越重要的地位；二是业务服务化，也可称为产出服务化，即服务产品在制造业的全部产出中占据越来越重要的地位。

从价值增值来看，制造业服务化可以分为四个典型模式，即基于产品效能提升的增值服务、基于产品交易便捷的增值服务、基于产品整合的增值服务、从基于产品的服务到基于需求的服务。

迈克尔·波特认为价值链由基本活动（制造活动）和辅助活动（服务活动）组成。为了获取竞争优势，价值链由以制造为中心向以服务为中心转变。本书基于建材产业价值链的微笑曲线分析，提出建材产业服务化转型的两种基本方向，即服务型生产和生产性服务。

服务型生产（service-oriented production）是指以服务客户和社会的理念为导向，做到有效和绿色生产，向客户和社会提供最佳的建材产品的生产方式。服务型生产外延包括：给予资源全生命周期的有效和绿色的资源开采、加工、转化、利用等。

生产性服务（service for production）是指以资源开采、加工、转化、利用为依托，向价值链前后延伸形成的服务业务和产业领域，以提升资源型产品的服务价值。生产性服务以价值链延伸和升级为依托，向前向后拓展营销、工程技术服务、物流、电子商务、金融、信息等服务业务和产业领域，提升资源型产品的服务价值。

综合上述，本书认为，建材产业的服务化转型主要包括两方面内容，一方面是形成随着技术发展而产生的新的建材产业服务业态，主要涵盖基于产品效能提升的增值服务和基于产品交易便捷的增值服务，具体包括集成住宅产业化服务、物流贸易服务、检验认证服务、工程技术与装备服务；另一方面是运用现代技术对传统服务功能进行改造和提升，形成新的建材产业服务模式，主要涵盖基于产品整合的增值服务和从基于产品的服务到基于需求的服务，具体包括新型建材产品的系统化服务和传统建材制造业的生态化服务。当然，这里的划分也是相对的。

四、实施路径

建材产业的服务化转型主要围绕新的建材产业服务业和新的建材产业服务模式展开，重点围绕住宅产业化服务、物流贸易服务、检测认证服务、工程技术服务和工业生态化服务、产品能效增值服务六个领域加以推进。

（一）住宅产业化服务

住宅产业化服务是以市场个性化需求为导向，以计算机辅助设计为手段，以建筑部品化、新能源建材和光伏建筑技术为支撑，打造工业化方式生产绿色环保、安全抗震的建筑材料、标准部品和构配件，施工现场装配、人性化住宅维护服务，从而实现绿色房屋产品的系列化开发、集约化生产、商品化配套供应的新型住宅产业链。

住宅产业化服务是基于产品效能提升的增值服务。住宅产业化服务是随着技术发展而产生的新的建材产业服务业态，以倡导建材产品的绿色消费、全力支撑建筑节能为目标，提供我国建材产品集成化、系统化、个性化的产品效能增值服务化转型实施路线。

(二)物流贸易服务

我国建材物流贸易产业化升级应围绕“一个中心、两大支撑、三种方式”展开，即以建材物流服务产品价值增值为中心，以渠道建设(海外仓)和信息化平台为两大支撑，以物流配送网络、建材物流园区、电子商务平台建设为主要路径，通过打造现代建材物流配送网络和国际化的建材物流园区，提供精准化供应链管理服务；通过现代电子商务平台建设和物联网技术的运用，提供及时、精确的建材消费品供给服务，实现建材物流贸易的升级转型。

物流贸易服务属于一种基于产品交易便捷的增值服务。交易效率和便捷化程度正成为企业核心竞争力的重要组成部分，在信息技术应用日益广泛和普及的背景下，建材产业必须通过多元化的金融服务、精准化的供应链管理、便捷化的电子商务为客户提供更富有竞争力的产品和服务。

(三)检测认证服务

依托现代化的检验技术和先进的验证手段，为建材企业提供节能减排、安全生产、资源综合、清洁生产等方面系统化、专业化、全方位的检测评价和管理咨询服务；为市场和消费者提供绿色建材、节能建材、建设用配套建材产品的检测认证服务，为控制建材产品质量、规范建材市场健康持续发展提供技术保障；集成能效和清洁生产诊断、节能环保技术改造和合同能源管理服务为一体的节能环保服务体系，为工业企业提供全程低碳服务。

检测认证服务属于从基于产品的服务到基于需求的服务转型。服务化转型的最高阶段是企业发展战略实现了从基于产品服务向基于客户需求服务的转变，依靠强有力的科研优势，提供不依托产品的专业服务。

(四)工程技术服务

提供工程咨询、科研设计、装备集成、安装调试、运营服务一体化的建材生产工程承包服务。研究运用生产制造、节能减排、科学管理等方面的高新技术和先进适用技术改造传统产业，向“集成化、产业化、工程化、国际化”发展，延长装备制造产业服务链，通过自主创新和集成创新，以国际先进水平为目标、以满足国家建设需求为己任，重点研究和开发绿色建材、节能建材、建设用配套建材产品的成套技术及设备，以提高行业的科技自主创新能力和核心竞争能力，增强行业创新研发能力和国际竞争力。

水泥行业一体化技术与工程服务的技术核心在于以自主创新技术为基础的优化设计工作，包括高效节能的新一代烧成系统、高效节能的料床粉磨系统、污染物减排技术、工业废渣资源化等，也包括用信息技术提升改造传统产业的过程智能化控制及水泥厂资源管理系统。通过技术优化服务，把节能减排的创新技术与生态环境意识贯穿和渗透到水泥产品和生产工艺的设计建设中去，发展低碳技术和绿色经济。

(五) 工业生态化服务

建材产业利用建材窑炉处置工业副产品和城市废弃物，既是废弃物处置工程，又是能源再生工程，更是治理污染的环境保护工程，是实现建材工业可持续发展的重大途径。可应用石渣、荒料生产建筑混凝土骨料、建筑用块石等，利用石粉生产涂料、高分子材料填充剂、屋面防漏剂、瓦片、特种黏结剂、免烧砖等系列产品，变工业副产品和城市废弃物为原燃材料，减少环境负荷，从而将资源能源依赖型的建材工业转化为环境自净能力强、与环境相容性好的绿色服务型产业。具体发展工业废渣清洁化处置服务、城市固体废弃物清洁化处置服务、水泥环境综合服务、水泥余热发电技术及其装备、玻璃工业环保技术服务和装备产业。

(六) 产品效能增值服务

开展环境友好型建筑材料研究推广，运用现代生产技术，优化产业结构和提升工艺水平，生产高标号水泥、特种水泥、烧结砌块和脱硫石膏板等建筑材料，加快发展集安全、环保、节能等功能于一体的新型建筑材料及部品，构建循环经济体系，实现“减量化、再利用、再循环”；生产并提供低碳环保建材产品，推动绿色消费和建筑节能，实现节能减排、扩大内需、改善民生，实现城乡经济社会发展一体化。

第三节　建材产业服务化转型的战略阶段

一、服务化转型的三个层面

建材产业服务化转型包括理念、活动和产业三个层面，见图 3.3。

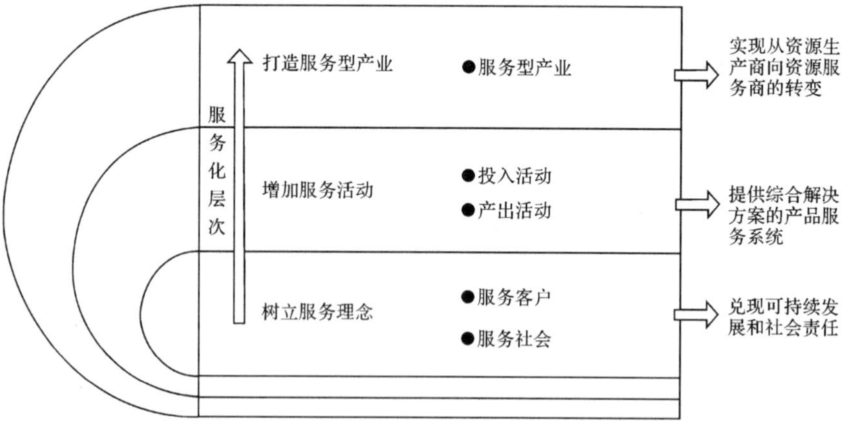

图 3.3　建材产业服务化转型的三个层面及目标示意图

（一）服务化理念层面

基于善用资源、服务社会和客户的思想，实现建材产业向社会和客户从提供产品向提供价值的模式转化，兑现建材产业的可持续发展和社会责任。

（二）服务化活动层面

优化创新服务投入活动和产出活动，完善服务型生产和生产性服务活动和业务，创新服务化的商业模式、服务方式和管理方法，实现生产活动和服务活动的有机融合，为社会和客户提供综合解决方案的产品服务系统。

（三）服务型产业层面

从服务活动中延伸开创服务型生产产业和生产性服务产业，转型升级资源深加工、综合利用等服务型生产行业，拓展创新物流、技术、工程、金融等生产性服务行业，创造建材产业新的产业领域和利润增长点，提升服务业比重，实现建材产业的调整优化。

二、服务化转型的战略阶段

建材产业的服务化转型不可能一蹴而就，需要经过十几甚至几十年的时间。根据转型发展理论，基本的转型过程包括三个阶段，即转型准备阶段、快速发展阶段、稳定发展阶段。依据国民经济发展规划和阶段以及建材产业的发展特点，将建材产业服务化转型划分成三个阶段，即服务理念塑造及服务化转型试点阶段（3～5 年）、服务化快速转型阶段（5～10 年）、服务型产业体系形成阶段。

（一）服务理念塑造及服务化转型试点阶段

该阶段主要是为建材产业的服务化快速转型提供准备，通过 3～5 年时间，重点完成的任务和目标包括：提升善用资源、服务社会和客户的意识；制定并推行建材服务化转型的规划和政策；进行建材产业服务化转型的试点；资源加工由同质化、低品质的粗加工向差异化、高品质的深加工的转化；推动建材产业的物流、金融等生产性服务商业模式的转型创新；依托资源的生产性服务业迅速发展。

（二）服务化快速转型阶段

乘国家“十三五”发展时期、城镇化、工业化、信息化的发展之势，建材产业进入服务化快速转型阶段。通过 5～10 年的时间，实现以下任务和目标：在全国范围内实现建材产业的服务型生产升级和生产性服务拓展；提高资源产品和服务的差异化和附加值；实现服务业务和产业的快速发展，提升服务业务对建材产业的贡献率；部分建材企业由生产制造商转变为系统集成商。

（三）服务型产业体系形成阶段

通过服务化的快速发展阶段，构建服务型建材产业体系，具体任务和目标包括：建材产业建立并履行“服务社会、服务客户”的理念；资源开发利用效率和环境治理达到先进水平，构建安全、稳定、经济、清洁的现代服务型建材产业体系；建材产业由系统集成商转变为综合服务商；服务业务稳定增长，服务对建材产业贡献率稳步提高。

第四节　建材产业服务化发展影响因素

一、建材制造业和生产性服务业的关系

服务业的发展是随着劳动分工深化、社会经济发展到一定阶段的产物，服务业尤其是生产性服务业与制造业的关系并非是一种简单的分工关系，二者之间更多地表现为相互作用、相互依赖、共同发展的一种动态的内在联系。因此，生产性服务业与工业制造业之间并非简单的因果关系，而是一种不断加强的唇齿相依的双向互动关系。

第一，整个经济社会中必须营造大力发展服务业的大环境。在欧美发达国家早在 20 世纪 60 年代就已经开始了大力发展服务业，而在我国最近几年才刚刚开始。发达国家中服务业占 GDP 的比重已经达到 70%以上，而我国只有 40%，还有比较大的差距。这样一个氛围的营造需要国家和政府的政策支持和引导，而不是单单靠哪个行业就能带动的。只有在这样的环境下，服务意识才深入人心，服务化进程方能顺利进行。

第二，走服务化道路的企业必须以客户为中心，积极地寻找客户的需求并努力开发和提供能满足客户需求的服务产品，更重要的是体现出服务能给用户带来的增值。只有站在客户的角度，才能设计出客户想要的服务产品。

第三，服务的增值必须是双向的，即不仅给客户带来增值，同时也要给企业带来附加值。这需要合理利用企业的资源，重点围绕企业的特长来进行，不能涉入企业不擅长的领域，否则不仅不能带来业务和利润的增加，反而成为企业的负担。

第四，服务产品化、标准化和规范化。服务一直都是虚拟的，看不见又摸不着，服务的结果很大程度上来自于客户的主观体验，这就难以给服务的好与坏进行评比。因此服务需要进行产品化，使其具有某些实物产品所具有的典型特征，同时服务还需要标准化和规范化。服务是由服务人员生产出来的，一旦哪个生产环节有人参与，那么产生误差的概率就会比较大，这也就是为什么先进的制造企业都采用自动化生产线，而看不到几个人。生产线依照一定的操作程序，生产的每个实物产品的质量基本一致。因此要使每个服务人员所提供的服务产品质量保持一致，就需要将服务的过程标准化和规范化。具体地说就是明确服务过程中都涉及哪些工作，每个工作应该怎么做，如何书写服务报告甚至一些行为规范。

第五，服务化一定是以实物为依托的，即围绕着生产的实物产品再转变思路。从提供实物产品到服务供应商，不能脱离实物产品而进行，否则服务就失去坚实的核心内容，容易被模仿和替代。正如制造业是服务业的基础一样，失去制造业的发展，服务业就失去强大的物质基础而无法继续发展。

第六，企业实施产出服务化，不仅需要充分评估企业产品服务化的可行性，还要认真评估企业实施服务化再造的能力成熟度。大多制造企业擅长产品研发与制造，但市场

营销经验往往比较缺乏，在客户支持、对终端市场有较好的理解与经验等方面比较欠缺。服务商品的回款周期往往很长，融资性操作比较有依赖性，要求企业有较为雄厚的资金实力。因此企业不可贸然开展服务直销，最好通过改造下游供应链构成，将服务营销、集成、运营等机构纳为主要合作伙伴，借助它们的力量实施产出服务化改造，逐步增长市场经验和服务设计、营销与运营能力，最终走向服务直销。

第七，服务作为虚拟产出，其规划、实施与控制带有很强的不确定性和动态性，实施风险高，容易在执行、交付等环节出现问题，企业由“流程化、重复式”生产方式转向服务化改造，要认清企业现状，逐步推进，增强风险管控能力。据相关资料的分析，服务项目在质量和效果方面的纠纷发生概率远远高于实物商品交易。

二、建材产业服务化发展影响因素

（一）环境因素

1. 资源约束

建材企业面临的资源约束包括自然资源约束与资本资源约束。传统的建材企业生产活动能耗较多，废水、废固的排放也较多，各行业能源利用效率差距较大。随着自然资源的紧缺和我国面临的严重环境污染问题，越来越多的企业开始寻求环境友好式的可持续发展，粗犷式的生产模式逐渐向集约式转变，建材企业开始重视生产性服务的投入以提高生产效率和降低能耗。目前我国面临很严峻的资源环境形势，自然资源更加昂贵，劳动力资源相对低廉，如果建材企业通过技术创新手段减少对自然资源的依赖程度，增加可循环利用的知识、人力等服务要素的投入，将会大大减轻建材企业面临的压力，实现可持续发展的目标。一般来讲，资源约束程度越高，越有利于建材产业向服务化发展。

2. 竞争强度

建材行业竞争强度大小，与竞争者的数量、运用营销手段获取市场份额的频率、运用营销手段的竞争者的数量和营销手段使用强度等具有密切联系。在建材行业的市场环境中，中低端产能过剩、竞争尤为激烈。建材企业需要关注顾客需求，提供能够满足顾客需求的产品，以实现产品创新。同时，激烈的行业竞争还将提升企业员工的服务意识，对顾客需求进行深入了解，形成良好的顾客关系，有利于赢得和保留顾客，提升企业的竞争力。产业竞争强度常用产业集中度指标，集中度越大，表明产业竞争越不激烈。一般来讲，产业竞争强度越大，即集中度指标越小，越促进建材产业向服务化发展。

3. 服务经济水平

随着经济发展程度的提高，服务业与制造业之间彼此依赖的程度加深，产业间投入产出的互动关系越为明显，甚至出现产业融合的趋势。当今的世界经济对我国建材产业的影响主要体现在两个层次，一是服务经济的发展，消费者由简单的对产品的追求转变为对产品背后所蕴含的服务价值所引发的心理体验满足的追求。许多跨国公司由传统的销售产品转向为客户提供一体化解决方案的服务化战略。二是伴随着经济发展水平的提高，世界主要国家制造业在经济中所占据的份额呈逐渐下降的趋势，服务业的份额逐渐升高，这种转换并不是此消彼长的关系，而是可以相互促进融合的，服务经济下发展装备制造业需要采用新的方式。一般来讲，服务经济水平越高，越促进建材产业服务化发展。

4. 技术进步

建材产业技术创新往往会提升企业产品质量、功能或者降低产品价格，是服务附加阶段企业获得竞争优势的主要支撑。信息技术的广泛应用降低了企业间的沟通成本，促进了建材生产制造企业与生产性服务企业进行高效密切的合作和互相服务。两个产业充分挖掘价值链环节的价值，形成服务型制造网络。同时，信息技术的发展促进了建材企业与客户的及时交流，能够对客户需求及时做出反应，为以客户需求为中心的服务战略提供技术保障。显然，技术进步会促进建材产业服务化发展。

5. 政府政策与制度

技术创新并不是产业创新的关键，而只是一种推动力。管理和制度才是最为重要的关键因素，没有它们，新的技术突破无法被应用在产业中。建材产业能够进行服务转型的关键就是产业形态的重新构建，通过产业分工和产业链上基于核心优势的重组，建立与其他企业的服务关系，形成生产服务网络。而交易成本的大小，决定了网络能否成功构建。积极的政府支持政策和宽松的管制环境，可以通过支持生产性服务业的发展来降低市场交易成本。例如，支持信息技术供应商的发展提供了更好的信息交流平台和信息公开环境，降低了信息成本；鼓励性的税收政策和科研经费补贴，有利于企业增加技术研发投入或者建立产、学、研结合的联盟，提高行业关键技术研发能力。由此可以看出政府政策与制度越完善，越会促进建材产业服务化发展。

（二）组织因素

1. 高层管理者的管理水平

高层管理者的管理水平，表现为管理效率和管理质量。一般来讲，高层的管理效率与管理质量说明高层管理者具有科学决策的能力和前瞻意识。面对服务经济的发展，他们通常会主动对服务市场进行开发和对企业员工服务意识进行培养。管理水平越高，企业能够承担的风险越大，有利于企业对服务产品研发与营销投入更多的资源，实现建材企业整体的服务化。高层管理者对企业员工的承诺与服务思想的传达，也会形成以顾客为中心的企业文化。我们可以选择总资产周转率来衡量管理水平的高低。由此看出，高层管理者的管理水平越高，越会促进装备制造业服务化发展。

2. 员工数量及结构

建材产业服务化实现关键是靠人的执行，员工的素质与构成对建材产业服务化的影响主要表现在两方面，一方面，建材产业服务化客观上要求其拥有大量的、能够满足客户需求的员工；另一方面，建材产业投入的服务大部分是生产性服务，通常具有高文化水平的员工，更容易提供这些专业性强、知识密集的服务，这些服务环节通常是价值链中的高附加值环节，往往由高素质员工承担。建材产业内部人员的知识储备和专业化水平决定未来产业的发展潜力。由此我们可以假设，充足的员工数量与高素质员工，会促进建材产业服务化发展。

3. 组织专业化分工

服务业部门为制造业创造收益通常有两方面原因：一方面服务能引起进一步的专业化程度和劳动分工；另一方面是减少了投入到制造业部门的中间服务的成本。生产性服务业专业化水平的不断提高，可以驱动建材产业劳动生产率的提高。组织专业化水平的提高使建材产业对外部服务提供者的需求数量增加，依赖程度加深。建材产业服务化内容的重要组成部分就是与企业间的相互合作与服务，尤其是与生产性服务业的合作。随着市场竞争手段的多元化，专业的生产性服务成为建材产业构成产品差异及产品增值的决定性因素。可以看出，组织专业化分工程度越高，越会促进建材产业制造服务化发展。

第四章　建材产业服务化转型的实施路径

建材产业的服务化转型主要包括两方面内容，一方面是随着技术发展而产生的新的建材产业服务业态，主要涵盖了基于产品效能提升的增值服务和基于产品交易便捷的增值服务，具体包括集成住宅产业化服务、物流贸易服务、检验认证服务、工程技术服务；另一方面是运用现代技术对传统服务功能进行改造和提升，形成新的建材产业服务模式，主要涵盖了基于产品整合的增值服务和从基于产品的服务到基于需求的服务，具体包括新型建材产品的系统化服务和传统建材制造业的生态化服务。

从技术角度来说，通过研发推广应用基础材料制造的节能减排技术、重大工程用新材料的制备技术、环境友好型功能建筑材料、绿色生态住宅产业集成技术、协同处理技术和装备、开展绿色建筑材料评价认证及现代建材物流贸易等转型途径，提高我国建材行业劳动生产率、集约化程度、科技创新能力、市场盈利能力和国际竞争力，提高我国建材产业链价值的提升能力，从而实现良好的经济效益和社会效益。

第一节　住宅产业化服务

一、基本内涵

住宅产业化服务是以市场个性化需求为导向，以计算机辅助设计为手段，以建筑部品化、新能源建材和光伏建筑技术为支撑，打造工业化方式生产绿色环保、安全抗震的建筑材料、标准部品和构配件，施工现场装配、人性化住宅维护服务，从而实现绿色房屋产品的系列化开发、集约化生产、商品化配套供应的新型住宅产业链。

住宅产业化服务属于一种基于产品效能提升的增值服务。产品效能提升的服务方式是多元化的，无论是在产品研发设计的前端，还是在产品交付客户后的运行中，都可以通过服务化的手段，满足客户的需要，更好地体现差异化竞争，创造利润并锁定顾客，实现产品的增值，并不断创新商业模式。

通过实施住宅产业化战略转型，将实现我国传统的单一型建材产品制造转化为以绿色环保、安全抗震房屋为主营产品，以标准化建筑部品、新能源建材和光伏建筑一体化技术为衍生产品，以轻钢结构及建筑围护、内外装修部品材料、保温隔热、水暖电系统和建筑设备配套的开发设计为核心技术的专业化、体系化、流程化运营能力。

住宅产业化代表着国际先进住宅产业的重要发展方向。树立“高端研发、高端示范、高端制造”的产业形象，建设符合我国国情的住宅产业发展模式，加强我国住宅产业创新能力，提升产业核心竞争力，对引领构建资源节约、环境友好、可持续发展的“美丽中国”至关重要。

二、国内外发展现状

(一)国际住宅产业发展基本情况

住宅产业化是用工业化生产的方式建造房屋。美国、日本、欧洲和澳大利亚等发达国家的住宅产业化模式接近，基本上是按照格鲁皮乌斯 1910 年提出的“住宅产业化”思想在运作，采用合理化的生产方法，用机器制造同一标准尺寸的部件进行组装，是以部件为中心的专业化、社会化大生产。

1. 发达国家住宅产业化发展阶段

发达国家的住宅产业化基本经历了三个发展阶段：20 世纪五六十年代是住宅产业化形成的初期，重点是建立工业化生产体系；七八十年代是住宅产业化的发展期，重点是提高住宅的质量和性能；90 年代至今，是住宅产业化发展的成熟期，重点转向节能、降低住宅的物耗和对环境的负荷、资源的循环利用，倡导绿色、生态、可持续发展。各国住宅产业化是在不同的背景下产生和发展起来的，既具有普遍性又具有特殊性见表 4-1。

表 4.1　各国住宅产业化发展的不同背景

国家	第二次世界大战影响	城市化进程	工业发展速度	建筑工业的发展	他国影响	其他
日本	√	√		√		
美国		√	√	√		
澳大利亚				√		人工成本过高
法国	√	√				
瑞典					√	
丹麦						

2. 发达国家住宅产业化发展特点

在发达国家的住宅建设中，工厂化住宅已经占据相当的市场份额：日本达到 20%～25%，美国为 31%，瑞典在 60%以上。其产业特点主要体现在以下几个方面。

一是将“可持续发展”概念引入住宅建设领域。在住宅全寿命各个环节(建设、使用、维修、改造、拆除)掌握一个“核心”和三个“原则”：一个“核心”是指保护环境。三个“原则”是资源节约、合理利用和再利用，即节约使用能源、水资源、建筑材料、土地资源等各类资源；水资源再利用和废弃物的再利用与再生利用；充分利用天然资源(太阳能、风力、地热)等。

二是住宅部件通用化、标准化、系列化。这是保证住宅最终产品功能与质量的基本条件之一，也是实现住宅产业化的重要标志。例如，丹麦在标准化基础上实现部件的通用化，各厂家生产的通用部件都纳入《通用体系产品总目录》，设计人员可从中选择适当产品进行住宅设计。国际标准化组织(International Organization for Standardization，ISO)已颁布《模数协调》的系列标准，各国的模数协调标准正在逐步向国际标准靠拢，努力实现以标准化构配件组成建筑物的方法，即通用体系原则；缩小定型单位，使标准化和多样化更好地统一起来。

三是现场施工的技术服务体系。美国等发达国家商品混凝土已占混凝土总量的70%～80%，模板工程、现场运输、现场清理、建筑物拆除等均由专业公司完成，这也是现代房屋产业现场作业的发展方向。

3. 各国住宅产业化发展特点

国外住宅产业化发展至今已经相当成熟和完善了。不同国家有不同的国情，使住宅产业化发展的道路既有普遍的规律性，又有区别于他国的自身特点(表 4.2)。

表 4.2　各国住宅产业化特点

国家		日本	美国	澳大利亚	法国	瑞典	丹麦
国家的宏观调控		√					
大企业集团的领军作用		√					
建筑方式	轻钢筋结构	√					
	木质结构		√				
建筑风格	集台式高层住宅	√					
	独户式低层住宅		√			√	√
注重新技术的应用			√				
住宅部品通用化、标准化		√	√	√	√	√	√
住宅设施、配套设施完善						√	
住宅多样化、个性化			√		√		√
可持续发展理念			√		√		

1) 日本

日本住宅建设推行建筑工业化与标准化。第二次世界大战结束后日本住宅建设发展的四个阶段如下。

住宅复兴期(1945～1955 年)：这阶段的特点是 DK 型(dining kitchen)的诞生，提出把进餐从就寝的居室中分离出去，适当地增加厨房的面积。

标准设计期(1956～1965 年)：1955 年“日本住宅公团”成立，公布了“住宅公团法”。住宅开始采用标准设计方式 55 型。以后逐步改进，每隔 1～2 年改进一种型式，直至 65 型，在全国统一使用，施工部门不能随意更改。

高层公寓期(1966～1976 年)：1966 年日本经济进入飞跃时期，政府颁布了“住宅建设工业化的基本设想”，提出住宅作为一种定型商品，把标准化的预制装配式住宅和开发新住宅区作为住宅工业的两大支柱。为了提高土地使用率，1970 年就提出了以 70-FS 和 70-8CS 型为代表的 30 层以上的高层住宅标准设计。

低层住宅期(1976～1985年)：日本1945～1975年三十年间共新建各种住宅2854万户，已经超过了全国家庭总户数。根据1978年的统计，全国平均每户为80平方米，每人1.3室。为了适应新的要求，新建住宅的层数逐步减少，户型多为3L(Living)DK和4LDK。

2)美国

美国住宅用构件和部品几乎全部实现标准化、系列化、专业化、商品化、社会化生产，不仅反映在主体结构构件的通用化上，也反映在各类制品和设备的社会化生产和商品化供应上。美国预制构配件品种达到几万种，除工厂生产的活动房屋(mobile home)和成套供应的木框架结构的预制构配件外，其他混凝土构件与制品、轻质板材、室内外装修及设备等也非常丰富。用户可以通过产品目录，从市场上买到所需产品。美国有不同规格尺寸的砌块2000多种，在建造建筑物时可不需砖或填充其他材料。

美国注重于住宅的个性化、多样化。美国住宅多建于郊区，以低层木结构为主，用户按照自己满意的样本设计房屋，再按照住宅产品目录，到市场上采购所需的材料、构件、部品，自己动手或者委托承包商建造。美国的建筑装饰装修材料基本消除了现场湿作业，且具有较为配套的施工机具。近年来，厨房、卫生间、通风系统等设备也趋向组件化，提高工效、降低造价、减少人工。

美国政府重视新技术的研究工作，国会每年拨付住宅与城市发展部1000万美元专门用于新技术的开发与研究，委托美国国家建筑技术研究中心负责建筑技术的研究开发工作。而美国的各种协会等社团组织，更是集中大量的资金和人力，推动美国住宅技术的开发和应用。

3)瑞典

瑞典从20世纪50年代开始推行建筑工业化政策，由民间企业开发了大型混凝土预制板的工业化体系，大力发展以标准部件为基础的通用体系。瑞典的新建住宅中，采用标准部件的住宅占80%以上[①]。

瑞典早在20世纪40年代就着手建筑模数协调的研究，在60年代大规模住宅建设时期，建筑部件的规格化逐步纳入瑞典工业标准(Svensk Industrial Standard，SIS)，如浴室设备配管标准、门扇框标准、主体结构平面尺寸和楼梯标准、公寓式住宅竖向尺寸及隔断墙标准、厨房水槽标准等。部件尺寸、连接等标准化、系列化为提高部件的互换性创造了条件，从而使通用体系得到较快的发展。

为了推动住宅建筑工业化和通用体系的发展，瑞典于1967年制定《住宅标准法》。法案规定，如果使用了按照瑞典国家标准协会建筑标准制造的建筑部件，该住宅就能获得政府贷款。瑞典通用体系的发展是标准体系和政府贷款制度的结合。此外，住宅建设合作组织起着重要作用。

4)丹麦

丹麦是世界上第一个将模数法制化的国家。以丹麦标准为蓝本，ISO制定了ISO模

---

① Tasdemiroglu E, Chandra S, Moalla S. Savings from energy-efficient industrialized housing for the U.S. Original Research Article Energy, 1991, 16(8): 1119-1123.

数协调标准。丹麦推行建筑工业化的途径是开发以采用产品目录设计为中心的通用体系，同时注意在通用化的基础上实现多样化。丹麦住宅建筑工业化具有如下两方面特点。

一是模数标准健全并且强制执行。丹麦通过模数和模数协调实现构配件的通用化。1960 年制定的《全国建筑法》规定，制定了 20 多个必须采用的模数标准。这些标准包括尺寸、公差等，保证了不同厂家构件的通用性。国家规定，除自己居住的独立式住宅外，一切住宅都必须按模数进行设计。

二是以发展产品目录设计为中心推动通用体系发展。丹麦将通用部件称为目录部件。每个厂家都将自己的产品列入产品目录，由各个厂家的产品目录汇集成通用体系产品总目录，设计人员可任意选用总目录中的产品进行设计。主要的通用部件有混凝土预制楼板和墙板等主体结构构件。这些部件的连接形状都符合于模数协调标准，因此不同厂家的同类产品具有互换性。此外，丹麦重视住宅的多样化，在规模不大的低层住宅小区内也采用富于多样化的装配式大板体系。

5）法国

由于第二次世界大战的破坏和 20 世纪五六十年代大量农村人口涌进城市，加快了城市化进程，法国住宅一度出现严重短缺现象，被称为“房荒”。为了解决第二次世界大战后的“房荒”问题，满足市场对住房的大量需求，法国进行了大规模的工业化生产。但是法国人口的低增长，使住宅建设的高峰期只持续到 70 年代，1976 年以后住宅数量基本饱和。

法国主要通过市场进行资源配置，政府对经济的干预很少。法国推行住宅产业化的政策主要有以下几个方面。

首先，通过研发不同的构造体系，推行标准化和模数化。为了满足市场多样化的需要，法国编制了《构建逻辑标准》，同时编制了一套 CS5 软件系统，设立了通用的协调规则，为实现标准化和模数化奠定了基础。

其次，以税收政策鼓励引导节能、环保住宅。使用再生能源、隔热材料、暖气调节设备的住宅，法国政府给予税收优惠，同时还可以给予财政支持。

再次，以技术引导生态住宅。因为法国人口增长率较低，20 世纪中后期，对住宅数量上的要求已经显得不重要了，而是越来越重视住宅的质量。因此法国推出了 14 个生态住宅标准模式，这些标准都体现了“搞环保”住宅“以人为本”的要求。法国倡导生态住宅与可持续发展是相辅相成的。

最后，鼓励居民以支付养老金的方式购房。这样使法国的住房消费由潜在消费变成了现实消费。

由于法国人口低增长的特点，决定了法国在住宅产业化发展的道路上经历了不同的发展阶段，形成了与之相适应的特点。

第一阶段，以工业化装配式住房为主的第一代住宅工业化。这一阶段主要是追求数量阶段，旨在以低造价解决“房荒”问题，从而满足市场对住宅的大量需求。由于不同住宅“专用建筑体系”出自不同的厂商，各建筑体系的构建互不通用。

第二阶段，以发展通用构件制品和设备为主的第二代住宅工业化。由于差异化构件的存在使生产不能标准化，法国制定了相应的政策，法国住房部进而推出了以推广“构造体系”作为向通用建筑体系过渡的一种手段，但是由于建筑模数本身的灵活性，这一设想未能实现。

第三阶段，面向全行业通用构配件为标志的第三代住宅工业化。法国政府调整了技术政策，将构建生产与施工分离，发展面向全行业的通用构配件生产，这同时也使劳动力发生变化，从而发明了一些取代繁重体力劳动的新技术建造房屋。这样住宅产业化走向标准化、模数化的道路。

现阶段，随着人们对资源和环境的观念不断增强，住宅建设开始注重多功能和多样化，并越来越朝着环保和节能的方向发展了。

4. 各国住宅产业化政策

各国的住宅产业化政策主要集中表现在两个方面，一是对开发、生产商的政策支持，另一个是对住宅消费者的政策倾斜。政府在住宅产业化的发展过程中起了双重作用，既是生产的推动力量，也是消费的拉动力量。一方面，通过对住宅开发商实行一定的优惠政策，激发了企业的积极性与创新性，推动了企业在更广阔的领域不断研究开发新产品、新技术，并使之得以顺利应用于住宅建筑中，促进了住宅产业化向更高的层次发展。另一方面表现在引导住宅消费方面，提出了一系列有利于消费者的优惠政策，使住宅消费由潜在变为现实，使生产与消费紧密地结合起来，不至于脱节，从而保证了住宅产业化的顺利实施。

（二）中国住宅产业发展基本情况

1. 中国新型房屋生产技术的发展阶段

新型房屋技术的创建期（1949～1978 年）。在新中国成立的发展建设初期，城市住宅严重短缺。本阶段住宅工业化及技术以快速解决居住问题为发展目的，重点创立了住宅工业化的住宅结构体系和标准设计技术。苏联的住宅工业化经验被引进国内，开展了设计标准化的普及工作，进行了多类型住宅结构工业化体系与技术的研发与实践，推动了早期住宅工业化项目建设及实施技术研发工作。

新型房屋技术的探索期（1979～1998 年）。随着住宅建设规模迅速扩大，建设技术水平不能适应新的形势下住宅建设和居住需求，解决住宅工程施工质量问题成为住宅建设的关键，全社会逐渐形成了数量与质量并重的住宅建设指导思想。本阶段住宅工业化及技术以改善居民居住生活的内部功能和外部环境的质量为发展目标，以提高住宅工程质量为中心，力求全面解决和提高住宅建设综合质量的根本性要求，多方面、系列化地进行了工业化生产的住宅技术政策和技术理论体系的综合研究，开展了部品技术的系统应用和整体性实践的项目尝试。

新型房屋技术的转变期（1999 年至今）。我国住房制度和供给体制发生了根本性变化，住宅商品化对住宅工业化产生了巨大影响，全社会资源环境意识的加强促进了住宅建设从观念到技术各方面的巨变。本阶段住宅工业化及技术以住宅产业化为发展目标，重点转向由传统建造方式向工业化生产方式的探索，对保障居住性能的工业化住宅体系和集成技术进行了综合性研发，积极应用了一系列高水平的研发成果，推动了住宅工业化的项目建设。住宅工业化注重节能环保的集成技术应用，提高了资源综合利用效益，住宅建设可持续发展成为住宅工业化及技术发展方向。

近年来，我国在标准化设计方法的改进、构配件生产能力的提高，以及大模板、框架轻板、装配式复合墙板等新型建筑体系和材料的研究与开发等方面取得了长足进步。但是，限于建筑工业体制、技术、管理和市场等方面的原因，建筑工业化的推广范围窄，片面追求主体结构的预制装配化，普遍存在产品单调、灵活性差、造价偏高等问题。

2. 中国住宅产业存在的问题

多年以来，我国的城镇住房体制改革一直是沿着市场化的导向进行，经过 20 世纪八九十年代的改革，城镇住宅的市场配置体系基本建立，住宅市场基本形成，成为居民获取住房的主要渠道。市场配置体系的建立，不仅为城镇居民根据自身的实际状况，按照自身需求在住宅市场上自主地购置或承租住宅提供了可能，而且为住宅的供给方(房地产开发商等)根据市场需求不断提高工艺水平和改进生产方式提供了动力。但总体来讲，我们住宅的生产方式并没有发生实质的变化，仍以现场“浇灌”为主，依靠资金和土地的大量投入，处于粗放型、低层次的前工业时代，住宅产业化水平较低。

1)住宅产业的科技含量仍处于较低水平

科学技术是住宅产业化的动力。伴随着住宅产业化的推进，我国住宅产业的关键技术和基础技术研究取得一定进展。特别是北新建材等住宅产业化基地建设中，在建筑材料、结构体系及施工工艺等方面都取得了一定的研究成果。但总体上说我国住宅产业的科技革新速度还比较低。一是研究成果数量不多，层次水平不高，并且成果的结构也不尽合理，主要集中在住宅建筑规划设计、质量性能、新材料(尤其是装饰材料)和建筑设备等方面。一些基础理论的研究还不够深入，一些实验研究还不系统。二是成果转化率低，许多研究成果得不到推广应用，有的甚至没有转化成产品，更形不成大规模的工业化生产。例如，有些结构体系研究较为系统，但在实际工程应用不够普遍，甚至尚属空白。还有些新技术、新产品虽然得以应用，但由于缺乏系列化、成套化、标准化，进入住宅内部空间出现配套难、接口难的问题，影响进一步推广。据有关资料，我国目前住宅产业的科技进步贡献率刚超过 30%，远低于欧美等发达国家 70%～80%的水平，甚至比我国农业的科技进步贡献率还低。

2)住宅的工业化生产体系尚未形成

工业化生产是住宅产业化的核心，是判断住宅产业化水平的重要标志。在几年的住宅产业化推进中，部分部品实现了系列化、规模化生产，如整体厨房、整体浴室等被越来越多的住宅采用。但总体上说我国住宅工业化生产体系还没有形成。

部品化、标准化和通用化水平较低。建筑材料制品的生产与供应还停留在原材料供应的概念上，形成的产品种类少，经常出现“有材料，无制品；有制品，无产品”的现象。据统计，我国建材制品只有 3000 多种，而美国有 50000 多种，日本有 20000 多种。同时，由于在标准化方面研究的严重不足，住宅的标准化程度低，造成住宅及其构配件、部品不成系列，定型化和规格化较差，影响了通用性。据统计，我国住宅部品的系列化产品所占的比例不到20%。

住宅的建造方式仍以现场施工为主。多年来我国住宅建设一直采用现场“浇灌式”的施工方式，生产的流动性差，工作环境差，手工操作多(尤其在广大农村，建房还是以手工砌筑的方式进行)，体现为高度的分散生产和分散经营。带来的结果一是建筑周期长。同样建造一栋300平方米的别墅，在我国要用5～7个月时间，而在欧美等发达国家，通常只需 1～2 个月时间；二是劳动生产率低。发达国家建筑的人均年竣工面积达到 150平方米，而我国只有28平方米；三是住宅质量难以控制，损失浪费也比较严重。

3)住宅企业缺乏有效的社会化协作

协作的社会化是住宅产业化的重要内容。我国住宅产业粗放型的经营造成产业技术门槛低，巨大的市场需求又产生了较高的利润率，不断诱使新的厂商进入住宅行业，致使整个行业的平均经营规模较小，住宅产业链上的企业(包括发展商、承建商、材料及部品供应商，以及设计单位、中介等)大都是规模不大的中小企业，产业的集中度过低。近年来，我国城镇住宅业每年竣工5亿多平方米，但全行业有27万家开发企业，1万多家设计单位，9万多家施工企业，10万多家住宅部品生产企业，平均每家企业的开发量只有1.6万平方米，即使最大的住宅开发企业，市场份额也不到0.5%。调查显示，香港发展住宅产业的前9家占市场份额的80%，而上海前10位的市场份额仅有23%，深圳还不到20%。2014年，房地产开发企业房屋施工面积726482万平方米，比上年增长9.2%，增速比 1～11 月回落 0.9 百分点。其中，住宅施工面积 515096 万平方米，增长 5.9%。房屋新开工面积179592万平方米，下降10.7%，降幅扩大1.7百分点。其中，住宅新开工面积124877万平方米，下降14.4%。房屋竣工面积107459万平方米，增长5.9%，增速回落2.2百分点。其中，住宅竣工面积80868万平方米，增长2.7%[①]。2004年9月，万科发布十年千亿战略，拉开了“战略时代”的大幕，“成为房地产行业的持续领跑者，每年保持30%的稳健增长，到2014年，销售额增长到1000亿元，利润100亿元，占全国住宅市场的份额从1%增长到3%”。2010年，万科的销售额超过1000亿元，2014年更是超过2000亿元，目标提前实现了。与此同时，2014年还有6家企业的销售额超过千亿元。万科保持了持续领跑，但与同行的差距并未拉开，万科跑得并不比同行更快。尽管集中度近年有所提高，但是这个行业依然高度零散[②]。由于缺乏住宅企业集团的“领军”作用，众多的中小企业长期处于“小、散、乱”状态，各自为战、无序竞争，没有形成垄断竞争的局面，更缺乏必要的社会化协作。

4)住宅产业发展模式仍是粗放型

我国的住宅产业还没有完成从传统的“粗放型”向“集约型”转变，其发展还主要依赖于资金、人力的投入，以及资源、能源的大量消耗。据初步测算，我国住宅建筑用钢占全国用钢总量的20%，水泥用量占全国总用量的17.6%，城市建成区用地的30%用于住宅建设，城市水资源的32%在住宅使用中消耗，住宅使用能耗占全国总能耗的20%左右(若再考虑加上建材生产和建造的能耗，住宅总能耗约为37%)。与发达国家相比，

① 国家统计局. 2014年全国房地产开发和销售情况，2015-01-20.

② 王威. 十年看万科的千亿秘密. 新浪乐居，2015-05-26.

我国住宅建设和使用存在严重的资源浪费现象。从能源消耗看，单位面积建筑使用能耗为相同条件下发达国家的2～3倍。从水资源的消耗看，我国卫生洁具的耗水量比发达国家高出30%以上。从土地占用看，2002年城市人均建设用地从1993年的54.9平方米增加到82.3平方米，增长49.9%；村镇人均建设用地从147.8平方米增加到167.7平方米，增长13.5%。一些小城市和村镇人在大量使用黏土砖。从钢材消耗看，我国住宅建设用钢每平方米平均消耗55千克，每平方米水泥用量为221.5千克。与发达国家相比，钢材消耗高出10%～25%，每拌和1立方米混凝土要多消耗80千克水泥。

住宅建设环节。由于我国住宅建设落后的技术和粗放的生产方式导致资源消耗高，循环利用率低，因此较国际先进水平要耗费更多的自然资源。从资源、能源消耗的角度看，传统住宅建设过程中要投入大量的砖瓦沙石、水泥、木材、钢材、玻璃等材料，而这些材料在生产过程中又会消耗大量的能源。

据统计，全国实心黏土砖厂占地450万亩，每年毁田95万亩，耗能1亿多吨标准煤；而据有关资料介绍，原苏联早在20世纪80年代初黏土砖在墙体材料中的比重就已下降到37.9%；美国和日本黏土砖的使用比例分别在15%和3%以下。这样长期发展下去，将难以提供足够土地资源和能源等来支持住宅建设高速发展。同时，住宅建设前期采沙、采石对环境造成的破坏难以估量。建筑用材大量采用水泥硅酸盐材料，硅酸盐材料是不可再生的资源，而且在建筑解体后它将变成难以循环再利用的废弃物，给环境造成很大的压力，因此当前许多发达国家都在研究如何尽可能降低水泥制品的用量。

住宅使用环节。住宅建设对资源的占用和消耗是巨大的，住宅的使用对环境的负荷也是相当大的。由于我国建筑保温隔热性能差，供暖效率低，采暖地区能耗为相同气候条件下发达国家的三倍；工业用水的重复利用率仅为发达国家60%，城市污水的回用率是发达国家的25%。这些无不影响了住宅可持续发展。

我国绝大多数采暖地区住宅外围护结构的热工性能比气候相近的发达国家差许多，外墙的传热系数是它们的3.5～4.5倍，外窗为2～3倍，屋面为3～6倍，门窗的空气渗透为3～6倍。欧盟国家住宅的实际年采暖能耗普遍降低到6升油/平方米，大约相当于8.57千克标准煤/平方米，更领先的“高舒适度、低耗能”住宅达到了3升油/平方米以下。而在我国，即使达到节能50%要求的建筑，其采暖耗能也为12.5千克/平方米，约为欧洲国家平均水平的1.5倍。以北京地区的采暖耗能为例，住宅平均采暖耗能按欧洲方法折算为16升油/平方米，按节能50%标准要求新建的住宅采暖耗能也还要维持在8.75升油/平方米的水平[①]。

如果与当前国际先进水准看齐，在不降低文明生活水准的前提下，根据我国当前住宅的物耗水平，住宅建筑至少还有节能30%～50%、节水15%～20%的潜力。住宅建造和使用过程中每节约1千瓦时电，就可以减少排放1千克二氧化碳的温室气体，不但节能，还可降低对环境的负荷[②]。

综上所述，住宅的建设与使用要耗费如此之大的资源，如果按目前住宅建设和使用

① 白秀喜. 住宅建设：走资源节约型之路——访建设部住宅产业化促进中心教授级高工章林伟. 中国建设报，2005-01-10.
② 住宅建设：走资源节约型之路——访建设部住宅产业化促进中心教授级高工章林伟. 中国建设报，2005-01-10.

的资源和材料消耗水平发展，势必对我国资源和环保产生巨大影响，也将成为建立资源节约型社会的障碍。

我国是一个人均资源匮乏的国家，现有的资源不可能长期支撑粗放的住宅建设生产方式。如何处理好住宅建设与资源短缺之间的矛盾是当前住宅产业发展的首要问题，而唯一的途径就是走住宅产业化道路，走资源节约的发展道路。

5）住宅产业面临严重的环保问题

落后的住宅生产方式与技术所造成大气污染、水污染、室内空气污染问题也比较突出。建筑用能产生的气体排放占到全国温室气体排放的25%。北方城市冬季由于燃煤导致空气污染指数是世界卫生组织提出的最高标准的2～5倍。目前毛坯房的供应方式还未改变，家家户户自行装修不仅浪费资源，而且造成质量隐患、环境污染等。北京市疾病预防控制中心的调查发现，室内污染物包括化学、物理、生物、放射性四大类50多种，其中甲醛、苯和有机挥发物往往超标20～30倍，最高竟达40倍，劣质装修材料是污染物的主要来源。另据中国室内装饰协会环境检测中心提出的数字，我国因室内装修引发严重室内空气污染，造成每年11万人死亡，平均每日死亡304人，相当于每日车祸死亡人数；北京三成居住在新装修住宅的住户会出现头痛、头晕、乏力、睡眠不好等症状，甚至对呼吸道都会造成损害，而与之相应的绿色建筑在我们国家刚刚起步，还处于试点，推广发展的阶段。

6）住宅产业劳动者素质亟待提高

从劳动量消耗的角度看，我国的住宅建设容纳了大量的就业人口，特别是改革开放后的近20年间，每年都接纳了大量的农村剩余劳动力。但这些从业人员的整体素质不高，使住宅建设停留在质量不高、生产率低下、劳动力投入较大的粗放型生产模式，长此以往，住宅建设将会面临劳动力短缺的巨大危机，影响可持续发展。

3. 中国住宅产业化的必要性

与发达国家相比，我国住宅在建造和使用过程中，存在严重的资源浪费。我国单位建筑面积采暖能耗相当于气候条件相近发达国家的2～3倍[①]。我国住宅建设平均用钢量为55千克/平方米，较发达国家高10%～25%，占全国用钢量的20%；水泥用量为221.5千克/平方米，较发达国家多消耗35%～40%，占全国总用量的17.6%；城市建成区用地的30%用于住宅建设，城市水资源的32%在住宅使用过程中消耗，建筑能耗占全国总能耗的27.5%左右，若考虑建材生产和建造的能耗，住宅总能耗约为37%。

我国应借鉴国外住宅产业发展经验，坚持走可持续发展道路。节能减排、低碳经济是全球发展的大势所趋，也是我国经济未来发展的根本性前提。建材工业在节能减排和发展低碳经济中具有重要的位置，标准化的建筑部品和新能源建材是建设“节能省地型”住宅的先决条件，将使住宅产业资源利用更合理。现阶段，我国节能建筑较普通建筑成本增加300元/平方米，随着低成本、高技术的绿色节能建材推广，节能建筑成本增加将

① 国家发展和改革委员会. 节能中长期专项规划. 2004-11-25.

不超过 70 元/平方米，完全可以通过建筑节能进行消纳[①]。

美国、日本住宅产业的产业化率达到 70%～80%，我国仅为 15%。我国要在较短的时间内完成发达国家近百年的发展历程，必须走出一条自己的住宅产业化道路。为提高住宅产业发展水平，建设部于 1996 年制定发布了《住宅产业现代化试点工作大纲》：以规划设计为龙头，以科技进步为核心，充分运用新材料、新技术和新工艺，大幅度提高住宅建筑的劳动生产率和工程质量，降低住宅成本，提高住宅建设的整体水平。目前，我国住宅建设还做不到工业化生产，因此要从部件生产工厂化开始，以建筑部品化和新能源建材为核心内容，建设符合中国国情的住宅产业发展模式，这对构建资源节约、环境友好、可持续发展的和谐社会至关重要。

从建筑材料行业及住宅部品行业来看，住宅产业化对建材和制品无论从数量、质量、品种、规格都提出了新的、更高的要求，势必推动建材行业进行技术改造，更新技术与设备，调整产业结构和产品结构，提高产品质量和技术含量，由粗制的初级产品向精致加工的半成品、成品方向发展。其中，以节约能源资源，保护生态环境和提高住宅质量档次的节能环保型建筑材料、保温材料、装饰装修材料等，将得到较快发展。同时住宅产业化的发展会带动与住宅相关的水暖电气设备、卫生洁具、厨具家具等众多行业的发展与繁荣，也会使这些行业发生结构变化，产生或分化出专业生产适应住宅产业化要求的设备、部品的行业，给这些行业的发展带来契机。

从对其他行业的影响看，住宅产业属于产业关联度比较高的部门。据有关资料，我国建设行业的影响力系数为 1.11573(由于我国没有独立的住宅产业统计数据，只能近似地以建筑行业的数据进行研究)，在 33 个行业中排第 10 位，属于创造需求，对其他行业影响带动程度较大的部门。从美国、日本、英国、澳大利亚等国外住宅产业化水平比较高的国家实际情况看，实施产业化后，尽管住宅生产方式发生了变化，对其他行业的影响能力始终保持比较高的状态。特别是对矿业、石油煤炭、通信、电力等物质技术原材料消耗型产业，有着较大的影响。然而随着经济的发展和住宅产业化的推进，住宅的科技含量越来越高，受住宅产业影响大的产业逐步由原材料供应、生产型产业向服务化型产业转移，促进产业结构逐步“软化”。我国的住宅产业化也将符合这一规律，通过连带作用，促进产业结构的升级，最终促进国民经济协调、健康发展。

多年来，老百姓对所购住宅质量投诉较多。屋顶和厕浴渗漏、保温墙开裂、厨卫间管道壁渗漏等质量通病直接困扰老百姓生活，楼板层过薄造成隔音效果差、厨房和卫生间异味等功能通病也成为直接影响居民生活质量的重要方面。房屋的质量问题虽然与设计、材料等诸多因素有关，但一个非常重要的原因还是目前国内普遍采用钢筋加混凝土、砖加砂浆的现场湿式生产方式，正是这种落后的生产方式导致我国住宅目前普遍存在质量问题。

随着我国经济发展和人们生活水平的提高，人们对住宅质量的要求也越来越高。以前普通老百姓主要关注砖缝是否横平竖直，门窗安装是否无缝隙等施工质量的水准上。

---

① 王庆. 可再生能源建筑应用：技术撑出一片蓝天——访中国建筑科学研究院建筑环境与节能研究院院长徐伟. 中国建设报，2010-09-13.

现在人们对住宅质量的要求已经从施工质量提升到使用面积比如何，空间布置是否合理，客厅的开间多大，居住是否方便舒适等内涵丰富的广义质量上。传统的住宅生产方式更难以满足这种要求。

住宅产业化对于提升住宅性能和质量具有积极作用。住宅产业化大大减少了现场手工作业和湿操作，通过工厂化集约式生产，更容易对生产的各个环节进行科学管理和控制，有利于建立从规划设计质量、工程施工质量、建筑部品质量、到物业管理质量的住宅质量控制体系。住宅产业化实现了住宅及其构配件的标准化、部品化和模式化，也使住宅建造企业在提高住宅质量上有章可循。产业化住宅通过采用工厂化生产、现场装配的方式建造，使住宅结构的改变比较灵活，分隔构件的变化和布置、空间隔墙的拆改等都比传统住宅容易得多，甚至可以进行承重结构的改动，因此能够适应技术设备更新、不同时期家庭成员数量的变化等对住宅可变性的要求。产业化生产的住宅由于普遍采用新的工艺和新的材料，住宅使用寿命大幅延长。目前我国许多住宅使用寿命只有 30 年左右，有的甚至十几年，而国外产业化住宅的使用寿命可达到 70～80 年。住宅产业化建立在科技进步基础上，与传统住宅相比，技术先进建筑材料使住宅更环保、节能，能够为居住者提供更加舒适的居住环境。

随着我国住宅建筑业的发展，采用新材料、新工艺、新技术生产的建筑部品已经开始成为住宅产业现代化发展的技术基础和先决条件。工厂化、部品化、标准化、集成化的住宅部件是保证住宅最终产品功能与质量的基本条件之一。现阶段，我国住宅产业的发展很大程度上受制于标准建筑部品部件的工业化进程。初步测算，如果采用标准化建筑部件，建筑节能率将提高 50%以上，建筑材料损耗将减少 60%，材料回收率将提高到 66%；项目开发周期可以 20 个月缩短到 5 个月；增加住宅使用面积。以轻钢结构住宅为例，可增加有效使用面积约 6%，以北京市为例，每年将增加住宅使用面积 180 万～300 万平方米，按每户 100 平方米计算，可多解决 2 万～3 万户居民的住房问题。

三、转型路径

(一)发展模式

1. 住宅产业集团

制造业进入住宅建设领域是产业化发展的必然趋势，也标志着这个产业发展的水平。日本生产工业化住宅的厂家大部分是由制造和施工企业转入的，因为只有大型制造企业集团才能担负起使住宅产业从劳动力密集型走向技术密集型，从分散式、外延型发展走向集成式、内涵型发展的重任，从而达到系列化开发、集成化生产、配套化供应的目标。我国需要具备技术创新能力强、技术集约化程度高、产业关联度大、把握市场发展前景等特长的产业化载体。

住宅产业化的实施最终要落实到住宅产业的主体上。住宅产业集团是应住宅产业化发展需要而产生的新型住宅企业组织形式。所谓住宅产业集团，就是以专门生产住宅为最终产品，集住宅投资、产品研究开发、设计、配构件制造、施工和售后服务于一体的住宅生产企业，是一种智力、技术、资金密集，能承担全部住宅生产任务的大型企业集团。住宅产业的发展，需要住宅产业集团的推动和主导作用。住宅企业集团不仅可以促进集团内部专业分工与协作发展，也可以发挥组合效益和规模经济优势，带动产业内部中小企业和其他相关企业提高产业整体实力，有利于克服我国目前存在的专业化协作水平低，企业大而全、小而全，规模经济利用不足的弊端，促进整个住宅产业从粗放型向集约型发展。

住宅产业集团主要有三种组建模式。

第一，横向发展模式。横向发展模式是指从事相同业务的企业组合在一起，形成从事专业化生产的大型企业集团。行业生产能力的集中，可减少产业内部竞争所带来的附加成本，并扩大企业规模，使之达到规模经济，最终降低产品成本，提高企业的竞争能力。

第二，纵向发展模式。纵向发展模式是指利用住宅产业关联度高、产业链长的特点，把从事相关业务的企业组合起来，形成跨行业的企业集团，建立设计、开发、生产、销售、物业管理一体化的经营机制。这种机制不仅能确保企业具有稳定的市场需求，保证有充分的供给，降低企业风险，而且有助于逐步建立符合现代工业要求的生产体制，形成系列开发、规模生产、配套供应的新格局，为住宅产业现代化创造有利条件。住宅产业集团采用纵向一体化的组织结构，关联企业内部环节的交易费用低于外部市场的交易费用，而且这种组织结构可以使各种资源进行全方位的合理配置，平衡个别环节生产成本的上涨，降低总的生产成本。

第三，混合发展模式。混合发展模式是指各个企业集团走出单一的生存空间，突破行业壁垒，向其他行业扩展，相互渗透，相互促进，协调发展，可以利用产业发展周期不一致的特点，达到互补，分散风险；也可以利用其他产业的资金优势来壮大产业集团的抗风险能力等各种方式的组合。

以上三种组建模式中，由于纵向发展模式通常是在市场机制下成长起来的，一般具有生产经营与资本经营双重职能，成为既是资本经营中心又是投资中心的混合控股公司，并以产权为纽带与下属企业形成母子公司关系。这类企业多数是按现代企业制度进行规范的运作和管理，所以产权关系比较清晰，体制上基本都可以理顺，因此是目前我国住宅产业集团组建最常见的模式。纵向发展模式组建住宅产业集团，可以有以建筑施工企业为核心组建、以建筑材料生产企业为核心组建、以房地产开发企业为核心组建、以建筑设备生产企业为核心组建等方式。其中比较有代表性的是北新集团模式和万科集团模式。

2. 产业发展战略联盟

建筑业与建材工业作为上下游产业，相互依存关系是不可分割的。两个产业的发展都处在完全竞争性的市场环境中，同时面对提高建筑功能和品质、创造舒适健康居住环境、实现可持续发展的挑战。必须坚定地摆脱以前形式的部门管理条块分割的影响，建立起建筑业和建材业产业发展战略联盟，在形成合作共赢的共识基础上，建立长期的合作发展战略目标和短期的工作协同举措，努力打造两个产业联动发展、互相促进的崭新工作格局。例如，在产业发展规划、重大技术路线和重点产品发展及相关政策等方面，进行事前沟通与对接，在目标方向上首先形成一致，以鼓励和促进建材重点制造企业、建筑设计单位和施工企业建立产业创新发展战略联盟，形成发展目标一致，相关政策、法规、标准衔接一致、推动两个行业共同发展的合力。

(二)技术体系

1. 基础技术和关键技术

科技进步是住宅产业化的动力，加强基础技术和关键技术研究，开发、推广新材料，对于住宅产业化至关重要。住宅产业化技术可以分为核心技术、主体技术、外围技术、基础技术等，核心技术是住宅建筑工业化生产技术。

1) 住宅建筑工业化生产技术

采用工业化生产方式进行住宅生产的技术，包括住宅标准化技术和构配件、部品工业化生产技术等，是住宅产业化独有的、标志性的核心技术。住宅建筑工业化生产技术是建筑、材料、生产工艺、施工等技术的集成，其主要作用是提高住宅生产的劳动生产率，保证质量和降低成本。

2) 住宅建筑设计技术

住宅建筑设计技术包括与住宅建筑相关的规划设计技术，建筑结构与构造方法，建筑声、光、保温防水等方面的设计技术等，其主要功能是提高住宅的质量和性能。其中，住宅建筑结构设计技术是住宅技术体系中非常重要的环节，它影响着住宅施工与管理技术，在很大程度上反映了建筑业的技术和管理水平。

3) 建筑材料技术

研制出实用性强、性能高的建筑材料，逐步取代原有的传统建筑材料，并在此基础上制造成为住宅部品，为提高住宅质量和性能、节约原材料和能源创造必要的物质条件。新型建筑材料研究与开发是住宅产业化的关键之一，重点是研究高强轻质的混凝土及其制品，轻质高强、保温隔音、防水耐久的住宅建筑材料与制品等。

4) 住宅设备与部品制造技术

住宅用各种建筑设备，包括厨房卫生间设备、门窗、水电、暖气、煤气、安全防护、暖通等设备的制造技术和安装技术。其主要作用是提高住宅性能，改善居住条件和环境。

5) 住宅建筑施工与管理技术

住宅施工现场所采用的施工建造技术和相应的管理技术，包括各个分项工程施工技术和施工方案、施工方法与施工机械、流水施工和网络计划技术、现场生产指挥等技术。其作用是保证按设计图要求进行施工，保质保量地完成所需要的住宅建筑产品。在住宅建筑工业化生产情况下，住宅现场施工量与传统施工方式大幅减少，但施工与管理技术的高低仍是决定住宅质量的重要方面。

6) 住宅产业组织与管理技术

住宅产业组织与管理技术包括企业管理和行业管理两方面。企业管理要求采用现代企业制度，运用现代化的理论、方法和手段，对企业的生产、经营进行有效的管理。在市场经济条件下，企业管理技术对于住宅企业，特别是一体化生产经营的大型住宅企业，能否在市场中生存和发展至关重要。行业管理是政府有关部门采用正确的政策调控市场，营造良好的市场秩序，引导企业协作和有序竞争，促进产业规模化、现代化发展。

结合我国目前的实际情况，上述各项技术中，应重点关注以下几个方面。

新型能源的利用和能源的节约。在建筑材料方面，要研究不同地区住宅围护结构的耗能机理，开发推广新型保温隔热墙体材料；在设备与部品制造方面，要研究太阳能、风能、地热的开发利用，研究新型供暖技术，研究节能型部品，并实现工业化的方式生产。

灾害防治。在住宅结构设计方面，要研究住宅结构抗震、防台风、防火灾、防暴风雨技术，提高住宅结构的抗灾能力。在建筑材料方面要研究防火等材料，特别是对于钢结构住宅，对其防火灾的研究非常重要。

居住环境的优化和环保。其包括研究、开发和生产室内换气系统与设备，垃圾收集与处理、能源综合利用等的技术和设备等。

2. 技术支持体系

住宅产业化技术支持体系是实现住宅产业化的基础环节。技术支持体系包括住宅技术保障体系、建筑体系、部品体系、质量控制体系等。建立住宅技术保障体系，加强基础技术和关键技术研究，建立和完善技术保障体系是推进住宅产业现代化的基础和根本保证。技术保证体系包括与住宅有关的标准和规范体系、建筑与部品模数协调体系等。

1) 标准和规范体系

标准化，特别是模数协调标准对住宅生产工业化具有非常重要的意义，对此国外发达国家给予了高度重视。丹麦是世界上第一个将模数法制化的国家，日本在 1969 年就制定了《推动住宅产业化标准化五年计划》。目前，伴随着经济全球化，各国的模数协调标准也正在逐步向 ISO 颁布《模数协调》的系列标准靠拢。

建设技术保障体系，重点是抓好各类标准规范的编制与修订，进一步明确强制性标准，改变我国住宅产业技术标准体系不健全、技术水平低、修改更新滞后的状况，为住宅产业现代化提供技术保障。这里要把握几个原则：首先，标准化与多样化相结合。当前在住宅建筑标准化方面国际上存在两种趋势，一是许多国家都在努力实现以标准化构配件组成建筑物的方法，即通用体系原则；另一个趋势是缩小定型单位，使标准化和多样化更好地统一起来。我国是个地广人多的大国，各地区间经济发展水平、文化习惯、社会观念都有较大的差别，因此在标准化的基础上兼顾个性化，实现标准化和多样化的有机组合，是住宅标准化工作中需要把握的一个重要原则。其次，统筹规划与急用为先相结合。一方面，标准化应针对住宅生产的各个环节，包括住宅计划、设计、施工、物业管理和材料、部品等各个方面，要统一的、完整的标准化体系；另一方面，在产业化的不同时期、不同阶段，应根据工作的侧重点，有重点、有针对性地抓好重点领域的标准化建设。在我国目前阶段，当务之急一是抓好结构体系的标准制定，二是结合“四节一环保”要求，出台新的节能标准和环保标准。最后，标准制定与标准推广相结合。特别是要做好模数协调的编制和推广应用工作。住宅标准只有推广实施才能真正发挥作用，要大力抓好标准的推广应用工作。建议标准制定后可考虑首先在试点与示范工程中采用，在某些行业、某个关键部门现行贯彻，然后再扩展，稳妥有序地发展。要特别注意的是，要重点抓好模数协调的编制和推广应用工作，确保住宅部品和部品安装相互协调。

2）新型住宅建筑体系

建筑体系是住宅技术的基础，是住宅产业化中最核心的内容。它是以承重结构为主线，包括围护结构、隔断、厨卫、设备、管线等所构成的体系集成。完善新型建筑体系是推进住宅产业化的重要环节。建筑体系包括以下几个子系统。

第一，建筑与结构技术体系。建筑与结构技术体系是建筑体系的核心内容，其包括高层、中高层、多层、低层建筑的结构体系等。当前的重点一是在总结比较成熟的钢筋混凝土框架结构、剪力墙结构、砌体结构基础上，完善其适应产业化要求的设计标准，开发新型大开间承重结构、混凝土砌块结构、钢结构等新型结构体系。特别是要按照产业化要求抓好薄壁钢骨结构、纯钢框架结构、钢混组合结构等钢结构住宅结构体系的技术准备。二是要发展多孔空心砖、小型混凝土空心砌块，以多种工业废料砌块代替黏土实心砖，并形成砌块体系成套技术。三是发展各种新型砌块、轻质板材和高效保温复合墙体，开发有利于空间利用、方便施工的坡顶结构，开发经济、环保、性能良好的轻质隔断及其配套产品。

第二，厨卫技术体系。建立厨房、卫生间的基本功能空间配置的整合技术，建立协调模数，并成套化整体生产和装配。要推行厨卫整体设计理念，开发和推广厨卫系列化、多档次的定型厨卫体系。

第三，住宅管线技术体系。开发适应我国住宅建筑体系的新型管材，如各种塑料管、铝塑管、钢塑管等，包括其接口技术及综合布线的设置等。要推行管线综合设计，设立竖向管井（管束）区和水平管线区、管道墙，推广应用各种新型管材。

第四，住宅智能化技术体系。住宅智能化技术体系包括住宅信息传输及接收技术、住宅设备的自动控制系统、住宅安全防护自动控制系统、住宅能耗及智能化控制系统等。

第五，住宅环境及其保障技术体系。住宅环境及其保障技术体系包括对室外空气质量监控和置换，提高住宅户间、楼层间隔音性能，发展住宅无污染建筑材料、涂料，开发节水坐便器，提高水的重复利用率等。

第六，节能及新能源开发利用体系。开发各种气候条件下的节能住宅体系、开发新型节能产品，如节能门窗、墙体保温技术与材料、照明节能产品等。要研发和推广节能、节水、节材、符合环保要求的设备，积极推广应用太阳能等自然能源利用技术。

建筑体系重点是解决标准化、系列化、配套化技术问题，使其所构成的体系有利于标准化、工业化生产和机械化施工，形成相互配套、系统的符合产业现代化发展方向的完整体系。

3）住宅部品体系

住宅部品是由材料、单项产品构成的部件、构件的总称，是构成成套技术和建筑体系的基础，相当于住宅产业的原配件，其特点是种类繁多，分散在不同的产业部门管理。

建设部住宅产业化促进中心成立伊始，就收集了大量的国外相关资料进行了对比研究，在认真分析日本 BL、美国 Sweet′s、德国 Bertelsmann 部品和产品分类体系，根据我国住宅产业化发展的特点，将住宅部品体系的框架分为四个子系统。对于住宅产业化来说，部品体系的关键有两方面：一方面是系列化和通用化。在标准化的基础上，实现住宅部品的系列化和通用化，是住宅产业化的重要标志。从国外发达国家的实践看，住宅产业化水平较高的国家，标准化、系列化、通用化的住宅部件开发生产和供应都得到了长足发展。丹麦在标准化基础上实现部件的通用化，各厂家生产的通用部件都纳入《通用体系产品总目录》，设计人员可从中选择适当的产品进行住宅设计。瑞典新建住宅中，通用部件占 80%左右。日本用了 20 年时间，推行住宅部件化。现在住宅的各个部分都有通用部件，对无特殊要求的住宅，只要将通用部件组合起来即可。另一方面是规模化生产和配套供应。只有规模化生产，才能回收所利用的大量开发性资金。只有配套供应，才能在行业内围绕住宅这个最终产品，生产供应各专业各工种的标准化、系列化产品，进行不同部件之间以及不同档次、不同材质之间的配套，满足住宅生产和建造的需要，提高整体技术水平。

（三）转型重点

1. 建筑部品化和新能源技术

以建筑部品化和新能源建材为主要内容，推动我国住宅产业向国际先进水平迈进。绿色生态住宅产业是我国建设生态文明，形成节约能源、资源和保护生态环境产业结构的重要途径。住宅产业关系地区经济发展、构建和谐社会的大局。党的十七大提出：“坚持节约和保护环境的基本国策，关系人民群众切身利益和中华民族生存发展。必须把建设资源节约、环境友好型社会放在工业化、现代化发展战略的突出位置，落实到每个单位、每个家庭。”同时，党中央在实现全面建设小康社会奋斗目标的新要求中明确指出：“建设生态文明，基本形成节约能源资源和保护生态环境的产业结构、增长方式、消费方式。”

标准化建筑部件、新能源建材、光伏建材一体化是现代化住宅产业发展的技术基础和关键环节。建筑材料制造企业具有研究、生产、推广住宅用建材部品和新型能源建材的优势，其生产业务向前向后延伸，组建成的住宅产业集团将成为住宅产业发展的骨干力量，在此基础上形成产业集群，将成为地区住宅产业走向国际化的标志。

2. 建筑业与建材业互动发展

以绿色建筑为共同目标，形成建筑业与建材业互动发展格局。从可持续发展的角度看，建筑业和建材业都必将在节能与绿色建筑的旗帜下发展，节能与绿色是共同的目标。建材行业要以新的理念、新的思维、新的技术开发资源省、能耗低、排放少、健康环保、多功能的绿色建材，通过建筑材料的科技创新和绿色发展，促进节能与绿色建筑设计与绿色施工的发展。同时，绿色建筑和绿色施工的发展也必将促进建材产品的不断发展和绿色环保。因此，以节能与绿色建筑为中心，在相互支持、互动沟通的基础上，建筑业和建材业将形成目标一致、产业联动、互相促进的发展格局。

建筑工业化是建筑业产业升级的方向。建筑工业化要求建材部品化，要求建筑部品集成化和模块化生产制造。这同时也是建材业产业链延伸发展的方向。在共同发展目标的指引下，以建筑工业化为驱动，实现建材产业创新，开发门类齐全的部件，如工厂化预制的结构构件、部品部件、门窗等，满足建筑设计所要求的标准化、通用性、可置换性、高性能、多功能等要求，促进建材产业的升级和产业链的延伸。

要改变过去“建材业生产什么，建筑业就使用什么”的倾向和建筑设计标准与建材产品创新发展的实际相脱节的状况。建筑寿命要求和设计标准、建筑施工规范和技术规程决定着建材行业水泥、混凝土、墙体材料、隔热保温材料、防水材料等各种建筑材料的创新取向和发展方式，决定着建材业技术创新目标与产品质量、功能和性能的标准要求。不同的建筑体系的发展和绿色节能的要求决定着不同建筑材料的市场空间和发展前景。无论是建筑设计标准和施工技术规范的制定(修订)促进建材产品标准不断创新发展，还是建材产品的不断创新发展促进建筑业技术进步和建筑设计标准的提升，都有利于两个行业减少浪费、节约资源、提高效率。因此，要形成相互渗透和互动的机制，建材业要以满足建筑业发展的需要为导向开展相关技术标准规范的制定(修订)，建筑业也将随着建材产业的创新、产品功能和性能的改进，相应地调整与修改建筑设计标准和施工规范规程。建筑业和建材业的相关主管部门的协同一致，是建筑业、建材业两个产业实现科学发展的重要举措和基础支撑。

3. 质量控制和认证制度

完善质量控制体系。质量控制体系是规范生产企业、开发企业、建设单位等市场主体行为的一系列管理制度，是住宅部品体系、建筑体系和住宅技术集成的质量保证。具体包括住宅市场准入制度、设计审批制度、质量监督制度、质量验收制度、责任赔偿制度、质量保证与保险制度、住宅部品认证制度、住宅性能评价制度、工程质量监督制度、工程验收制度等。

住宅质量控制贯穿住宅规划、设计、部品选用、材料供应、施工，以及竣工验收、交付使用等诸多环节。其中重点要抓好以下几个环节：首先，推进住宅质量责任制度。明确开发建设单位、勘察设计单位、施工单位、质量监督部门、监理单位及材料供应商等所有与住宅最终质量有关的参与单位的质量责任，且明确责任人之间的责任关系，从而使住宅质量有人负责。其次，强化规划设计审批制度。政府部门通过对住宅规划、设计方案进行审批，提高住宅规划、设计水平，杜绝住房建设中违反规划、违反强制性设计规范条款的现象发生。同时，公布住宅项目设计单位、设计人，以保证和提高规划设计质量。再次，实行住宅市场准入制度。对从事住宅建设的开发企业、设计单位和施工企业要进行资质管理；对设计、建设劣质住宅，违反规定使用淘汰产品的开发企业、设计单位和施工企业，要依法吊销其资质证书，并进行经济处罚，造成严重后果的，要依法追究刑事责任。住宅市场准入制度也包括对从事住宅设计、施工、监理的专业技术人员实行的资质管理。市场准入制度企业是进入市场的“门槛”，是保证住宅市场有序竞争的重要手段。再次，完善住宅建设建立制度。进一步发挥监理公司的作用，使其在项目施工过程中能够严格进行质量控制，监督检查，提出整改和防治措施。最后，研究住宅质量担保机制，成熟后予以推广实施。

此外，建立住宅部品认证制度和推行住宅性能认定制度。住宅部品认证制度是对部品的标准性、通用性、安全性、耐久性、经济性等性能评估认定的一种管理制度。对住宅部品进行认证，一方面可以淘汰不符合产业政策和产业化技术要求的落后技术和产品，另一方面可以通过对先进的新技术、新部品予以认定，发布标识，进行推广等手段，增大优质部品、材料的使用覆盖面，扩大优质部品、材料的生产规模，加快部品体系的建立和完善，逐渐形成住宅部品优胜劣汰的机制，对于保证部品质量，进而保证住宅质量，最终推动住宅产业健康发展具有重要的意义。住宅部品认证制度是住宅质量控制体系的重要组成部分。

住宅部品认证制度以住宅部品标准化为基础，它需要通过住宅部品的标准化工作，来明确各类住宅部品的定义及部品的系统构成、模数与规格尺寸系列、部品的功能与性能要求以及功能试验方法与检验要求等，以此作为认证的依据。另外，部品认证又是实现部品标准化、系列化、通用化的重要措施。住宅性能认定制度是指依据国家统一颁布的住宅性能评定标准，按照规定的程序对其性能进行评审和认定制度。住宅性能认定从住宅的适用性能、安全性能、耐久性能、环境性能和经济性能五个方面对住宅的综合品质进行客观评定。

四、典型案例：北新房屋——从北新房屋到绿色小镇

日本建筑业中规模最大的公司既不是建筑公司，也不是建材公司，而是 10 家左右年营业收入在 800 亿～1000 亿元的大型工厂化房屋公司。当前制造业服务化是全球制造业发展的大趋势之一，中国建材集团作为我国最大的综合性建材产业集团，经过 30 多年的努力与发展，已经完成“北新建材—北新房屋—绿色小镇和绿色生态城”三部曲的转型升级。旗下北新房屋目前已经布局北京、成都、牡丹江、连云港、海南五大房屋生产制造基地，未来 5 年还将在国内陆续打造 100 个绿色小镇。其发展目标是从建材制造商升级为新型房屋集成商，从单一的建材提供商转型升级为绿色低碳新型城镇化综合服务商，聚焦国内外市场，打造全球化房屋集成商[①]。

（一）伟人的高瞻远瞩

1978 年，我国实行改革开放初期，国内房屋建筑水平非常落后，城市里很少有像样的饭店、楼宇，而农村的建筑条件更差。当时，国家想搞新型建材企业，于是成立了北京新型建材试验厂（北新建材的前身，股票代码：000786）。其实，最初引进新型建材是想做房屋，当时推行混凝土预制构件建房屋（预制组装混凝土结构工法，又称 PC 工法）需要大量建筑材料。

那时，北新建材向北京市提供了新型房屋的建筑设计方案，但是它们订的很少，还继续沿用传统的砖块堆砌技术，把北新建材的新型房屋建筑叫作“大板楼”。因为行政上的条块分割等限制，推广新型房屋的工作无法完成，最初的计划也没能执行下去。由于新型房屋推不出去，工厂为了生存和发展，就改为北京新型建筑材料厂，从研发生产新型房屋转做轻质隔墙、保温材料等新型建材，这就是北新建材的起源。

---

① 宋志平. 安得广厦千万间——从北新房屋到绿色小镇. 中华民居，2014，总第 131 期.

为什么讲“伟人的高瞻远瞩”？当时，北新建材在北京建了几栋新型房屋的样板实验楼。1979 年 8 月，邓小平同志视察了北京紫竹院新型建材试验房屋工地，认为房子非常好，提出：“要尽快把新型轻质建筑材料工厂办起来，要大批生产。”邓小平同志表示，他与英国工党领袖卡拉汉[①]观点一致，认为建筑业是支柱产业。那时，我国住房还没有商品化，老百姓住的还是公家盖的房子。所以，他确实看得很远。最初建房时，第一轮供应的新型建材、新型房屋主要是给楼堂馆所，提供给政府机关使用，农民住不起。现在，随着经济的发展，农民终于住得起新型房屋了。

从我国目前的房屋建设来看，北京、上海、深圳这些大城市与纽约、中国香港等国际大都会差不多，但是农村房屋的建设水平相去甚远。有人说，“中国的城市像欧洲，农村像非洲”。从北京驱车向外行驶 50 千米，沿途会看到很多外观毫无美感的平房，房屋的质量也不好。改革开放以来，我国的农民为社会做出了巨大贡献，付出了很多，包括廉价的土地资源和劳动力等。如果广大农民的住房问题依然得不到解决，“中国的农村像非洲”的情形将继续延续下去，我国推行的改革开放就不能说取得了真正的成功。

现在，我国农房保有面积 300 亿平方米，90%以上的房屋不抗震、不节能、不卫生、不舒适。回顾近年来发生的几次地震灾害，大家会发现，在汶川地震、雅安地震、舟曲地震、云南鲁甸地震中，房屋倒塌造成了惨重的人员伤亡。我国的房屋与发达国家相比，抗震性能较差，很多房屋是不应该倒塌。2013 年 5 月 21 日，习近平总书记在芦山地震灾区视察时，对灾后重建提出高要求：“要科学规划、科学重建，重建要尽可能快。我们同舟共济，一起把安全、美丽、放心的美好家园重建起来。”

“秦砖汉瓦”是我国古代灿烂的文明，是极具代表性的建筑材料，当时提出消灭“秦砖汉瓦”并不是因为它不好，而是因为我国人多地少和大力开展节能环保的基本国情，再沿用传统的建筑方式并不能实现可持续发展。所以，我们提倡使用新型建材，用工厂化制造生产方式解决农房改造的问题。新型建材大量使用城市固体废弃物、工业固体废弃物，如用电厂的脱硫石膏生产石膏板，用粉煤灰、秸秆做水泥装饰外墙板，用炼钢矿渣的矿物棉生产保温材料……利用工业废料生产高质量的建筑材料，取代黏土砖制造漂亮的工厂化房屋，集工业化生产、社会化服务于一体，同时也发展了当地的循环经济。

过去，新型材料主要用于城市建设；现在，广大农村市场是推广的重点领域。新型城镇化、新农村建设的推进，引发了人们对于建设怎样的新农村的思考。现在的农村城镇化大多是让农民“上楼”，住进单元楼，但其实农民更喜欢住有院子的两三层小楼。从远处望去，村庄漂亮，又有乡愁；住进去会感觉很现代化，环境舒适，冬暖夏凉，绿色抗震，保温节能。

2013 年 7 月 22 日，习近平总书记视察湖北省鄂州市长港镇峒山村时指出：“城镇化要发展，农业现代化和新农村建设也要发展，同步发展才能相得益彰，要推进城乡一体化发展。”2013 年 12 月，习近平总书记在中央城镇化工作会议上提出：“要依托现有山

① 詹姆斯·卡拉汉（James Callaghan，1912 年 3 月 27 日—2005 年 3 月 26 日）英国政治家、首相。卡拉汉一身兼有两个“英国之最”。他既是英国历史上最长寿的首相，也是唯一曾经出任首相、财政大臣、外交大臣和内政大臣四个职务的政治家。1980 年 5 月，卡拉汉访问中国，卡拉汉请胡耀邦谈谈他访问西欧的印象。他说，中国发生了巨大的变化，中国在 21 世纪一定会取得更大的成就。2005 年卡拉汉在英格兰东南部家中去世，享年 92 岁。

水脉络等独特风光，让城市融入大自然，让居民望得见山、看得见水、记得住乡愁。”

(二)从北新建材到北新房屋

北新房屋是在北新建材的基础上发展起来的。我国改革开放初期没有新型建筑材料，只有砖、瓦、白灰、砂石。“巧妇难为无米之炊”，如果要发展工厂化新型房屋，材料从哪里来？过去主要依靠进口。改革开放三十多年来，中国建材集团骨干成员企业北新建材带领中国新型建材行业从无到有，从小到大蓬勃发展起来，逐渐形成满足现代化公共建筑及住宅需求、符合“四节一环保”要求的复合外墙系统、新型屋面系统、隔声楼板系统、轻质内隔墙系统、环保内装饰系统、节能门窗系统体系等。我国的新型建筑材料逐渐从过去的空白向成熟发展，现在已经形成全球最大的轻质建材生产规模，品质和成本方面非常有竞争优势，具备了做新型房屋集成服务的成熟条件。

1998 年，北新将“迈向住宅产业化新时代”确定为新的战略目标，以新型住宅建设为目标，发展品种多、配套强、附加值高的综合性产品组合，引进国际先进技术和装备，形成了大规模的工业化住宅生产能力。2002 年，北新建材被建设部确定为国家住宅产业化基地，逐步实现了从建材生产商向住宅产品供应商、从建材供应商向住宅系统集成商、从房屋建造商向房屋生产商的飞跃，在住宅标准化设计、工厂化生产、配套化供应、一体化经营等方面向着住宅产业化大步迈进。

1. 好材料才能造好房屋

北新建材这些年解决了新型房屋在发展过程中遇到的一些瓶颈问题，如内墙和外墙的轻质化、门窗的保温节能等。内隔墙就是石膏板，当时第一条石膏板生产线是从德国引进的，产量很小；现在北新石膏技术、质量、规模都已跃居全球石膏板工业的领导者。我国每年有 3000 万～5000 万吨脱硫石膏，可供生产 30 亿～50 亿平方米石膏板。北新建材石膏板业务规模 17.8 亿平方米，跃居全球最大的石膏板产业集团。外墙板是以水泥和粉煤灰作为原料做的金邦板，北新建材从日本引进成熟技术，在苏州建立工厂。门窗传导房屋耗能 48%，如果门窗不节能，北方冬天的室内会很冷。门窗事关房屋的节能和保温问题。过去，有钢窗和铝窗，冷桥能量传递很快；之后，引进断桥铝塑门窗，采用隔热断桥铝型材和中空玻璃；再后来，又引进德国内旋翻转平开窗技术，解决了窗户的密闭问题。LOW-E 低辐射玻璃比普通玻璃节能 70%，可使可见光进来，把红外线大量反射出去。此外，还有保温材料。北新建材最早建立了岩棉生产线，发挥示范效应，带动了我国岩棉、矿棉保温体系的发展。

历经数十年的探索和发展，北新集成房屋逐步形成了自主知识产权和核心专长，具备以环保节能房屋为主营产品，以轻钢结构及建筑围护、内外装饰部品材料、保温隔热、水暖电系统和建筑设备配套的开发设计为核心技术的专业运营能力。该房屋体系全部实现工业化生产，并配以完善的供应链管理系统及专业的物流、安装服务体系，为客户提供全方位的房屋解决方案。数十年来，形成北京、成都、海南、连云港等多个产业基地，承接并完成了国内外各类大型项目，产品及服务覆盖了国内十多个省份，并多次承接灾后援建任务；随着国家“走出去”政策的进一步深化实施，海外市场遍及北美、东欧、中东、南亚、南美、南太平洋及非洲国家和地区。

目前，北新房屋是我国唯一一家实现“材料房屋一体化”的房屋公司。与国内众多其他房屋公司集成采购的模式不同，北新房屋的主体结构及核心部品均采用北新建材自主生产的业内最优、品牌价值最高的“龙牌”系列产品，以服务于奥运、世博等各地标志性建筑和五星级酒店的产品品质来确保房屋的整体品质，打造完整产业链。在世界品牌实验室发布的 2014 年“中国 500 最具价值品牌”排行榜中，北新建材以 264.76 亿元的品牌价值名列 78 位，位居建材行业三强，全国获得各类建筑质量奖的工程项目 90%采用了龙牌系列产品[①]。

2. 材料房屋一体化

从房屋住宅本身到整个生态建筑的规划、从结构产品生产到建筑部品集成，从房屋建造到房屋制造，北新房屋产品对传统住宅生产方式是一场根本性的变革。如今，在全球发展低碳经济的浪潮下，作为节能环保房屋企业的杰出代表，北新房屋正呈现出蓬勃的发展态势。

北新具有世界先进水平的轻钢结构房屋建筑技术和生产线，以现代房屋制造业的标准化、精细化和定制化设计、制造、安装轻钢结构房屋。特别是薄板钢骨建筑体系，集合各种新型建筑配套材料，综合解决抗震、防风、保温、隔热、防虫等问题，集成围护结构、隔热、厨卫、管线等系统，并通过工程化生产和机械化施工实现住宅产业化标准化的要求。

1999 年，北新建材和日本三菱商社、新日铁、丰田合资成立了北新房屋公司，引进了日本薄板钢骨体系。之前，北新建材一直围绕新型房屋使用什么结构而冥思苦想，是选用木结构，还是选用钢结构？如果用钢结构，选用什么体系？选用重钢体系，还是选用轻钢体系？最后，北新建材决定选用新日铁在日本阪神大地震后推出的薄板钢骨体系。日本阪神地震最大的问题不是房屋倒塌，而是失火[②]。地震发生后，房屋里很多煤气管道破裂，神户市中因瓦斯外泄、木造房屋密集、引起快速的连锁性大火，如神户长田区，全部的木造房屋都付之一炬。这次地震，造成 6398 人死亡，40082 人受伤，经济损失约 1000 亿美元，日本国内生产总值约 2%的资产瞬间消失[③]。

人们发现，在地震中使用钢结构房屋没有倒塌，着火也不怕。而在地震救援中，倒塌的木结构房屋堵塞了狭窄不足 4 米宽的公路，不要说消防车了，就连人都过不去。当抗震性能差的木结构住宅密集的街区遭受严重的地震破坏时，受损失的不仅仅是房主，更紧迫的是阻碍了紧急车辆和救援人员前进的步伐，进而妨碍了消防活动和救援活动的开展，最终造成整个地区蒙受更大的损失。以阪神大地震中发生火灾蔓延的两个地区为例，对市街区构造做了调查。调查结果显示这两个地区的建筑占地面积系数为百分之四十几，木结构率与耐火构造率之和约 70%，是火灾蔓延危险性极高的构造。日本国土省

---

① 该数据来源于中国建筑装饰协会发布的统计资料。

② 阪神大地震（Hanshin-Awaji-daishinsai）是 1995 年日本时间 1 月 17 日清晨 5:45 发生在日本神户的一场灾难，地震规模为里氏 7.3 级，官方统计约有 6500 人死亡。

③ 杨光，沈繁銮. 日本阪神地震灾害的一些调查统计数据. 华南地震，2005，25(1)：83-86.

在研究投资生产什么样的房子时，希望既轻又便宜还省钢，就决定使用新日铁的薄板钢骨体系。

北新建材过去一直做 0.5～0.6 厘米非承重的轻钢龙骨，日本是用 1.2 厘米的薄钢板做成承重龙骨，立起来可以承担很大的压力，所谓“立木顶千斤”说的就是这个原理，就像蜂窝纸虽然软，但是立起来却有很强的抗压能力。如果用 H 型钢需要经过金属表面处理，进行酸洗、镀锌、刷防锈漆等流程，过程很复杂，还有污染排放的问题。新日铁生产的冷轧热镀锌钢板解决了技术表面处理的问题，没有任何污染，北新建材决定引进这项技术进行合作。

北新为什么选择这种技术方案：一是因为北新建材是轻钢龙骨专家，对轻钢龙骨有独到深刻的理解；二是北新建材是这种房屋体系的原料生产集成商，石膏板、轻钢龙骨、外墙板、屋面瓦等业务都做得很好，把它们结合起来就是北新房屋。

我国不宜选择木结构房屋有几个方面的原因。首先，我国木材资源匮乏。其次，我国农村救灾能力较弱，一旦发生火灾，对救灾应急能力是一个很大的考验。我国建筑材料防火等级是 1～2 小时，也就是消防车需要在火灾发生 1～2 小时内抵达火灾现场，与发达国家相比，我们在这方面还不具备优势。最后，白蚁问题，尤其在我国南方地区。经过多年的慎重考虑，北新建材决定在建设新型房屋时选用轻钢龙骨结构，这种模式适合我国国情。

“师傅领进门，修行在自身”，北新房屋在原有体系基础上，引进新西兰的龙骨技术，完全实现了计算机控制的自动化生产。现在，普通住宅建筑混凝土用钢量每平方米达 50 千克以上，而北新房屋体系用钢量每平方米约 30 千克，还不用混凝土。

北新房屋提供三种主要结构体系的新型集成房屋产品。

一是轻钢墙体受力体系由轻钢密肋柱梁及复合围护构成，专业 CAD 及 CAM 软件支撑及智能化设备生产，各项建筑物理性能卓越。该体系适用于三层及以下建筑。

二是轻钢框剪体系在独立基础上采用钢框架与填充轻钢剪力墙结合，抗震性能显著提高，适用于 4～12 层建筑。

三是钢木体系采用轻钢结构加木制围护的形式，通过各种金属链接件或卯榫手段进行连接和固定。结构稳定性比纯木制房屋优越，防白蚁，木质原生态效果充分展示，成本较纯木屋减少 30%，尤其适用于旅游度假酒店、会所等建筑。该体系适用于 3 层及以下建筑。

3. 好房屋实现好性能

北新房屋产品体系均为由冷弯薄壁型钢制成的轻钢结构，具有强度高、重量轻、质量高、便于施工的特点，主要体现为以下几点。

房屋设计制造周期短，完全实现工厂化生产。现代结构设计借助于计算机和专业化结构分析软件，建筑与结构设计一体化，围护系统与主体结构设计一体化，配件系统与整体建筑系统设计一体化，工厂化装修与设计生产一体化，使设计周期大大缩短，设计中的修改和调整非常方便。同时，由于产品具有工厂预制、现场安装的特点，可以将前期设计和现场的生产手段相结合，通过网络计算机和数控机床结合，使设计人员在工作室中完成设计后，即由工厂的生产线完成产品制作，具有极高的效率和精确度，大大缩短项目建设周期。汽车工业化可以带动相关产业的发展，但实际影响最大的是住宅产业化，由传统的现场房屋建造转变为工厂制造相关部品部件，然后到现场成片组装的模式，实现从房屋建造到房屋制造的转型，并延伸产业链，带动更多服务要素的发展。

产品承载强度高，抗震性能优越。薄壁轻钢结构稳定性好，是以冷弯成型的薄壁轻型钢材组成密肋龙骨作为承重骨架。相比砖混结构、钢混结构，自重轻，适合建造在各种地质条件的地基上面。钢梁、钢柱组成柔性框架，可以吸收部分地震能量，高强度的冷弯薄型钢组合而成的墙体承重体系，使房屋的抗拉伸、扭曲、震动的能力得以强化，且结构的整体性和墙体的整体性非常强大，在高烈度的地震灾害后，用于修复的措施费用减少。经过汶川地震后，相关企业采用钢结构技术研发了全国首例新型抗震房——全现浇轻型混凝土整体钢结构抗震房，抗震指数通过清华大学结构工程检测中心检测达到 8 级。此种结构体系可以全部隐藏于墙体内部，室内不露柱，空间效果好。该项目采用计算机辅助设计，实现了精确计算。

满足住户订制化和个性化需求，合理布置功能区间。新型房屋的房型有几千种，窗户有几十或者上百种，门也有很多种。客户可以根据需求自行选择喜欢的房型，企业可依靠网络技术提供个性化服务。通过计算机辅助设计，把相关信息上传到网络中，龙骨机按照电脑指令把整套房屋所需的龙骨全部扎出来，然后在现场按照变化组装建好客户选定的房屋，不浪费材料，用类似 3D 打印的方式组合生产客户理想中的新型房屋。随着人民生活水平的提高，工厂化房屋在具备了新型房屋抗震、防风、防火、节能、低碳等功能的基础上，逐步将外观风格本土化、多样化、静音隔声、绿色环保、吸附有害气体等舒适性融入设计中，从而具备了视觉优雅、空气清新、静谧放松等特点，极大地提高了房屋的舒适程度。在居住建筑中，建筑师和居民一直希望能够有大跨度的无竖向结构的空间，这样可以根据需求进行灵活隔断，使室内布置多样化。传统住宅由于所用材料的性质，限制了空间布置的自由。开间过大会造成楼板厚度大，梁柱截面过大，加大结构重量，增加土建投资。钢结构房屋利用型钢优良的承载性能，可以灵活布置大开间、大柱距的建筑平面；非承重轻质墙体的设计使住户能够灵活布置室内空间，满足个性化需求；型钢构造接点简洁，在垂直方向可方便地布置越层或错层体系。结构构件截面较小，薄壁轻钢结构的强度重量比很高，墙厚较薄，双层保温外墙厚度为 230 厘米，内墙厚度仅为 140 厘米，相对于传统的结构方案，其使用面积可提高 5%～8%。

四节一环保（节能、节地、节水、节材和环境保护）。节能、防水、隔热、门窗等先进的成品集合在一起，实现综合成套应用，将设计、生产、施工安装一体化，提高住宅的产业化水平。与普通砖混结构或者剪力墙结构住宅相比，保温隔热性能良好，节能效果明显。屋面采用美国标准 R30 保温隔音棉，热阻值为 $5.284m^2 \cdot K/W$，是普通 120 厘米厚混凝土屋顶（热阻值为 $0.07m^2 \cdot K/W$）的 75 倍。楼板采用 OSB 板与 GBS 楼盖组合体，坚固耐久。管线管道暗敷在楼盖内，有效减少建筑层高净空的占用。夹层中可填充玻璃纤维保温棉，保温隔热、吸音隔声效果显著。墙面 $200m^2$ 厚 GBS 墙体的热阻值为 $4.24m^2 \cdot K/W$，其保温隔热性能是 490 厘米厚多孔砌块砖的 2 倍。节能方面，以北京密云绿色小镇的北新房屋为例，室内温度 24℃，室外温度零下 20℃，如果把暖气停掉，24 小时后室内温度只下降 4℃，几乎达到“零能耗”，节能效果很好。房屋应用外保温的技术，如同冬天人们穿上棉袄一样，能够保证房屋室内舒适的温度。过去的房屋是内保温，在外墙结构的内部进行保温，或在轻钢龙骨之间保温，易发生冷桥效应①，并不能实现真正有效的保温。如果房屋有外保温，等于给墙体穿上“保暖衣”，在建筑外围加上了保温材料，房屋楼上楼下温度均匀，更加保温、节能、舒适，有效避免了“冬天结露、夏天返潮”的现象。节地方面，因为新型房屋墙体薄，房屋内部空间使用效率高，建筑面积与使用面积差不多，节约了大量土地。节水方面，新型房屋下面设计有集水箱，可以把屋顶上的雨水收集起来作为中水，用于园艺和洗车等。节材方面，新型房屋所需材料自重很轻，每平方米约用 30 千克的钢材，大部分是石膏板等新型建材，自重一般仅为砖混结构的 1/5。北新房屋借助节能标准达 75%以上，地震烈度 9 度设防，可抵御 12 级台风，按照 2 小时的标准进行防火设计，建筑物终老时 90%以上的材料可以回收。

施工优势突出，综合造价低。传统建筑采用现浇砼，需要连续施工，在我国北方地区受到施工季节的影响。钢结构的大部分构件在工厂生产，运往现场通过焊接或螺栓进行整体组装，可全天候作业。施工现场作业量小，减少了施工临时用地，与传统建筑材料相比，对周围环境污染小，提高了施工的机械化水平，加快施工速度，减少资金成本压力。

（三）绿色小镇

北京密云石城镇绿色小镇项目于 2012 年年底启动。该项目紧邻密云水库，青山掩映，碧水环绕，采用现代简约乡村风格、双层独院式户型设计，彰显了乡村民俗旅游文化气息。该项目单栋建筑面积约为 197 平方米，为六室三厅一厨三卫一独院。为方便多人使用，二层进行了卫浴分离设计。房屋布置紧凑，空间利用率高，兼顾采光和通风，动静分离，净污分离，居寝分离。为适应当地群众生活习惯，主人卧室在设计上进行了特别调整，融入传统生活元素“吊炕”，体现了现代与传统相融合的人性化设计理念。此外，卫生间与厨房配置地热采暖、太阳能等节能设备，是真正的环保型房屋。目前当地百姓已全部入住，有的做起了农家院生意，有的一家人其乐融融地自住。

绿色小镇是北新房屋建设的品牌，是指按照社会主义新农村概念，建有居民区、社区服务中心、超市、邮政、卫生所、学校、托儿所等完善的生活配套。目前，北新已在全国建设有十几个绿色小镇。最早在北京平谷，后来陆续在北京密云、山东枣庄、成都青白江、四川广安等地建设了示范绿色小镇。

四川广安项目于 2013 年下半年启动，是全球首例中华民居风格的新型房屋项目，其中广安协兴镇新型房屋项目共 35 栋住宅、8 栋商业建筑。广安地处祖国西南川东地区，祖祖辈辈的居住习惯对房屋的建造有着地域化的需求——川东风格。在建设绿色小镇时，北新打破多年的设计习惯，在设计理念上融合当地风俗特色，并且强调不能以破坏生态

---

① 冷桥效应（coldbridges effect）：一般在北方地区的冬季发生，是指在房屋外墙转角、内外墙交角、楼屋面与外墙搭接角处，会产生水雾吸附于墙面的现象，这时会出现外墙的墙体内露水凝结“流泪”、“冒汗”、“发霉”、房屋潮湿、霉变的现象，是建筑物很容易出现的质量通病。

环境为代价，不能千篇一律，要体现文化传承，彰显特色。为此，北新启用了全新的设计理念，打破新型房屋原有的欧式、美式、日式等风格，全球首创成功研发“中华民居”风格新型房屋。房屋外墙采用仿木纹与砖墙结合的效果，细节处如窗棂等突出体现传统元素，并配合整体地势进行了园区景观规划，实现错落有致的视觉效果。在采用现代节能环保房屋技术的同时，积极传承和弘扬中华民族建筑文化，让更多的人“记得住乡愁”。在协兴园区新型房屋示范项目中，小镇里除了住宅以外，商业用房、观景台、戏台等设施一应俱全，来参观的人络绎不绝，成为当地一道亮丽的风景线。

(四)加能源 5.0 新型房屋

北新房屋在建造过程中，逐步完善提高，进行产品和技术创新，将信息技术、光伏技术、低碳材料技术不断引入房屋工业中，成功研发和批量建设第三代工厂化“圆梦”系列新型房屋，并在此基础上，研发第四代生态化和智能化房屋。

2013 年，北新房屋携手清华大学、美国佛罗里达大学参加“2013 年国际太阳能十项全能大赛”，成功打造“零能耗太阳屋”(0-House)，获得综合排名全球第五的好成绩，其中新型房屋本身的性能排名全球第一。

“零能耗太阳屋”使新型房屋技术与新能源技术、智能设备技术完美结合。屋面太阳能光伏建筑一体化，实现以太阳能作为住宅运行和生活的唯一能源来源。清洁能源和可循环产品(如虹吸排水)的运用实现了雨水收集后再循环利用；智能控制、微电网系统等新理念的注入，成功打造智能随心的“未来芯”住宅。

北新第四代新型房屋将在具备第三代新型范围特点的基础上，完全摒弃传统高能耗材料，全部采用绿色环保、利废可循环的新型建材，并充分利用太阳能等清洁可再生能源，实现房屋用电自给自足，利用废水回收、雨水收集、生物净化等装置实现水资源循环利用，墙体与屋面的通风设置可实现室内空气自动循环交换，室内空气自动净化消除雾霾，实现常年保持国家一级空气标准，房屋能源自动控制，房屋部品根据室外环境和室内人员情况和需要自动调节，房屋部品和房屋之间实现智能通信，房屋使用过程低碳环保、无碳排放，实现人与自然环境的和谐相处，致力于打造真正的“环保自给”房屋。

2014 年，在中德两国总理见证下，中国建材集团与德国 AGN 公司签署合作项目，引进“加能源”技术，进一步提升新能源和新型房屋业务的综合竞争力。德国的绿色建筑全球第一，新项目要求用地热、太阳能等新能源，2050 年“加能源”要达到 30%，届时会停掉所有核电站。北新房屋推出加能源 5.0 新型房屋，即把地暖、光热、光电、家庭风电和沼气结合起来。在房屋的屋顶加上太阳能光热或者光电系统，光热转化率高于光电转换率。使用蓝膜技术，太阳能选择性吸收真空镀膜是金属化合物半导体，采用真空磁控溅射方法镀在金属基材上，膜的光热转化率理论值为 95%，商业值可达 65%。光电转化不仅可供洗澡，还能同时供房屋室内取暖用。此外，还可以用于空调冬天制热，夏天制冷。如果做成光电和光热复合的屋顶，可以发电，并输入大电网，这样的房屋被称为“加能源房屋”。一个农户的加能源房屋不但不消耗外供能源，还自给自足，甚至每年还可以输出价值两三千元的电。

未来，北新将把绿色小镇理念带向全球，力争成为全球最大的建设工厂化新型房屋的企业集团，从建材制造商升级为新型房屋集成商，从单一的建材提供商转型为绿色低碳新型城镇化综合服务商。

第二节　建材物流贸易服务

一、基本内涵

建材行业物流贸易服务化转型战略是指综合信息、运输、仓储、库存、装卸搬运及包装等物流活动，综合运用客户管理系统、电子商务信息系统技术，形成新型的集成式运营模式，尽可能降低物流成本，提供反应快速化、功能集成化、服务系列化、作业规范化、目标系统化、手段现代化、组织网络化、经营市场化、信息电子化的现代物流贸易服务。

在国际分工进一步深化、国内经济转型升级的重要阶段，建材物流贸易服务的产业升级势在必行，这也是行业发展的内在需求。贸易服务的产业升级需要紧紧围绕“增值服务”这一中心，发展物流配送网络这一实体渠道和电子商务这一虚拟渠道，优化行业结构，降低物流成本，优化资源配置。一方面提高运输效率，加快我国建材商品流通和资金周转，降低社会物流成本，促进国内外、城乡和地区间商品流通，满足人民群众对多样化、高质量建材产品的服务需求。另一方面充分发挥数据库和信息流价值，实现区域内乃至全球的资源有效配置，最大限度地降低因供给过剩造成的资源浪费、因信息不对等导致的成本上升，为建材产业及其供应链的可持续发展提供服务保障。

建筑材料品种繁多，分为结构材料、装饰材料和专用材料。结构材料包括木材、石材、水泥、金属、砖瓦、陶瓷、玻璃、工程塑料、复合材料等；装饰材料包括各种涂料、油漆、镀层、贴面、各色瓷砖，具有特殊效果的玻璃等；专用材料主要用于防水、防潮、防腐、防火、阻燃、隔音、隔热、保温、密封等。建材具有保质期短、易破损、体积大、环境特殊等特点，对建材的物流服务提出了更高更严的要求。

与建材产品的特征相对应，建材物流也具有自身的特殊性，呈现出复杂性和多样性的特点，如物流路线长、物流成本较大、运输风险大、部分产品需要专用设备进行运输、对储存仓库要求较高等。国内建材物流以建筑工程材料物流和装饰工程材料为主，建筑工程材料物流近年来逐步向以客户需求为导向、提供定制服务为特征的方向发展。在物流工具、仓储库存、报关服务等方面突出客户需求，提供增值服务。同时，充分利用了综合批发市场、市场联盟和物流园等营销模式。装饰材料物流初步形成了多种模式共存的格局，主要有建材批发市场、建材连锁超市、建材品牌店、物流园模式。

二、发展现状

(一) 中国建材物流贸易业发展情况

1. 建材物流贸易业蓬勃发展

建材市场经过了20世纪80年代的萌芽阶段、90年代的迅速发展，在新时期又有了新的发展驱动力。建材物流行业获得了空前的发展，物流基础设施投资不断增加，规模逐渐壮大，信息技术水平，增值服务能力都有了长足发展。有各类建材市场3000多个，其中具有规模(3万平方米以上)的建材市场1000多个。

建筑业的蓬勃发展有力地促进了建材物流业的发展。建筑业总产值及其占GDP比重逐年增高。全球化的进一步深入，国际交流日益频繁更是促进了物流业的发展，物流业现代化水平也逐渐提高。2013年建材行业产品出口312亿美元，同比增长21%，主要产品出口离岸价格稳中有升，同比上涨13%。建筑卫生陶瓷、建筑技术玻璃、水泥及水泥熟料出口数量和金额均保持较快增长。2014年建材及非金属矿出口超过360亿美元，同比增长11%，增速同比回落10百分点。剔除汇率和价格因素，2014年建材及非金属矿实际出口数量同比仅增长5.3%，出口增速放缓，对建材工业增长的拉动作用进一步减弱。2014年建材及非金属矿进口高速增长，并于7月以后形成贸易逆差，这是自新中国成立以来，继20世纪80年代中期之后的第二次①。

2. 建材电子商务逐渐成为发展趋势

随着信息技术在各个领域的广泛使用，建材电子商务逐渐成为发展趋势。电子商务对于物流的需求量大、要求高，有力地促进了物流行业整体素质的提升，在数量上也迅速增加。

中国建材行业电子商务发展经历了以下四个阶段：孕育期(1996～2000年)，建材行业关注并开始探索电子商务。起步期(2001～2005年)，中国建材行业第一家电子商务网站——中国建材电子商务网的开通，标志着建材电子商务开始在我国起步。发展期(2005～2009年)，随着建材电子商务B2B(business to business)、B2C(business to customer)等模式的出现，建材企业纷纷试水电子商务。成熟期(2010年至今)，建材电子商务模式逐渐成熟，相关监管逐渐完善。

艾瑞咨询统计数据显示(图4.1)，2012年中国电子商务市场整体交易规模为8.1万亿元，增长27.9%，与2011年32.8%的增速相比，下降了近5百分点；其中2012年第四季度整体交易规模为2.4万亿元，环比增长16.2%，同比增长27.5%。2014年中国电子商务市场交易规模为12.3万亿元，增长21.3%，预计未来几年将保持平稳快速增长，2018年电子商务市场规模将达到24.2万亿元。其中网络购物增长48.7%，网络购物交易规模市场份额达到22.9%，比2013年提升4.2百分点，在社会消费品零售总额渗透率年度首次突破10%，成为推动电子商务市场发展的重要力量。另外，在线旅游增长

① 中国建筑材料联合会. 建材工业2014年经济运行形势分析及2015年趋势判断. 中国建材报，2015-03-05.

27.1%，本地生活服务 O2O (online to offline) 增长 42.8%，共同促进电子商务市场整体的快速增长①。

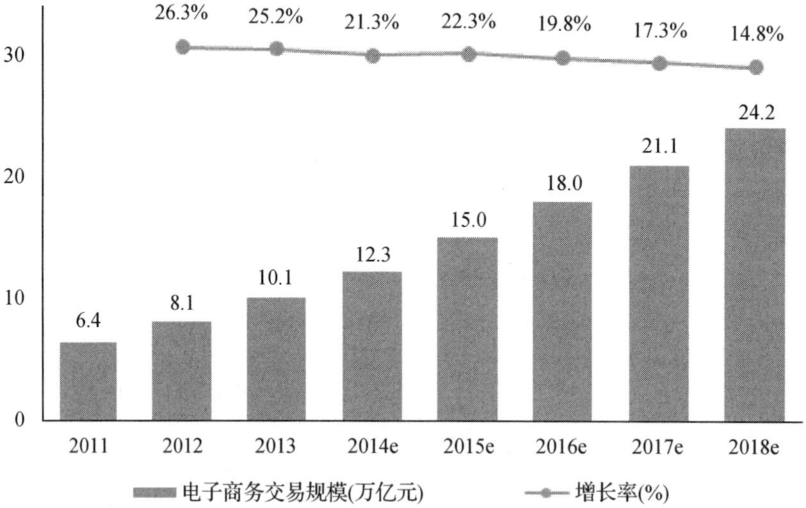

图 4.1　2011～2018 年中国电子商务市场交易规模

资料来源：综合企业财报和专家访谈，根据艾瑞统计模型核算

（二）中国建材物流贸易存在的问题

1. 缺乏现代物流意识

作为基础原材料行业，很多建材生产、物流企业对于物流的理解依然停留在以运输为核心的概念里，没有从流程优化、资源整合、信息技术应用等角度深入理解与规划。相当一部分建材物流企业管理落后、经营低，物流成本占建筑成本的 11%。

2. 流通效率较低

2012 年全国社会物流总费用 9.4 万亿元，同比上年增长 11.4%；社会物流总费用与 GDP 的比率为 18%，同比提高 0.2 百分点。社会物流总费用依然较高，其中，运输费用占社会物流总费用的比重为 52.5%，保管费用占 35.2%，管理费用占 12.3%。2014 年我国物流需求规模增速减缓，物流业转型升级加快，社会物流总费用与 GDP 的比率有所下降。2014 年我国社会物流总费用 10.6 万亿元，同比增长 6.9%。社会物流总费用与 GDP 的比率为 16.6%，比上年下降 0.3 百分点。其中，运输费用 5.6 万亿元，同比增长 6.6%，占社会物流总费用的 52.9%；保管费用 3.7 万亿元，同比增长 7%，占社会物流总费用的 34.9%；管理费用 1.3 万亿元，同比增长 7.9%，占社会物流总费用的 12.2%。统计显示，2014 年全国社会物流总额 213.5 万亿元，按可比价格计算，同比增长 7.9%，增幅比上年回落 1.6 百分点，全年呈现稳中趋缓的发展态势。从分项数据看，全年工业品物流总额

① 佳音/钛媒. 数读 2014 年中国电商发展现状：移动购物市场增速迅猛. 钛媒体，2015-01-30.

196.9 万亿元，同比增长 8.3%，增幅比上年回落 1.4 百分点；进口货物物流总额 12 万亿元，同比增长 2.1%，增幅比上年回落 4.3 百分点；农产品物流总额 3.3 万亿元，增长 4.1%，增幅比上年提高 0.1 百分点①。建材行业流通渠道复杂，流通链条较长，产品从出厂到最终客户手里一般需要 5～6 个环节，而国际成熟市场上，一般在 2～3 个环节。这些因素叠加导致运营效率低下。

3. 服务增值能力不高

传统物流企业注重提供运输和仓储本身的服务，而对于价值链整合、信息资源利用、增值服务等概念认识不到位，理解不深刻，甚至是完全忽视。

4. 信息化水平亟待提高

国际成熟的物流市场，信息化应用水平较高。美国和日本是目前世界上物流产业相对成熟的市场，EDI 电子数据交换、RF 手持射频无线终端、条码技术、GIS 地理信息系统、GPS 全球定位系统等得到了普遍应用。基本实现了物流工具和设施的统一标准，大大提高了物流系统之间信息交换的效率。我国很多建材物流企业信息意识不强、信息管理落后，鲜有建立信息管理系统实现信息共享和综合利用的。此外，建材行业集中度较低，中小企业占比大，企业盈利能力和科技实力较低。大多数建材物流贸易企业即使在思想上意识到了信息化的重要性，但由于缺乏相应的人才和投入，无力自行建立电子商务系统。一般的 IT 技术公司又难以给出适合行业特点的解决方案，所以中小建材物流贸易企业整体信息化水平较低。

5. IT 标准和法律环境不完善

建材电子商务包含上下游多个供应链环节，不仅包含交易双方，还涉及不同地区或国家间的工商、银行、海关、保险和税收等部门，需要统一的法律法规和政策规范，需要不同领域信息数据标准统一，可传输共享。需要强有力的跨地区、跨部门协调机制。虽然我国近年来已经出台了一些相应的法规，还需要更进一步地健全和规范，需要做好节点衔接，才能协调运行。

6. 适用于建材电子商务的跨境支付体系有待完善

由于外汇管制等原因，大宗建材产品网上跨境交易不能实现网上支付结算，只能“在线浏览，线下交易”，很大程度上阻碍了建材跨境电商的发展。

三、转型路径

(一) 升级途径

随着全球经济、市场和竞争的一体化进程不断继续，客户和供应商的范围由本地扩

① 2014 年我国社会物流总费用与 GDP 比率有所下降. 新华网，2015-04-17.

展到全球，供应、生产和销售关系复杂化，电子商务和互联网技术的发展改变了传统的商务模式，为供应链上从原材料采购、产品制造分销，到交付最终用户的全过程带来了全新的实现手段，改变了供应链上物流、资金流和信息流的运作模式。电子商务和供应链管理的融合已成为必然的趋势。

我国建材物流贸易产业化升级应围绕“一个中心、两大支撑、三种方式”展开，即以建材物流服务产品价值增值为中心，以渠道建设和信息化平台为两大支撑，以物流配送网络、建材物流园区、电子商务平台建设为主要路径，通过打造现代建材物流配送网络和国际化的建材物流园区，提供精准化供应链管理服务；通过现代电子商务平台建设和物联网技术的运用，提供及时、精确的建材消费品供给服务，实现建材物流贸易的升级转型，见图 4.2。

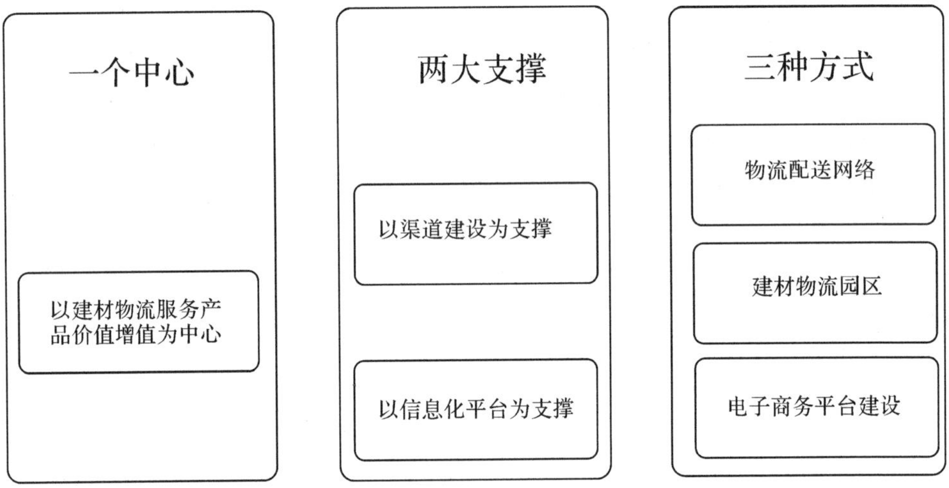

图 4.2　建材物流贸易产业化升级路线图

建材与其他商品的一个重要不同点是量大、体重、价值低，物流费用在商品成本中占很大比重。降低物流成本是提高竞争能力的重要途径。规模化、专业化、现代化的配送网络，功能完善的大型建材物流园区将成为建材物流发展的主流趋势，这不仅可以提高物流配送效率和质量，还可以减轻城市建材流通压力。

(二)技术路径

1. 打造现代建材物流配送网络

建立科学合理的建材物流配送体系，提供精准化的供应链管理服务，要结合建材特点，整体规划，补齐短板，通过综合能力提升，提高整体效率、质量。建材物流配送网络的建设，第一，要从整体上进行合理的规划布局，避免重复建设，完善各种配套措施。第二，要理顺流程，促进渠道畅通，避免不必要的效率低下环节。第三，要结合现代技术，提高物流装备技术水平，提高操作效率。第四，要应用信息技术，提高物流综合管理和配置效率。第五，要注重管理水平的提高和现代管理理念的应用，从战略、管理的角度提高整体质量。

我国建材物流配送有五种基本形式，即综合批发市场、市场网络联盟、连锁超市、品牌专卖店和物流园。目前，我国建材物流的主要形式是综合批发市场。我国投资超过亿元的建材城有近百个，规模小的各种建材市场有数千个。这些建材市场多处在城乡结合部交通较便利的地方，品种齐全，价格低廉，以批发为主。这类批发市场一般没有配套的仓储、装卸、运输等设施，物流管理差、效率低、费用高、服务不到位，物流质量无法保证。市场联盟是建材生产商、销售商、房地产开发商和建材市场组成的联合采购销售网络，是一种产业聚集的产物，在信息分析、协调合作方面较综合批发市场具有明显优势。近些年，随着建筑房地产业的兴盛，这种业务模式逐渐增加。连锁超市、品牌专卖店和物流园是现代物流的代表，一般在物流方面非常专业，信息化水平高，效率高，并且为客户提供较好的增值服务。这三种业态在我国发展迅速，尤其是建材超市，如红星美凯龙、居然之家、百安居，有力促进了我国建材高端市场的发展。

从业态考虑，我国建材网络将会继续以综合市场为重要节点，把现有的综合市场发展成为各种配套设施齐全、市场信息透明、充分竞争的产业聚集区。配合物流配送网络体系建设，形成中心节点突出，各节点之间高效互联的配送物流网络，进而发展成为现代化的物流园。此外，配合建材超市和品牌店的专业补充，形成立体网状的物流系统。

建材制造企业在关注生产环节的同时，必须不断提升供应链服务能力和水平，尤其是面向客户的、精准化的供应链服务能力。通过整合上下游资源，建立产供销各方的物流、信息流和资金流协同一体的运作体系，提供面向客户的库存管理、实时补货和物流配送等服务，对客户交付需求实时响应，一方面通过开辟服务项目增加了企业的收入，另一方面也通过优化的业务运营提高了合作伙伴的效益。

精准化的供应链管理服务主要包括：一是实时补货。通过销售信息共享实现缺货产品的实时供货，帮助下游企业提升货品的充足度，从而提升其销售业绩。与客户生产计划对接，全程跟踪供应链库存，对可能出现的断料零件进行预警。二是零部件管理。零件制造商通过自动化的零部件订购、实时的供货服务、信息共享等服务，帮助下游制造商的售后服务部门提供响应更迅速、成本更低的维修服务。三是供应商库存管理。为下游企业管理原材料和零部件库存，减少库存成本，减少零部件下单和递送时间，从而缩短生产周期。四是专业物流服务。利用企业成熟的物流配送网及物流管理经验，为其他企业提供专业物流配送和物流管理等服务，包括物流战略优化、物流流程再造、物流规划、仓储管理、仓储代管、配送、运输、清关等。五是逆向物流服务。帮助其他企业逆向物流服务来降低其运营成本，包括退货管理、货物回收、再加工和废旧货物处理等服务。

2. 建材电子商务平台

现代物流贸易是以信息技术为支撑的，没有信息化就没有现代物流贸易的发展。物流贸易的发展，在建设物流网络和物流园的同时，要以信息技术为依托，开展电子商务平台建设，形成集网上交易功能、网上支付功能、客户服务功能、数据处理功能、信息实时交流互动等功能于一体的商务平台。

四、典型案例：易单网——建材行业电子商务创新模式

近年来，建材行业一直在应用互联网大数据进行商业模式创新。2011 年 2 月 10 日，中建材国际贸易有限公司开发运营我国建材行业首个现货交易电子平台——易单网(http://www.okorder.com/)正式上线。目前已经成为我国最大的建材现货交易平台，应用云计算实现“跨境电商+海外仓”，为全球客户量身定做一站式全流程的服务方案。截至 2015 年 10 月，系统入驻供应商 2.4 万家，主流产品 11.4 万种，交流量突破 120 亿元，海外客户数量超过 50 万，日均页面浏览量 1.8 万访问量。

易单网是在多年大宗建材国际贸易业务基础上，运用新型互联网技术和电子商务运营经验，系统地将大宗建材供应商、银行、物流运输、保险、检验检疫、经销商、采购商各方进行合理有效整合，开发并建设运营的首个面向建材行业、为国外客户和国内大宗建材供应商提供一站式服务的国际建材贸易供应链整合服务平台。

易单网创造性地提出了跨境电子商务的新概念——基于供应链整合的“B2B2B”现代外贸服务模式(图 4.3)，搭建了一个整合建材产业上下游链条的电商平台。易单网通过整合保险、物流、商检、海关、银行等外贸供应链各个环节的服务商，为经过甄选的易单网平台上的优质生产企业提供通关、仓储、物流、保险、融资、资信调查、认证等覆盖国际贸易全流程的综合性解决方案，全面实现出口服务在线一站式管理；同时，作为平台上的唯一供应商，易单网为全球优质采购商提供在线采购服务，国内供应商和国外采购商均直接接受易单网的专业服务。

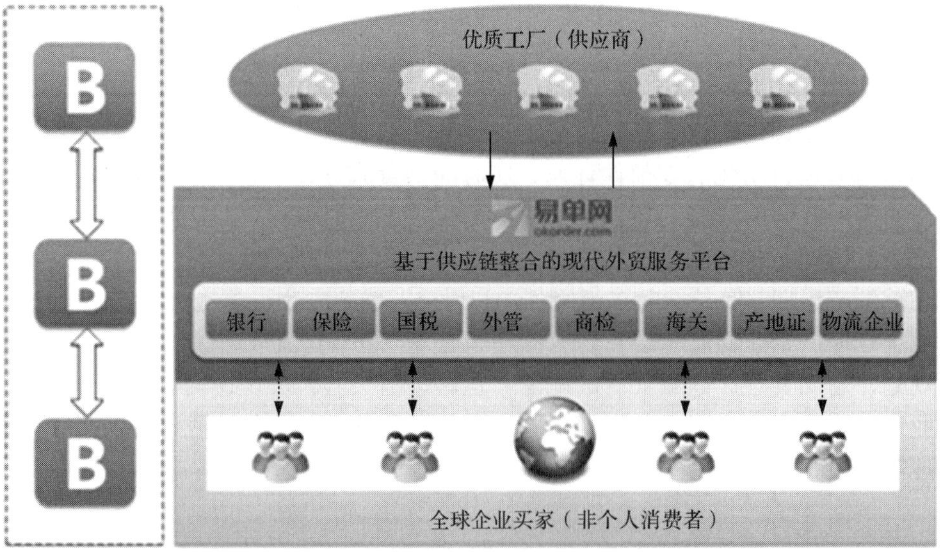

图 4.3　易单网“B2B2B”模式图示

易单网依托中国建材集团强大的产业平台，以满足全球用户的快捷需要为目标，突出现货为主、快速交货的业务特色，整合企业在全球各地的现货资源和未来分布全球的物流园网络体系，实现标准化、流程化、一站式的外贸采购服务。

易单网用户涵盖国外建材相关产品分销商和批发商、建材生产资料用户、国内建材

相关产品供应商及国内建材用户。对海外采购者来说，易单网为其提供了一个专业化的中国建材产品购买平台；对国内企业来说，易单网为其搭建企业店铺。易单网强调中国基地和全球视野，通过建立国际化、专业化、综合性的开放式网上交易平台，与客户建立良好的线上线下互动，改善建材产品购买体验。

以易单网为代表的电子商务网站作为一种高效的业务往来和交易手段，是建材物流体系建设中的重要内容，将有效克服时空障碍，提高企业效益和综合竞争力，使中国建材产品快速进入国际市场。

易单网为客户提供的增值服务还包括提供低成本、高效率的优质物流代理服务。依托海外物流园，满足平台产品的线下仓储和配送需求，并提供海外采购和转口服务。与银行及中国出口信用保险公司达成了战略合作，为中小企业提供信息、风控、融资等多方面服务，为供应商会员提供权威资信调查报告、提单报告，满足会员对投资、经营和管理中信用风险识别的需要。

易单网平台技术架构包括基础层、数据层、支撑层、业务层、展现层，以及信息安全保障体系、标准规范体系、建议与运营保障体系，见图 4.4。

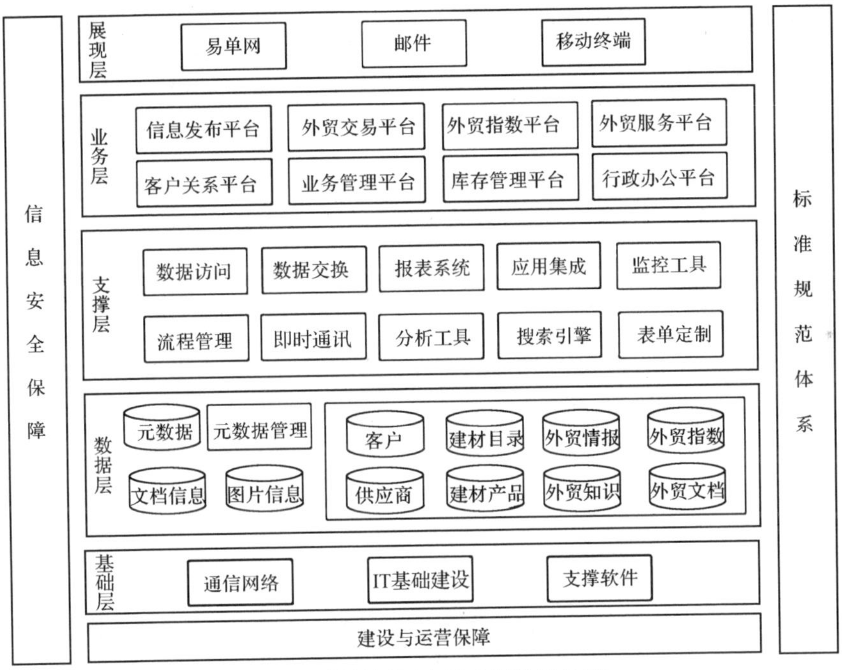

图 4.4 易单网平台技术架构设计图

基础层包括通信网络、硬件基础设施及支撑软件。通信网络是承载数据传输、交换的基础条件。硬件基础设施包括服务器存储系统、网络系统、安全防范系统、配套设施、网络及多媒体布线系统及机房工程等。支撑软件依托服务器及各层次网络的有效链接，为数据层、业务层等提供支撑服务。

数据层建立业务数据库，负责各类数据的访问、存储、逻辑控制、事务管理和并发控制，并向应用支撑层提供数据。

支撑层建立系统实现的基础性功能模块，包括统一的用户管理、数据交换管理，事务处理、领域构建管理等可复用的基础模块，支撑的建立以数据访问服务、WEB 服务和统计分析工具为核心技术架构。

应用层建立市场信息管理、客户管理、供应商管理、订单管理、物流管理、信保管理、支付及核算管理等业务逻辑，业务应用集中部署，实现业务应用的完整性。

展示层建立前端信息服务平台“易单网”，以建材及建材相关产品为主，打造期货和现货相结合的垂直型外贸电子商务网站及面向国内外贸人士的门户网站，集在线工具、知识平台、在线问答、社区为一体。统一用户访问、统一业务处理。展示层与用户交互、接受用户数据处理和服务请求，并把业务层处理结果展示给用户。

第三节　建材行业检验认证服务

一、基本内涵

建材行业检验认证服务指依托现代化检验技术和先进的验证手段，为绿色建材、节能建材、建设用配套建材产品提供检测认证、安全生产标准化评价、能效评估、合同能源管理咨询、资源综合利用评价和清洁生产审核评价等服务，对控制建材产品质量、规范建材市场健康持续发展起到技术保障作用，协助建材企业资源合理利用、提高能源效率、减少环境负荷持续健康发展。

二、国内外发展现状

绿色发展是当今时代发展的大趋势、大方向，是转变经济发展方式、调整优化经济结构、实现科学发展和可持续发展的必然选择。党的“十八大”已经把生态文明建设列入建设文明国家的总布局，实现各行各业的绿色发展，是建设生态文明的题中应有之义。建材产业作为国民经济的重要基础原材料工业，既有自身发展中的节能减排和资源综合利用重任，还肩负着为生态文明建设提供材料支撑的重要使命，因此绿色发展成为“十三五”建材工业发展的重要主题，如何实现建材工业更高水平的绿色发展需要寻求新的支撑点和发展路径。

绿色化已成为新常态下经济发展的新任务、推进生态文明建设的新要求，实现经济社会与环境的协调可持续发展成为社会发展的必然趋势，大幅度降低能源消耗强度和二氧化碳排放强度是未来经济社会发展的重要目标，国家对节能环保的要求将会越来越高。2015 年 5 月党中央、国务院发布的《关于加快推进生态文明建设的意见》，首次提出了“绿色化”概念，并将其与新型工业化、城镇化、信息化、农业现代化并列，这是在党的十八大和十八届三中、四中全会对生态文明建设做出顶层设计和总体部署的基础上，对当前和今后一个时期提出的任务、目标和具体措施，必将对我国建材行业节能环保服务业态的发展产生深远影响。

生态文明建设的推进，对建材工业节能环保服务业带来机遇的同时，也提出更高要求。建材行业的节能环保服务产业应围绕生态文明建设和产业绿色发展，大力发展节能环保投融资、能源审计、清洁生产审核、节能环保产品认证、能效评估、环境影响评价、资源综合利用评价等第三方节能环保服务，推广合同能源管理，构建合同能源管理综合服务平台；探索开展环境污染第三方治理服务，扶持壮大节能环保服务产业。

在建材科研、技术开发、企业生产和建筑工程施工等领域，建筑材料检测不仅是评定和控制建筑材料质量的依据和必要的手段，也是发展建筑科学技术、保证工程质量的重要措施。

国外检测认证以第三方独立机构为主，信誉度较高，业务范围较广。例如，瑞士 SGS 验证测试认证服务机构，在海外设有 840 个办事处和 320 个实验室，遍布全球 140 个国家，员工人数多达 3.2 万人，全球客户 7 万家；德国 TUV 检测认证机构、美国的 UL 机构(即材料与试验交流协会)都在我国设立了分支机构。

我国建材检验机构大都是从实验室检测演变而来，目前国内具备检测和认证资质的机构共有 169 家。市场份额最高的首先是各级政府部门环保质量监督机构；其次是企业自身的专业实验室；最后是专业的第三方独立机构，规模最大、口碑最好的是中国建筑材料检验认证集团股份有限公司。

现代的第三方认证制度始于英国。1903 年，英国工程标准委员会首创质量标志——“风筝标志”。从 20 世纪 30 年代开始，质量认证得到较快的发展，到 50 年代，基本普及到所有工业发达国家。70 年代开始在第三世界推行。英国 BS 认证、法国 NF 国家标志、德国 DIN 检验和监督标志、德意志电气工程师协会 VDE 标志、日本 JIS 标志、美国保险商实验室 UL 标志、欧洲 CE 标志都是全球权威的产品认证标志。

国际社会高度关注能源使用问题。1992 年，美国创立名为“能源之星”的能效标准，涉及的建材产品包括绝热材料、屋面和墙体材料、门窗、节水设备等。日本从 2000 年开始对保温材料和建筑材料进行节能标志认证。

我国产品认证始于 20 世纪 80 年代。1981 年，中国电子元器件认证委员会成立，之后其成为 IECQ(International Electrotechnical Commission Quality Assessment System for Electronic Components)的全权成员和 IECEE 认证机构委员会成员。1990 年，我国 9 个实验室成为 IECEE(IEC System of Conformity Assessment for Electrotechnical Equipment and Components)承认的 CB(Certification Bodies’ Scheme)实验室。目前，我国已经拥有一批从事安全认证和合格认证的机构，开展自愿性产品认证的内容有产品安全、电磁兼容、环境生态、节约资源、卫生、品质等，涉及的产品领域有电子电气及部件类、医疗器械类、玩具、建材、铁路产品、纺织品及鞋、汽车零部件、饮品、机械、化工产品、体育用品、中文字符及软件、燃气具及农产品、食品等。

国内建材产品认证主要分成两类，即强制性产品认证和自愿性产品认证。强制性产品认证是为保证产品的使用安全和消费者的利益，国家为此专门制定技术规范和产品安全标准，并以此为依据进行的认证。自愿性产品认证是由第三方确认产品、过程和服务符合特定要求，并给予书面保证的程序，是依据产品质量标准中的全部性能要求进行的认证。

建材产品的强制性认证主要有 3C 认证，涉及的建材产品有建筑安全玻璃、溶剂性木器涂料、瓷质砖和混凝土防冻剂四种建材产品。自愿性产品认证中主要有 ISO 9000 质量管理体系认证、ISO 14000 环境管理体系认证、建筑节能类的产品认证等。

现行建材产品认证范围小，目标单一。例如，一个建材企业需要质量管理方面的认证要通过 ISO 9001 质量管理体系认证；需要环境管理方面的认证要通过 ISO 14000 环境管理体系认证；需要产品环保节能方面的认证要通过绿色建材认证或取得环境标志。多种认证体系在企业内部都是独立运行的，出现了管理效率低、协同效应差、体系运行难度大，以及认证耗时、费力、成本高等问题，影响了企业综合管理水平和经济效益的提高。因此，需要对上述认证体系进行优化整合，构建实施多位一体化认证管理体系。

对于企业管理者来说，无论是质量体系还是环境管理体系、绿色建材认证体系等，都是在一个企业内部的，在同样的产品和同样的生产过程之中，只不过强调的重点不同。然而这些分别被强调的方面都是企业总体管理的组成部分。因此，只有将这些方面有机地结合起来，才能协调发展，提高管理效率。企业在做好绿色节能建材产品的同时，还需要优化管理体系，提高管理效率，推行绿色节能管理体系。因此，扩大建筑产品的认证范围和品种，着力提高企业认证意识，建立一批符合并具有工程建设专业特点的认证机构，完善检验认证市场，是完善我国建材产品认证体系的有效途径。

认证行业企业数量众多，市场集中度较低，市场化的检验认证行业发展历史较短，伴随着改革开放于 20 世纪 80～90 年代形成市场化雏形，自 2001 年我国加入世界贸易组织后迎来发展高峰。国家统计局数据显示，2002～2007 年，我国实验室数量从 5500 家上升至 24700 家，认证机构数量从 122 上升至 184 家。2007 年以后，伴随着行业监管日益严格和市场竞争日益剧烈，检验认证机构数量增速放缓，部分年份呈下降趋势。截至 2015 年年末，全国共有产品检测实验室 31768 个，其中国家检测中心 641 个。全国现有产品质量、体系认证机构 221 家①。总体而言，我国检测认证机构数量众多，行业整体竞争充分，市场集中度相对较低。

三、转型路径

作为现代高技术服务业，检验认证行业是支撑市场经济健康发展的重要行业，对于保障产品安全、提高产品质量和维护国内外贸易秩序具有重要作用，对提高现代经济社会发展质量具有重大意义。检验认证一体化是市场经济发展到一定阶段的产物，是市场成熟的一种表现。近两年实践表明，实施第三方机构检验认证一体化，不仅能够优化检验、认证资源配置，提高检验认证效率，节约社会资源，更有利于提升第三方检验、认证机构的国际竞争力，实现检验认证机构的跨越式发展，做大做强我国检验认证事业。

一体化是检验认证机构做大做强的有效途径。我国的检验机构最初多由政府或各行业职能部门投资设立，主要承担强制性检验任务，具有政府主导的特点。近年来，随着我国加入世界贸易组织，市场经济深入发展，国外检验机构涌入中国市场，这对于长期处于保护状态的国内检验行业来说，俨然是一个前所未有的挑战。我国检验机构虽然数量庞大，但规模小且分布不均，检验资源分散，各检验机构专业集中度低，机构之间低

---

① 国家统计局. 2015 年国民经济和社会发展统计公报. 2016-02-29.

端重复竞争激烈，客户资源不稳定，行业整体竞争力不强。我国的大型认证机构建立之初也多是由政府及各行业的职能部门建设后转制而来的，因此拥有一定的政府色彩，业务范围单一。随着我国进出口业务不断增加，对出口产品的质量要求也日渐提高，国内认证行业需求发生很大变化，中小型认证机构异军突起，给认证市场带来了勃勃生机。但由于认证机构仅限于认证业务，在专业审核过程中对检验机构有较强的依赖性，常常出现审核能力不足、业务调配不及时，以及增值服务跟不上等问题，导致客户资源的不稳定。这些也是制约认证行业发展的重要因素。

针对单一检验、认证机构发展中存在的问题，实施检验认证一体化，已成为单一检验、认证机构做大做强的有效途径。一体化推动检验认证机构跨越式发展。检验认证机构从提供单一型合格评定服务向复合型合格评定服务延伸，实现检验认证一体化，对促进检验认证机构规模化、品牌化、专业化发展、提升行业国际竞争力等具有重要的意义。

检验认证一体化，有利于政府实施有效监管，提高管理效率，节约管理成本。检验认证机构作为政府部门职能的延伸，一方面要替政府行使减少信息不对称的职能，促进公平贸易；另一方面作为市场经济的参与者，无论是营利性的企业还是非营利性机构，都要受到相关法律法规的制约。因此，检验认证一体化，有利于政府实施有效监管，主要体现在两方面。一是政府对产品生产企业的监管。检验、认证报告或证书，是政府对产品生产企业监管的重要依据。检验认证一体化使政府可在一个机构获得产品质量评定的全部依据，提高了政府管理效率，节约了管理成本。二是政府对检验认证机构的监管。检验认证一体化明确了机构的责任，避免检验、认证机构相互推诿，便于维护消费者权益。

检验认证一体化，有利于打造行业龙头企业，提升行业综合实力和国际竞争力。一些优秀的检验、认证机构迅速发展，成为行业知名品牌，这些机构充分利用自身先进的技术、优秀的人力资源，通过规模扩张和收购兼并等手段，拓展认证(检验)业务，规模和行业影响力迅速扩大，成为行业龙头企业，参与国际竞争，打破贸易壁垒，引领市场发展。同时一批小型、单一、能力不强的机构将失去生存能力，自然消亡或被收购兼并，从而缓解我国检验认证机构数量庞大、集中度低、技术水平参差不齐的问题，形成行业“合力”，提升行业综合实力。

检验认证一体化，搭建“一站式、多元化”的服务平台，稳定客户资源，促进机构可持续发展。客户资源是检验认证工作开展的基础。目前，我国的检验、认证机构多是作为独立的个体运行，如果客户要获得检验和认证服务，至少需要通过两个机构，降低了服务效率，一定程度上也造成了客户资源的流失。对于一些发展比较成熟的检验或认证机构，它们已经积累了一定的客户资源，实施检验认证一体化，为客户搭建“一站式、多元化”的服务平台，能够更深入地服务客户，稳定客户资源，也实现机构自身的可持续发展。

综上所述，我国检验认证行业即将迎来发展黄金期，挑战与机遇并存。顺应市场发展趋势，推动检验认证一体化，是促进我国检验认证行业发展壮大，不断提升其在国际同行中地位和影响力的重要举措。

四、典型案例：CTC——基于检验认证的环保低碳服务体系

中国建材检验认证集团股份有限公司（China Building Material Test & Certification Group Co., Ltd.，CTC）是在国家认证认可监督管理委员会支持下，中国建筑材料科学研究总院整合旗下近二十个国家、行业的检验认证资源成立的国家级检验认证机构。CTC立足于建材与建筑工程领域，依托旗下丰富的检验认证资源，突出绿色低碳和节能环保，走专业化、规模化、国际化的发展道路，致力于为行业提供检验、认证、检验仪器设备研发、标准制定、技术研究与评价、培训等高技术服务。目前，CTC已发展成为我国建材领域规模最大的综合性、独立的第三方检验认证高技术服务集团化企业，是我国建材检验认证评价中心、测试方法研究中心、标准制定中心和人才培养中心。在我国建材工业大力推进结构调整，全面落实节能减排目标，着力实施循环经济模式的道路上，检验认证机构正发挥着越来越重要的作用。

（一）加强技术能力建设推动建筑节能

1. 建筑节能检测

CTC是最早从事建材产品和建筑节能检测及技术研发的第三方国家实验室之一。依托国家建筑材料测试中心和国家建筑材料质量监督检验中心技术实力，早在20世纪90年代起，CTC就开始在建筑材料测试方法和建筑节能评价技术等方面开展研究攻关，持续提高自主创新能力。2003年以来，国家开始广泛倡导节能减排，CTC（China Building Material Test & Certification Group Co., Ltd.）在开展建筑材料节能测试服务的同时，发挥技术优势，重点加强了建筑、建材节能测试方法，以及新型节能材料和产品的标准规范编制工作，主持编制了《建筑绝热用玻璃棉制品》（GB/T 17795—2008）、《膨胀玻化微珠保温隔热砂浆》（GB/T 26000—2010）、《外墙外保温施工技术规程（聚苯板增强网聚合物砂浆做法）》（DB11/T 584—2008）等数十部与建筑节能相关的国家和行业标准，依靠提升科技实力，积极推进建筑节能，不断发挥对建筑节能发展的技术支撑和引领作用。

2. 建筑能效测评

为落实《国务院关于印发节能减排综合性工作方案的通知》（国发〔2007〕15号）提出的“实施建筑能效专项测评”的工作任务，住房和城乡建设部于2008年开展民用建筑能效测评标识管理制度。同年，CTC依靠在建筑节能领域的技术实力和经验，成为第一批北京市级民用建筑能效测评机构，承担北京市民用建筑能效测评业务。近年来，参与了北京市多项重点工程和政府机构工程的节能检测与评估工作。2011年成为北京市绿色建筑标识技术支撑单位。

3. 门窗节能标识

CTC是我国建筑门窗节能标识的先行者之一，作为我国玻璃和门窗领域的国家级实验室，负责编制了我国几乎所有的建筑玻璃与安全玻璃国家和行业标准，并参与编制了

我国大部分门窗标准。2007年，CTC成为住房和城乡建设部第一批全国11家建筑门窗节能标识实验室之一，为门窗企业开展节能标识测评服务。同时，还承担了美国能源基金会“中国建筑门窗节能性能标识地方实验项目(北京市)”等项目，并在全国开展门窗玻璃节能检测与评价技术培训，协助住房和城乡建设部开展门窗节能标识制度的完善和推广工作。2010年，CTC成为中国建筑玻璃与工业玻璃协会玻璃光谱数据库指定测试实验室和美国能源部劳伦斯·伯克利国家实验室(Lawrence Berkeley National Laboratory，LBNL)授权实验室，作为LBNL在亚太地区唯一一家授权实验室，已为中国大陆、中国台湾等亚太地区十余家玻璃企业提供了国际玻璃数据库(International Glazing Database，IGDB)入库测试服务。

4. 太阳能建筑一体化

CTC一直致力于可再生资源在建筑上的综合利用技术研究，承担了“太阳能光伏光热玻璃关键性能指标和检测技术研究”等相关课题，主持编制了《太阳电池用玻璃》(JC/T 2001—2009)、《建筑光伏组件用乙烯-醋酸乙烯共聚物(EVA)胶膜》(JG/T450—2014)、《建筑光伏夹层玻璃用封边保护剂》(JG/T465—2014)等光伏建筑材料系列标准。2010年，CTC投入巨资打造我国第一家光伏建筑检测专业实验室——国家建筑材料工业太阳能光伏(电)产品质量监督检测中心，开展太阳能光伏建筑一体化关键材料、组件和系统的测试及评价技术研究，为国内外企业开展光伏建筑一体化相关材料和系统的检验、认证和研发提供技术服务。

5. 节能产品认证

通过承担我国建材产品测试方法研究课题及标准项目，开发了“CTC产品认证”，建立了CTC自愿性产品认证体系，与国家认证认可监督管理委员会指定的强制性产品认证和管理体系认证相补充，形成了全方位的“建材产品认证与建材企业管理体系认证”技术能力和服务平台。CTC技术人员先后开发了60多类产品的认证实施规则和技术要求，包括CTC产品质量认证、节能认证、环保认证等，并得到了国家认证认可监督管理委员会的备案核准。其中CTC产品节能认证涵盖的产品类别包括中空玻璃、玻璃贴膜、隔热涂料、保温绝热材料、外墙外保温系统、建筑板材等，目前已为东莞南玻、3M等国内外300余家企业开展了产品认证服务。获得CTC产品节能认证已经成为提升企业形象、提高产品竞争力、增强政府和消费者的认可程度的一个重要标志。

(二)发展绿色建材技术、服务生态城市建设

1. 护航绿色奥运

CTC始终把绿色建材作为重要的研究领域之一。2002年，CTC受奥组委委托负责编制《奥运工程环保指南——绿色建材》，并成为奥运工程中室内装饰装修材料有害物质及室内环境监控的主要检测机构，承担了2008北京奥运会所有场馆的装修建材建设把关工作。CTC将绿色建材产品质量、有害物质和奥运场馆室内环境质量的监督过程渗透到

奥运工程建设的每一阶段，尽心尽力为奥运工程保驾护航，并荣获第29届奥组委授予的“北京奥运会残奥会环境工作突出贡献奖”、北京市环保局授予的“北京奥运会残奥会环境质量保障特别贡献奖”。与北京环境保护科学研究院等单位共同完成的“奥运工程环保指南编制与实施跟踪”项目荣获“北京市奥运工程环境保护科技进步奖”和“北京市科学技术进步奖”。

2. 生态城市绿色建材服务

CTC承担了“十一五”科技支撑计划“环境友好型建筑材料与产品研究开发——绿色建材产品标准、评价与认证技术与体系研究”等国家项目，基于全寿命周期理论系统研究了绿色建材产品的标准体系，确定了绿色建材评价体系的框架结构和数学模型，建立了主要建筑材料及制品产品标准、技术指标及环境影响潜在数据库，并开发了一系列绿色建材综合评价方法和计算软件，成果服务于天津生态城等重大项目建设，在生态城市建设绿色建材方面发挥了重要的作用。

3. 环保/健康建材证明

依托在建材节能环保方面的研发基础和科研成果，CTC 成功开发了一套建材产品“环保/健康建材证明商标”应用许可评价制度，对符合相关产品标准、环境标准的绿色建材，通过严格的测试和技术评价，授权许可企业使用“环保/健康建材证明商标”，目前已对人造板及其制品、溶剂型木器涂料、内墙涂料、胶黏剂、家具等11类建材产品、近百家建材企业授权使用“环保/健康建材证明商标”。

（三）追踪建材工业“碳足迹”

我国碳交易服务市场正在逐步拓展，将在2017年启动一个全国碳排放交易市场①。中国争取到2020年实现碳强度②降低40%～45%的目标，实现碳排放在2030年左右达到峰值③。我国的建材企业使命光荣、任重道远。

建材行业是我国重点的能耗工业之一，能耗指标已成为一个重要的行业准入条件，掌握企业生产能耗水平对节能降耗、减低成本，提高市场竞争力十分重要。CTC已经初步形成了一个包括技术研究、核查服务和标准编制在内的碳交易服务体系。CTC是建材行业内首家清洁发展机制指定经营实体，为北京、广州、河北、新疆、内蒙古等省市自治区提供碳排放第三方核查服务，为企业开发碳资产提供咨询服务。

CTC承担了国家科技部创新方法专项“中国新型干法水泥能效与污染物排放检测评价体系的建立”、美国能源基金会“中国平板玻璃行业/企业能效评价与服务”等科研项目，开展建材行业热工标定和能效环保测评技术和方法研究。此外，按照相关建材产品

① 未来中国碳市场排放量会达到30亿～40亿吨，如果仅仅考虑现货，估计交易额会在12亿～80亿元，如果进一步考虑考虑期货，交易金额会大幅增加，活跃性也将大幅提升，交易金额可能达到600亿～4 000亿元。

② 碳强度（carbon intensity）是指单位GDP的二氧化碳排放量。

③ 国家发展和改革委员会气候司国内政策和履约处处长蒋兆理表示在碳交易市场启动的时间上，2016年有望试运营，2017年有望正式运营。

能源消耗限额标准，通过对企业生产产品的能耗进行核查，对企业的节能情况进行核算，CTC 为企业提供能源管理体系认证、能效评价和节能量审核服务。

近年来，CTC 承担了中国建材集团首届水泥企业“节能减排之星”评选活动的窑炉系统热工检测和评价工作，先后为近百家国内大型水泥、玻璃企业提供了热工标定和能效测评服务。CTC 成立了碳评价工作组，参与了《水泥企业二氧化碳排放计算方法》国家标准编制；参与了国家发展和改革委员会和国家认证认可监督管理委员会《低碳产品认证制度》中水泥、玻璃、低碳产品评价规范的研究，并开展了建材企业温室气体排放核查审定工作。

2011 年国务院出台《关于开展碳排放权交易试点工作的通知》，提出逐步开展碳排放权“配额+CCER”交易市场试点。我国从清洁发展机制逐渐转向基于配额的碳排放交易市场和自愿减排方式相结合的机制。自 2013 年 6 月 18 日开始，深圳、上海、北京、广东、天津、重庆、湖北 7 大省市碳排放交易试点陆续展开。2014 年 7 地累计成交量约 1568 万吨二氧化碳，累计成交金额近 5.7 亿元。同年，全球碳交易市场的交易规模达 447 亿欧元，其中超过 90%来自欧盟国家，而实际欧盟地区碳排放总额仅占全球排放总量的 10%左右。碳排放权和碳交易体系的建立，有利于建材企业开展技术进步，有利于化解行业产能过剩的困境，有利于转型升级实现可持续发展。未来，CTC 还将以节能减排为使命，继续加大节能减排技术研发力度，推动建筑节能和工业节能，服务产业升级，接力打造绿色产业和建设美丽家园。

第四节　建材技术工程服务

一、基本内涵

建材技术工程服务有着丰富的内涵和外延，实质就是提高资源和能源的利用效率，加强环境保护，摒弃人类以无限消耗自然资源、污染环境为代价的发展，代之以人、社会和自然的和谐、友好的可持续发展。

我国已全面掌握了大型新型干法水泥、大型浮法玻璃、大型玻璃纤维池窑拉丝等先进生产工艺技术，具备了成套装备的生产制造能力。新型干法水泥在预热分解窑节能煅烧工艺、大型原料均化、节能粉磨、自动控制和环境保护等方面，从设计、装备制造和工程建设整体都接近或达到了世界先进水平，并实现了大型成套技术装备的出口；建筑陶瓷和玻璃纤维的生产技术装备在部分领域达到了世界先进水平，大规格建筑陶瓷薄板的研制与开发取得突破性进展；12 万吨超大型玻璃纤维的研制及全氧燃烧技术，达到了国际领先水平。这些成果的推广应用进一步提升了建材行业技术和装备的整体水平，为实现建材工业可持续发展提供了重要支撑。

通过成套技术优化服务，把节能减排的创新技术与生态环境意识贯穿和渗透到建材产品和生产工艺的设计建设中去，发展低碳技术和绿色经济。研究运用生产制造、节能减排、科学管理等方面的高新技术和先进适用技术改造传统产业，向“集成化、产业化、工程化、国际化”发展，延长装备制造产业服务链，通过自主创新和集成创新，以国际先进水平为目标、以满足国家建设需求为己任，重点研究和开发绿色建材、节能建材、建设用配套建材产品的成套技术及设备，努力提高行业的科技自主创新能力和核心竞争能力，增强行业创新研发能力和国际竞争力。

二、发展现状

EPC（engineering procurement construction）模式是目前水泥行业技术工程服务的主要方式。传统的水泥工厂建设一般采用科研单位进行设计，业主自行采购、安装和建设。而 EPC 模式则是由总承包商统筹考虑工厂建设和运行方面的所有影响因素，进行全方位的技术系统集成，在水泥建设项目的整个生命周期内进行有效的分工合作，形成互补优化的工作机制，缩短工期、确保质量、降低投资、提高工程技术水平等目的，达到最佳运行效果。先进的水泥技术集成使在生产过程中对环境的影响不断减小，赋予了现代化水泥工业“生态、环保型绿色工业”的新内涵。

我国水泥大型装备设计、制造、安装和调试等已达到国际先进水平，依托自主开发的成套技术，广泛参与海外水泥生产线建设工程总承包，带动了大型成套水泥装备批量出口。据统计，水泥 EPC 项目装备（含网架钢构）出口金额占总合同额的 52%以上，我国水泥行业装备国产化率已达到 100%。随着生产智能化程度的提高，以及我国建材企业生产经营管理水平的不断提高，海外业主往往在 EPC 项目结束后，继续提出签订生产管理服务协议，要求总承包单位组织工厂日常生产管理工作。

我国水泥技术工程服务始于 20 世纪 90 年代。虽然一体化技术与工程服务、工程总承包建设模式在我国发展起步较晚，但显示出了强大的生命力。中国中材集团水泥工程一体化业务已经遍及世界 30 多个国家，以 EPC 和 EP 总承包模式在建和建成的水泥生产线达 60 余条，规模涵盖 1500TPD—10000TPD。自 2005 年起，中国建材集团成员企业以总包方式签订了沙特阿拉伯、苏丹、约旦、埃塞俄比亚、也门、利比亚、伊拉克等国家和地区的总承包工程。目前我国企业在国际水泥工程总承包市场份额超过 50%。

2015 年 3 月 3 日工业和信息化部发布《2015 原材料工业转型发展工作要点》，政府将大力推进两化深度融合，努力实现集研发设计、物流采购、生产管控、经营管理、市场营销为一体的流程工业全链条智能化。建材工业要开展智能工程、数字矿山、物联网发展试点示范。实际上，大型企业集团，如中国建材、海螺、华润、华新等早已积极采用信息技术提高生产和营销管理水平，大幅降低了管理成本。企业引入互联网技术发展线上与线下相结合的营销服务体系，建立企业能效管理中心、企业综合服务中心等将是技术与管理升级的必然。由于这需要较大的投资，企业规模越大，效益越大，信息技术的引入将进一步拉开大型企业集团与弱势中小企业的差距。

三、转型路径

水泥行业工程服务的技术核心在于以自主创新技术为基础的优化设计工作和基于信息技术的全流程管理体系，包括高效节能的新一代烧成系统、高效节能的料床粉磨系统、污染物减排技术、工业废渣资源化等，也包括用信息技术提升改造传统产业的过程智能化控制及水泥厂资源管理系统。

建材企业生产管理的发展方向是管控衔接，核心是制造执行系统。通过技术创新、管理创新、服务创新、信息化创新，按照智能化、远程化的发展方向，加强工业自动化技术、管理信息技术和网络技术的融合，推动水泥行业一体化技术与工程服务的转型升级，加强远程控制系统的研发与改造升级，提高在线计量精度和检测水平，积极推动智能化、远程化系统在水泥行业的推广应用。

(一)高效节能烧成系统

新型干法水泥技术是指以悬浮预热和预分解技术为核心，利用现代流体力学、燃烧动力学、热工学、计算流体力学、分体工学等现代科学理论和技术，并采用计算机及其网络化信息技术进行水泥工业生产的综合技术。其特点是生产大型化、自动化，符合清洁生产的要求，能实现废弃物再利用，减少环境负荷。

干法生产是将生料粉直接送入窑内煅烧，入窑生料的含水率一般仅 1%～2%，省去了湿法生产烘干生料所需的大量热量。以前的干法生产使用的是中空回转窑，窑内传热效率较低，尤其在耗热量大的分解带内，热能得不到充分利用，以致干法中空窑的热效率并没有多少改善。干法制备的生料粉不易混合均匀，影响熟料质量，因此 20 世纪 40～50 年代湿法生产曾占主导地位。50 年代出现了生料粉空气搅拌技术和悬浮预热技术，70 年代初诞生了预分解技术、原料预均化及生料质量控制技术。现在新型的预分解窑已将生料粉的预热和碳酸盐分解都移到窑外在悬浮状态下进行，热效率高，减轻了回转窑的负荷，使回转窑的热效率由湿法窑的 30%左右提高到 60%以上，还使窑的生产能力得以扩大。预分解系统不但合理利用了来自于窑头的废气，节约了能源，而且使物料预先进行了预热和分解，从而为物料的煅烧提供了条件，提高了熟料的质量和生产效率。

新型干法水泥生产技术是一种系统工程，它包括若干子流程和单元操作。为了取得生产线的最佳技术经济效果，不仅要使分解炉、旋风预热器、回转窑、冷却机等子系统技术先进和优化匹配，还要使粉磨设备、原料预均化、生料均化、定量喂料喂煤、密封、撒料装置、耐火耐热材料、耐磨保温材料及环保自控等方面得到优化提高。在这一复杂的系统工程中，通过优化设计和设计创新工作，可以更加准确掌握相关关系，并利用系统工程理论来解决成套技术装备开发中的工程设计、装备设计、材料性能与加工工艺、自动控制与检测、主辅机各项平衡等极为复杂的技术难题，确保整个系统在高效、稳定条件下运转。

我国具有自主知识产权的日产 1000～10000 吨系列的新型干法水泥生产技术与装备，基本实现了与国际先进水平同步，打入了国际市场。随着不断的技术创新，逐步降低了水泥厂的建设投资，进入 21 世纪以后水泥生产吨投资比 20 世纪 80 年代末降低了 1/2～2/3，对我国水泥工业的快速发展起到了积极推动作用。

(二)可燃物替代技术

水泥窑使用可燃废弃物作为替代燃料，不仅是我国水泥工业发展的战略方向，而且是我国废弃物处置的发展方向，是我国发展循环经济和走可持续发展道路的必然选择。

与国外情况对照，我国在水泥窑可燃废物替代方面有近三十年的国外跟踪、二十年的推动和十余年的探索，但仍与发达国家存在巨大的差距。我国水泥行业采用替代燃料的时间短，燃料种类少，约 5000 家水泥厂中只有北京水泥厂等 10 余家水泥厂使用替代燃料，年替代量不足 5 万吨标准煤。目前进行的工业化试点和试烧仍面窄、量少，不能为制定有关标准和法规提供有力支持。

我国水泥窑替代燃料工作起步晚、进展慢，既有经济方面的原因也有政策、技术和相关配套体系的制约。我国水泥行业利用粉煤灰等固体废物作替代原料的数量每年约 3 亿吨，是固体废物利用的重要行业，国家在此方面有比较完备的政策、技术标准和鼓励措施，而在替代燃料方面基本是空白的。

(三)过程智能化控制技术

建材企业生产管理的发展方向是管控衔接，核心是制造执行系统。通过技术创新、管理创新、服务创新、信息化创新，按照智能化、远程化的发展方向，加强工业自动化技术、管理信息技术和网络技术的融合，推动水泥行业一体化技术与工程服务的转型升级，加强远程控制系统的研发与改造升级，提高在线计量精度和检测水平，积极推动智能化、远程化系统在水泥行业的推广应用。

国外的著名水泥装备公司均已开发了自身品牌的控制和优化系统，如 FLSmidth 公司的 ECS 和 ProcessExpert 系统，Polysius 公司的 POLCIDNT 和 POLEXPERT 系统，KHD 公司的 PRODUX 和 PYROEXPERT 系统。这些系统除了完成水泥生产的过程控制，都集成了烧成和粉磨工段的过程优化软件。另外，国外许多电气自动化控制公司也开发了适用于水泥工厂的过程智能和过程优化软件包，如 SIEMENS 公司为水泥工业开发的 CEMAT 系统中集成了水泥窑和粉磨的优化控制软件，ABB 公司在 Industry IT 中集成了 Optimize IT 优化控制软件，Rockwell 公司提供 Pavilion APC 高级过程控制软件包。

我国在软件开发方面有较高的水平，但与国外先进水平相比还有一定差距。我国新型干法水泥企业除继续改进生产过程控制技术外，要进一步探索管理信息化途径，加强管理信息化的开发，不断提高水泥工业的信息化水平。

(四)资源管理信息系统

1. 厂区物流管理系统

水泥生产企业是物料流动性极高的企业，建立基于数据库、网络和 OPC 技术的原料进厂和水泥销售发运自动控制管理系统，既能直接提高原料进厂和水泥销售环节的工作效率，也是对企业资源系统的极大支持。提高对原材料进厂和水泥产品销售发运过程的控制，加速信息的流动，将显著提高企业的资源管理水平，为企业带来效益。

2. 精确数字化开采技术

在生产过程中采用合理的矿山开采方案，延长矿山的使用寿命。加强进厂原燃料的质量控制，采用高、低质矿物资源搭配使用，降低生产成本。采用合理的总图布置，减少物料流的周转行程。采用先进的技术装备，减少物料在设备和系统内的循环，建立资源管理系统。在生料质量控制方面，解决传统的滞后检测、超前控制缺点，研发和推广前馈控制新技术。

3. 上下游产业链信息协同

为了加速对市场的响应、优化整体供应链，国际大型建材企业信息系统由企业级应用向支持远程的、异地的、一体化业务处理的应用系统转变，加强对上下游企业的整合，发挥协同效应。产业链协同是指通过在产业链的不同环节间对诸如流程、价格、信息等一系列要素的设置，实现产业链上下游主要环节的信息、资源、业务、市场协同及高效运转。产业链的延伸是“十二五”期间建材主要生产行业发展的重点，企业要从单纯生产经营产品向经营产品和服务的产业链转变。国外水泥企业产业链协同模式比较成熟，德国德克霍夫水泥公司把自己在德国境内的 150 多个混凝土搅拌站连接，从水泥生产、水泥发运、混凝土接受订单、制定配方、分配配方到搅拌站自动配料、给料，以及混凝土物流配送，实现了水泥生产与混凝土制造产业链下游的供应链协同。

（五）氮氧化物污染减排技术

根据水泥窑氮氧化物的形成机理，水泥窑降氮减排的技术措施有两大类，即低氮燃烧和选择性非催化还原烟气脱硝技术（selective non-catalytic reduction，SNCR）。从环境保护产业发展来看，低氮燃烧技术应作为水泥行业的主要脱硝手段。开发具有自主知识产权的烟气脱硝技术，脱硫脱硝协同控制技术及氮氧化物资源化利用技术，低成本高性能催化剂原料、新型催化剂和失效催化剂的再生与安全处置技术，水泥行业低氮燃烧的环境保护装备及配套的相关技术，它们在水泥行业环境保护产业和其他行业都有着巨大的市场。

1. SNCR 技术

烟气脱硝技术主要是把烟气中已经生成的氮氧化物还原或吸附，从而降低氮氧化物的排放，水泥行业常用 SNCR 技术。利用分解炉内合适的温度空间（900～1100 摄氏度），把含有 NH_x 基的还原剂（如氨气、氨水或者尿素等）喷入炉内，在该温度区域的停留时间为 1～2 秒，还原剂迅速热分解成 NH_3 和其他副产物，随后 NH_3 与烟气中的 NO_x 进行 SNCR 反应而生成 N_2。

SNCR 烟气脱硝由以下四个基本过程完成：①还原剂的接受和储存；②还原剂的记录输出、与水混合稀释；③在窑炉合适位置加入稀释后的还原剂；④还原剂与烟气混合进行脱硝反应，工艺流程图见图 4.5。

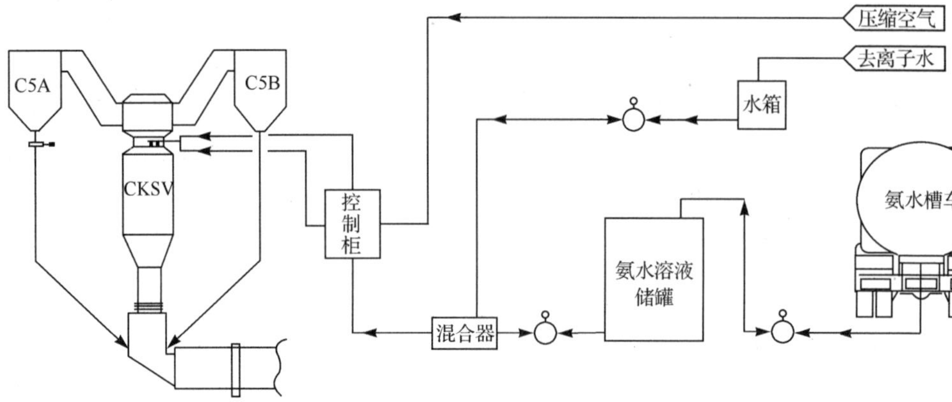

图 4.5　SNCR 系统工艺流程图

该方法 NO_x 脱出效果明显，技术趋于成熟，已成为新型干法水泥厂最终控制 NO_x 排放目标的有效补救措施。以 2500t/d 熟料生产线脱硝为例，若 NO_x 排放的本底值为 1000mg/Nm^3 左右，NO_x 排放要降到 500mg/Nm^3 以下，年减排 NO_x 为 1170 吨，则必须采用 SNCR 脱硝，若选择氨水(浓度 25%)作还原剂，则年需耗氨水 3460 吨，即相当于消耗合成氨 865 吨，增加化工厂综合能耗 1427 吨标准煤，必然增加化工厂合成氨水污染物排放(化学需氧量 1.3 吨、氨氮 0.5 吨、排放污水 8650 吨)，采用 SNCR 法需要消耗大量的氨水和尿素，会产生二次污染。

2. 低氮燃烧技术

环境保护部关于脱硝的“技术政策”和防治技术路线为低氮燃烧技术应作为 NO_x 控制的首选技术。当采用低氮燃烧技术后，氮氧化物排放浓度不达标或不满足总量控制要求时，应建设烟气脱硝设施。这项技术政策更加适合水泥行业。

低氮燃烧技术，即水泥工业生产工艺过程中利用各种手段对控制燃烧过程中生成的氮氧化物，这是水泥行业控制 NO_x 排放采取的最为广泛的技术措施，如低 NO_x 燃烧器、低过剩空气系数运行、炉膛内烟气再循环、浓淡燃烧技术。低氮燃烧脱氮的基本原理是炉内建立还原燃烧区，将原分解炉用煤的一部分均布到该区域内，使其缺氧燃烧以便产生 CO、CH_4、H_2 和固定碳等还原剂。这些还原剂与窑尾烟气中的 NO_x 发生反应，将 NO_x 还原成 N_2 等无污染的惰性气体。此外，煤粉在缺氧条件下燃烧也抑制了自身燃料型 NO_x 产生，从而实现水泥生产过程中的 NO_x 减排。

该技术具有以下特点：有效降低 NO_x 的排放，可达到 20%～40%的 NO_x 脱除率；无运行成本，且对正常生产无不利影响；脱氮系统简单易行，建设和安装周期短；无二次污染，低氮燃烧脱氮技术是一项清洁的技术，没有任何固体或液体的污染物或副产物生成。用这种方法可将 NO_x 排放量降低 50%。影响低氮燃烧脱氮技术应用及效果的主要因素包括原材料和燃料的情况、煤粉在脱氮区的停留时间、窑尾的氧含量等。

3. 分级燃烧技术

分级燃烧技术又称燃料分级燃烧法，是在分解炉底部设置欠氧燃烧的 NO_x 还原区，利用燃料分级燃烧原理和司料温控技术，使煤粉在缺氧燃烧下产生CO、CH_4、H_2、HCN和固定碳等还原剂，将窑内产生的NO_x还原成N_2等无污染气体的方法，其一次性投资和运行成本都很低。

4. SCR技术

目前水泥厂要采用催化还原(SCR)技术必须解决两大难题：①开发能耐受300～400摄氏度的高温除尘净化技术，然后再利用催化剂满足脱氮要求；②开发出适合80～150摄氏度低温要求的催化装置，以满足脱氮要求。否则(selective catalytic reduction，SCR)技术给水泥生产工艺带来许多难以控制和操作的技术问题，如原料烘干、余热发电的综合利用等。

以5000t/d水泥熟料生产系统(年运转率为85%)为例，设初始NO_x排放浓度为1200mg/Nm^3，最终排量分别为500mg/Nm^3、350mg/Nm^3、200mg/Nm^3时的运行费用和设初始NO_x排放浓度为765mg/Nm^3，最终排放浓度为500mg/Nm^3以下的运行费用分析各脱氮技术的经济性①。从表4.3、表4.4可以看出，燃料分级技术的总投资波动较大，改造范围取决于水泥生产系统原来的结构，由于仅有部分燃料送至脱氮还原区，因此并不增加运行费用。设初始NO_x排放浓度为1200mg/Nm^3，欲将NO_x排放浓度降低至500mg/Nm^3以下，分级燃烧与SNCR技术结合，每年需要运行费用约255万元，折合每吨熟料增加1.65元，比单纯使用SNCR技术节省近320万元。

表4.3　初始NO_x浓度为1200mg/Nm^3的脱氮经济分析

<table>
<tr><td>类别</td><td>单位</td><td>分级燃烧</td><td colspan="4">SNCR</td><td colspan="6">分级燃烧+SNCR</td></tr>
<tr><td rowspan="2">总投资</td><td rowspan="2">万元</td><td>100(min)</td><td colspan="4" rowspan="2">400～500</td><td colspan="6">500～1100</td></tr>
<tr><td>600(max)</td><td>分级</td><td>SNCR</td><td>分级</td><td>SNCR</td><td>分级</td><td>SNCR</td></tr>
<tr><td>NO_x初始排放浓度</td><td>mg/Nm^3</td><td colspan="11">1200</td></tr>
<tr><td>假设脱氮效率</td><td>%</td><td>35</td><td>30</td><td>58.3</td><td>70.8</td><td>83.3</td><td>35</td><td>23.3</td><td>35</td><td>35.8</td><td>35</td><td>48.3</td></tr>
<tr><td>NO_x减排量</td><td>mg/Nm^3</td><td>420</td><td>360</td><td>700</td><td>850</td><td>1000</td><td>420</td><td>280</td><td>420</td><td>430</td><td>420</td><td>580</td></tr>
<tr><td>NO_x最终排量</td><td>mg/Nm^3</td><td>780</td><td>840</td><td>500</td><td>350</td><td>200</td><td colspan="2">500</td><td colspan="2">350</td><td colspan="2">200</td></tr>
<tr><td rowspan="2">减少NO_x排量</td><td rowspan="2">t/年</td><td rowspan="2">1502</td><td rowspan="2">1287</td><td rowspan="2">2501</td><td rowspan="2">3033</td><td rowspan="2">3574</td><td>1502</td><td>1001</td><td>1502</td><td>1538</td><td>1502</td><td>2074</td></tr>
<tr><td colspan="2">2503</td><td colspan="2">3040</td><td colspan="2">3576</td></tr>
<tr><td>氨水(25%)消耗</td><td>t/年</td><td>—
—</td><td>2718</td><td>5283</td><td>6415</td><td>7548</td><td colspan="2">2114</td><td colspan="2">3247</td><td colspan="2">4380</td></tr>
<tr><td>氨水(25%)成本</td><td>万元/年
1000元/t</td><td>—
—</td><td>271.8</td><td>528.3</td><td>641.5</td><td>754.8</td><td colspan="2">211.4</td><td colspan="2">324.7</td><td colspan="2">438</td></tr>
<tr><td>压缩空气</td><td>万元/年</td><td>—</td><td>26.8</td><td>27.1</td><td>27.3</td><td>27.4</td><td colspan="2">27.4</td><td colspan="2">27.4</td><td colspan="2">27.4</td></tr>
<tr><td>电耗</td><td>万元/年</td><td>—</td><td>13.8</td><td>15.8</td><td>17.1</td><td>17.7</td><td colspan="2">16.8</td><td colspan="2">17.1</td><td colspan="2">17.7</td></tr>
<tr><td rowspan="2">运行费用</td><td>万元/年</td><td>0</td><td>312.4</td><td>571.2</td><td>685.9</td><td>799.9</td><td colspan="2">255.3</td><td colspan="2">369.8</td><td colspan="2">483.1</td></tr>
<tr><td>元/t熟料</td><td>0</td><td>2.02</td><td>3.68</td><td>4.43</td><td>5.16</td><td colspan="2">1.65</td><td colspan="2">2.39</td><td colspan="2">3.12</td></tr>
</table>

① 质量分数为25%的氨水约含有75%的水分，在此浓度下，由于氨燃烧放出的热量理论上与水分蒸发吸收的热量相当，因此计算时可以不考虑水分蒸发所增加的热耗。

表 4.4 初始 NO_x 浓度为 765mg/Nm^3 的脱氮经济分析

类别	单位	分级燃烧	SNCR				分级燃烧+SNCR					
总投资	万元	100(min)	400～500				500～1100					
		600(max)					分级	SNCR	分级	SNCR	分级	SNCR
NO_x 初始排放浓度	mg/Nm^3	765										
假设脱氮效率	%	35	30	58.3	70.8	83.3	35	0	35	0	35	0
NO_x 减排量	mg/Nm^3	268	230	446	542	637	268	0	268	0	268	0
NO_x 最终排量	mg/Nm^3	497	535	319	223	128	497		497		497	
减少 NO_x 排量	t/年	957	821	1596	1937	2279	957	0	957	0	957	0
							957		957		957	
氨水(25%)消耗	t/年	——	1733	3368	4090	4812	0		0		0	
氨水(25%)成本	万元/年 1000 元/t	— —	173.3	336.8	409	418.2	0		0		0	
压缩空气	万元/年	—	26.8	27.1	27.3	27.4	0		0		0	
电耗	万元/年	—	13.8	15.8	17.1	17.7	0		0		0	
运行费用	万元/年	0	213.9	379.7	453.4	526.3	0		0		0	
	元/t 熟料	0	1.38	2.45	2.93	3.4	0		0		0	

如表 4.5 所示，企业实践表明，若水泥生产系统的初始 NO_x 排放浓度处于较低水平，仅采用分级燃烧技术即可将 NO_x 排放浓度降低至 500mg/Nm^3 以下，不增加额外的运行费用。

表 4.5 国内 NO_x 减排技术部分实施企业情况

水泥企业	NO_x 减排方式	脱硝效率	投资/效益预测	运行时间
中材湘潭水泥有限公司	分级燃烧改造和 SNCR 技术	分别为 30%、60%	800 万元，运行费用约 4～6 元/吨熟料	2011 年 9 月
都江堰拉法基水泥有限公司	三条窑分别采用 SNCR 和分级燃烧技术	38%	250 万～300 万元，运行费用约 2.5 元/吨熟料	2011 年 12 月
黄冈亚东水泥有限公司	分级燃烧改造和 SNCR 技术	最高可达 70%	投资 734 万元，运行费用 3 元/吨熟料。运行后年额外增成本 500 万元，年减少 NO_x 900 吨	2012 年 12 月
大冶尖峰水泥有限公司	分级燃烧改造和 SNCR 技术	最高可达 70%	投资 800 万元，运行费用约 4～6 元/吨熟料	2012 年 11 月

（六）超细粉尘治理技术与装备

水泥行业是 PM10 和 PM2.5 超细粉尘排放的大户之一；PM10 主要是一次污染物，而 PM2.5 则具有双重属性，大约 50%的 PM2.5 为一次污染物，另一半为二次污染物。PM2.5 的防治难度较 PM10 大得多，主要是因为 PM2.5 的来源复杂得多。一方面目前我们主要关注 PM10 的防控，PM2.5 一次来源的情况不明。另一方面，PM2.5 中很大一部分是二次污染物，无法采取直接控制的措施，需要针对 PM2.5 中二次污染成分对应的前体物进行控制，协同控制二氧化硫、氮氧化物、氨、挥发性有机物等。由于 PM2.5 成因复杂，与多种大气污染物排放和大气化学过程相关，要控制 PM2.5 的污染，必须同时控制包括二氧化硫、氮氧化物、颗粒物、挥发性有机物、氨氮等多种前体污染物的排放，严格来说，我国目前还没有出台真正意义的 PM2.5 的控制对策。

与普通的粉尘相比，PM2.5 超细颗粒由于粒径小，其运动、捕集、附着、清灰、收集等方面都有特殊性，针对(total suspended particulate，TSP)大颗粒粉尘捕集的常规过滤材料和除尘技术难以适应超细粒子，研发 PM2.5 超细粒子高效捕集过滤材料、关键技术与装备，从而带动水泥环保装备产业的发展迫在眉睫。针对我国水泥行业 PM2.5 超细颗粒控制，总体目标如下。

研制净化 PM2.5 超细粒子用高性能滤料，保证在捕集超细颗粒的性能上超过现在国内外使用的针刺滤料，各技术指标和性能达到国际领先水平。

研发大型水泥窑炉 PM2.5 超细粒子捕集与多污染物协同控制关键技术与装备，优化除尘器低阻均布流场结构，开发超细粒子高效节能清灰技术，研制适合除去水泥窑细粉尘高温滤料及后处理技术，建立 5000t/d 及以上大型水泥窑烟尘控制示范工程。

制定 PM2.5 排放标准，针对工业烟尘中的 PM2.5 超细颗粒控制，发达国家近年来通过标准立法和工程技术双重手段来加强控制，而且标准愈加严格。美国在 1997 年规定 PM2.5 的标准为年均浓度限值为 $15\mu g/m^3$，日均浓度限值为 $65\mu g/m^3$，并于 2006 年进行了修订，在保持年均标准值 $15\mu g/m^3$ 不变的情况下，把日均标准值降到 $35\mu g/m^3$。欧盟 2008 年在其《环境空气质量指令》中，首次提出应当限制 PM2.5 的浓度，要求各成员国到 2015 年将其城市地区的 PM2.5 年均浓度控制在 $20\mu g/m^3$ 之下。世界卫生组织则提出了更高的要求，在《空气质量准则》中规定，PM2.5 年均浓度限值为 $10\mu g/m^3$，日均浓度限值为 $25\mu g/m^3$。

在技术方面，袋式除尘器是控制颗粒物，尤其是 PM2.5 超细粒子最有效的装备，过滤材料是核心。近年来，国际一流企业，如杜邦、戈尔、必达福、高奇、安德鲁、帝人、大金、奥伯尼、奥地利 P84 等公司在过滤材料上投入巨资，针对水泥窑头窑尾烟尘，尤其是超细颗粒的控制，采用高强原料纤维、优化的滤料结构设计、质量稳定的针刺工艺以及滤料后处理技术，使滤料的克重偏差控制在±8%以内，断裂强度保持在 1200N(经向)和 900N(纬向)以上，透气度偏差控制在±20%以内，过滤效率控制在 99.9%，过滤 PM2.5 效率在 80%。

国内袋式除尘由于市场的需求和竞争推动，技术发展很快。水泥新型干法窑头窑尾袋式除尘器，从整体设计、设备制造和安装、现场应用与保障技术方面都有突破，设备大型化、系统可靠性得以快速发展，整体技术性能指标已达到国际先进水平。

大型水泥窑炉 PM2.5 超细粒子控制技术与装备。根据水泥窑炉烟气温度高(260 摄氏度)、粉尘吸湿性强、浓度高、不易清灰的特点，设计和优化 PM2.5 超细颗粒除尘系统，研制 PM2.5 颗粒捕集与高效清灰配套技术及高效低成本多污染物协同控制技术，解决常规除尘系统对 PM2.5 超细颗粒捕集中阻力高、阻力增长快的不足。研究全过程综合控制技术与管理模式。通过分析水泥工业生产工艺及产污过程，识别粉尘产生与排放的关键节点，采取“源头控制＋末端治理＋资源再生”三位一体的技术，提出超细粉尘全过程综合控制的技术与管理方案。

研发针对 PM2.5 超细粒子捕集的多梯度高密面层三维结构，以及工业场所对滤料进行的性能强化技术与工艺，实现对 PM2.5 粒子高效、低阻、大容尘的捕收。

（七）多污染物协同控制的高效技术与管理

我国能源结构以煤炭为主，导致大气中二氧化硫、氮氧化物污染物较多，形成了我国严峻的脱硝形势。目前在工业窑炉上应用的烟气脱硝技术基本都是不具有自主知识产权的核心技术，绝大多数采用的 SCR、SNCR 烟气氮氧化物单一脱除技术尚处于引进、消化吸收和初步应用阶段。开发具有自主知识产权，协同处理污染物研发的意义在于以较低的成本达到大幅度削减二氧化硫、氮氧化物、重金属排放的目的。

目前，仍然缺乏全国层面的对快速发展变化的 PM2.5 环境污染问题系统性和可持续性的研究，在制定 PM2.5 污染控制路线图时，需要从政策、标准、基础研究、控制技术等多方面发力。在 PM2.5 的治理上，协同控制尤为重要，要努力四个协同，即多种污染物控制的协同、区域控制的协同、源头控制与末端治理的协同、多种管理手段的协同。

协同控制是将多种污染物同时去除。从污染物的来源和产生机理看，一种污染物的控制措施会对另一种污染物的减排产生一定的协同效应。因此，开展水泥行业污染减排的协同效应评价研究对有效地实现减排目标以及传统污染物和全球温室气体减排的“双赢”具有重要意义。然而，目前我国对水泥行业超细粉尘、氮氧化物等多污染物协同控制管理的研究基础还比较薄弱。因此，开展高效、低成本的水泥行业多污染物协同控制的机理、定量效应、减排技术方法的研究，开发适合我国国情、经济可行、具有自主创新的多污染物控制的综合监管体系建设方案和技术政策，为开展水泥行业多污染物协同控制决策提供技术支撑，就显得尤为重要。

水泥行业二氧化硫排放与治理技术研发重点包括二氧化硫一次减排技术（利用袋式除尘器碱性吸附、燃烧器优化设计等）和二次治理技术（吸收剂喷注法），研究其控制排放的效果，定量评价不同控制技术的设备成本、运行费用、维修成本、运行的稳定性、寿命等。

（八）余热发电技术服务

余热发电技术指将水泥工业生产中排出的大量废气通过余热回收装置——余热锅炉将废热进行热交换回收，产生过热蒸汽推动汽轮机实现热能向机械能的转换，从而带动发电机发电。在水泥熟料生产过程中，水泥窑窑头和窑尾产生大量废气（废热），在废气排出的地方安装余热锅炉，分别称为 AQC 锅炉（窑头炉）和 SP 锅炉（窑尾炉）。在余热锅炉内，废气与水进行热交换，使水产生一定温度和压力的过热蒸汽，过热蒸汽进入汽轮发电机组进行发电。既解决了水泥厂废气排放问题，也可解决供电问题，提高经济效益。

水泥窑余热利用技术升级可从工艺、装备、热力循环系统三个方向进行研究。

1. 工艺的升级与创新

水泥窑余热利用在工艺上主要体现在以下三部分的余热回收，即窑头篦冷机废气、窑中回转窑辐射热、窑尾预热器废气，这三部分热量占水泥窑全厂废热的 87%左右，在保证经济效益的同时，怎样最大限度地回收这些热量，是水泥窑余热利用工艺研究的重点。

窑头篦冷机废气。改进锅炉取风工艺，采用组合烟风调节装置，减少风管阻力及热损失，在不影响水泥窑正常运转的情况下，稳定进入锅炉的烟风温度和风量，将进入锅炉的烟气温度控制在 360～420 摄氏度，烟气量为 0.7～1.0Nm^3/kg-cl，同时根据煤磨的要求，调节进入煤磨的烟气温度；大力发展窑头余热再利用技术，在不影响窑运行及熟料冷却情况下，提高进窑头余热锅炉烟气温度 20～30 摄氏度；窑头采用公共过热器系统，使余热资源得到梯度利用。

窑中回转窑辐射热。改进现有的窑胴体余热回收技术，提高辐射热回收效率。

窑尾预热器废气。加强预热器及废气管道的保温设计；窑尾采用复合型热力系统，根据生料磨开启情况、季节变化，调节窑尾余热锅炉的出口烟气温度。

2. 装备的升级与创新

水泥窑余热利用的主机装备主要包括窑头、窑尾余热锅炉、汽轮机及其附属设备、发电机及其附属设备、沉降器等。

2011 年，全国水泥排放氮氧化物 240.43 万吨，全国水泥行业年排放氮氧化物约 200 万吨，占全国氮氧化物排放总量的 10%，居火力发电和汽车尾气排放之后的第三位。而氮氧化物是形成雾霾天气的元凶，随着国家对环保要求的不断提升，水泥行业废气脱硝将不可避免；同时城市生活垃圾、污泥在水泥厂协同处理中，已初见成效。在水泥行业走向绿色环保型企业的同时，余热利用装备也要更新换代，同步适应废气成分的变化，解决废气中腐蚀性气体增多、对锅炉稳定性运行造成影响等难题。

在汽轮机方面，降低汽轮机本体汽耗，提高汽轮机效率；发展水冷式凝汽器在线清洁技术，解决凝汽器结垢清洁系数低、影响凝汽器换热效果、发电量下降的情况，使凝汽器保持在 0.85 以上的清洁系数；发展复合空冷技术，解决水冷式凝汽器耗水量大、空冷式凝汽器环境温度高时发电量低的缺点，复合空冷技术比纯水冷机组节水 50%以上。

3. 热力循环系统的升级与创新

目前国内水泥窑余热利用中，热力循环系统以传统水工质循环技术为主。随着水泥行业技术升级，热耗将进一步降低，即出口废气温度降低，回收利用低温余热资源是水泥窑余热利用技术的研究重点。

在国际上，低温余热有机工质朗肯循环、卡琳娜循环技术已较成熟，全球已有 100 套以上的装置安装和使用这些系统。

我国近几年才开始研究有机工质朗肯循环、卡琳娜循环技术，技术储备、装备制造均落后于欧美发达国家。未来，在热力循环系统的研究领域，需投入大量精力，以实现能源的高效回收利用。

最后，项目融资与管理模式上，在传统的工程总承包（engineering procurement construction，EPC）模式上，要大力发展（build operate transfer，BOT）、（energy performance contracting，EMC）等模式，与业主共同分享项目建设或改造带来的效益及风险，加速我国节能产业的发展，使水泥窑尽快走上绿色环保的可持续发展道路。

四、典型案例：泰安中联——世界级水泥低能耗智能生产示范线

以制造业数字化、网络化、智能化为标志的智能制造是新一轮工业革命的核心技术，其已成为各国占领制造技术制高点的重点领域，对于我国优化产业结构和转变经济发展方式将产生重要作用。2015 年 5 月 8 日，国务院以国发〔2015〕28 号文发布了《中国制造 2025》，明确提出“以加快新一代信息技术与制造业深度融合为主线，以推进智能制造为主攻方向”。同时发布了《关于积极推进“互联网＋”行动的指导意见》，在“互联网＋”协同制造行动中提出“在重点领域推进智能制造、大规模个性化定制、网络化协同制造和服务型制造”。科技部发布了《智能制造装备产业“十二五”发展规划》和《智能制造科技发展“十二五”专项规划》，加快智能制造装备的创新发展和产业化，推动制造业转型升级。

2015 年 1 月，工业和信息化部提出，到 2018 年年底培育打造 15～20 家标杆智能工厂，关键岗位机器人推广 5000 个。2015 年 4 月，经工业和信息化部评定，我国第一个建材智能工厂在中国建材集团所属泰安中联建成。这是由南京凯盛和泰安中联自主设计建设了一座世界级的水泥示范产业园，工厂全封闭无尘化，生产工艺数据自动数采率达 100%，吨产品能耗节约 20%以上，人均劳动生产率提高 80%。项目分三期逐步建成水泥智能工厂、建材智能物流园区和涵盖光伏发电、城市垃圾协同处理等内容的建材生态园。

这条智能水泥生产线基于自适应控制、模糊控制、专家控制等先进技术实现原料配备、窑炉控制和熟料粉磨的全系统智能优化，并在工业窑炉、投料装车等危险、重复作业环节应用机器人智能操作，完成建材生产物料消耗、质量检测、设备运行、能源管理、环保监测等全生命周期的在线监测与管控集成解决方案。在工业生产经营过程中，应用商业智能系统（business intelligence，BI）和产品生命周期管理（product life cycle management，PLM），提升生产制造、产品研发、供应链管理、营销及服务环节的资源优化配置能力和智能决策水平。这一技术的创新实践选入联合国全球契约组织“中国绿色技术创新成果”。

工业和信息化部发布的《原材料工业两化深度融合推进计划（2015～2018 年）》中提出，到 2018 年，大中型建材企业数字化设计工具普及率达到 80%，水泥行业应用优化控制系统生产线达到 50%。

我国新型干法水泥在预热分解窑节能煅烧工艺、大型原料均化、节能粉磨、大型提升设备、自动控制和环境保护等方面，从设计、装备制造和工程建设都整体接近或达到了世界先进水平。国内水泥企业基本上已经全面应用了分布式控制系统（distributed control system，DCS）自动化控制系统，但仅仅是实现了初级工业自动化，系统的优化集成能力与其世界先进水平相比，还有明显差距。水泥工业的转型升级，亟待一场智能化

技术的革命。水泥工厂智能化技术是在数字化水泥工厂的基础上，利用信息技术和设备监控技术加强信息管理和服务，利用网络化分布式的生产设施提高生产过程的可控性、减少生产线上人工的干预、即时正确地采集生产线数据，合理编排生产进度，并加上绿色智能的手段和智能系统等新兴技术于一体，构建一个高效节能、绿色环保、环境舒适的智慧水泥工厂。

(一)项目概况

泰安中联水泥有限公司位于雄伟的泰山脚下，拥有日产5000吨熟料、年产100万吨水泥生产线。公司依据专业化、差异化、国际化、智能化的发展战略，重视精益管理，大力推进生态化和智能化企业建设，致力于经济与环境的协调发展。泰安中联5000t/d水泥生产线是中国建材致力于建设一条具有国际先进水平的节能示范项目。项目总投资7亿元，占地400余亩，年产水泥100万吨和商品熟料90万吨。

2015年3月，泰安中联5000t/d水泥智能及世界低能耗示范生产线投产运行。项目采用六级旋风预热技术、两档短窑和中置辊破的第四代篦式冷却机技术，应用数字化矿山开采、自动配料、窑磨智能操控、智能巡检等智能化技术，将矿山、生料、烧成、粉磨等多个子智能系统集成为短流程全自动水泥智能制造系统，实现水泥工艺流程布局突破性变革，有效缩短了制造流程。降低生产成本23%，节约能源15%，产量提高9.4%，用工人数减少80%，劳动生产率提升216.7%，生产效率提高30%，熟料合格率提高10%，强度增加2MPa。目前示范线项目一期已经投入运行，熟料综合电耗为48.56kWh/t-cl，熟料标准煤耗为96.85kg/t-cl。生产线定员100人。示范线项目获得了两项荣誉，一是工业和信息化部智能制造试点示范项目，这是全国46家水泥行业唯一一个项目，目前设计标准已经达到了行业领先水平；二是荣获联合国全球契约组织中国网络2015年关注气候中国峰会授予的“中国绿色技术创新成果”项目，也是中国十大绿色创新成果。

1. 高品质产品的定位

该线的产品以优良的品质定位为高端市场；取消了袋装水泥，高端散装水泥专供商品混凝土搅拌站及大型工程，促进散装水泥事业的发展；取消了包装机，简化了流程，降低了投资。

2. 熟料+水泥+骨料+商混一体化

泰安中联这条示范线可以说是一个熟料+水泥+骨料+商混一体化的企业。5000t/d熟料的这条生产线；配备一台水泥磨，年产能100万吨；配备了双180商混站，年产能60万立方米。同时，即将开工建设年产能200万吨的低能耗骨料线，这个骨料线是中联水泥(223.64元/吨，–0.97%)重大技术创新项目，与现在制定的指标比，电耗低50%、占地低70%，投资低30%。

3. 生活垃圾的协同处置

这条线配套的生活垃圾协同处理的设置，在技术上也有很大的优势。一是处理量大，每天可处理生活垃圾 500 吨，是其他方案处理量的 2 倍。二是既利用回转窑协同处理，又对窑系统的产量、运行无影响。三是效益高，在没有政府补贴的前提下，普通的处理生产线每年要亏损 1500 万元以上，这条线每年能盈利 2000 万元以上。

4. 建材产业链工业园区

泰安中联要打造成建材产业链工业园区。骨料线可以消耗低品质的石灰石；矿山的优品石灰石用于生产优质熟料，进而生产高端水泥；水泥、骨料提供给商混；最终简化销售环节，只有一个出口，销售商品混凝土，就是整个生产链水泥、骨料、混凝土最终归到一个销售环节。

(二)技术特征

1. 基于信息化、网络化、智能化的综合集成技术

全线配备在线智能仪表和设备，采用开放式现场总线通信技术和分布式数据库，全厂设备全部自动控制监测，生产数据自动数采率达 100%，自控回路投用率接近 100%，采用目前最先进的专家优化系统实现生产过程控制、稳定和优化，采用由远程监控和能源、质量、设备、物流等管理系统组成的制造执行系统(manufacturing execution system，MES)系统，与企业资源计划(enterprise resource planning，ERP)系统集成，大幅提高生产调度、成本控制和供应链管理智能水平。

2. 生产装备数字化

为满足水泥工业生产过程智能化控制的应用需求及提升工厂智能化建设的水平，全厂电气、自动化设备全面选用智能型设备，实现全厂设备、仪表和控制系统的智能通信连接。所有低压柜、高压柜、变频、软启动装置，以及大型机械设备的电控系统均采用目前国际上通行的开放式现场总线 Profibus-DP 通信技术，温度、压力等测量仪表采用基于 Profibus-DP 技术的 PA 智能仪表，上述智能设备与控制系统能够实现实时数据交换。Profibus-DP/PA 现场总线具有双向通信功能，操作人员不仅可以在控制室在线监测设备及仪表的状态、参数，还能对它们进行标定、参数设置、功能组态及故障分析，操作维护等操作。

3. 过程控制智能化

矿山开采智能化。利用矿业软件建立矿山地质情况的三维模型，在三维模型基础上，运用软件初步计算矿区范围内各台阶、工作面的矿石、夹石、低品位的有害和有益的化学成分，按水泥厂对原料的指标要求依据在线分析仪检测结果，再通过全球定位系统(global positioning system，GPS)矿山卡车、挖掘机调度系统控制采装，从而实现矿山的均化开采，使破碎机入料口的矿石品位基本满足水泥厂对矿石品位波动 CaO 偏差小于 3.0%的要求，取消了石灰石预均化堆场，使工艺流程更简化、目标控制更及时，从而实现提高资源利用率，提高工作效率，降低生产成本的目的。

核心控制智能化。控制系统采用了先进的 ABB 800xA 专家优化控制系统，且采用了国内首次使用的 ABB 水泥行业 BMI 库(Minerals Lib)，对辅助原料取料机、原料配料站、原料粉磨、废气处理、生料均化及计量入窑、熟料烧成与冷却系统、原煤取料机、煤粉制备与计量输送、水泥粉磨输送和水泥存储及包装等范围内的生产系统进行分布控制，并在中央控制室进行集中操作和监控，设备的数字化监控率超过 95%。

安全维护智能化。设备分组顺序起停，实现生产过程的一键式起停，保证生产线的安全生产。分组设备的一键式起停，一方面避免了设备长时间空载运行，节约电能；另一方面与生产监控系统配合，生产现场不需岗位工监视，可实现生产现场的无人值守。各组及设备的启动连锁、操作连锁、保护连锁、停车连锁等保证生产安全和设备安全。当紧急事件发生时，无须操作员干预，自动进行科学处理，将损失降到最低，保护安全生产。专家优化系统及自动控制回路可智能分析调控生产控制节点，常态下无须人工操作，保证稳定生产和节约能源，提高设备的使用效率、延长设备使用寿命，大大减轻操作员的劳动强度。故障专家诊断系统中，各设备组、各设备都有详细的提示信息，当设备发生故障停车或无法启动时，通过专家诊断系统可以快速地获得故障信息，代替工程师分析故障，缩短操作员查找故障的时间。专家诊断系统具有故障追溯功能，每一个故障都可以直接找到报警的源头，便于查找故障原因并及时处理。

4. 在线分析实时化

原料成分的稳定、生料质量的控制是熟料烧成过程中非常重要的环节，也是水泥熟料产品质量控制的重点。传统水泥工厂采用人工取样、研磨后使用荧光分析仪进行分析，数据返回到控制系统指导各原料配比的调整。这种方法的配料周期最短为半个小时，很难保证出磨生料的合格率。

在化学成分检测中，泰安中联的在线分析控制系统使用三台在线分析仪，分别设置在石灰石破碎下料皮带、原料配料皮带和原煤进厂检测处。

在物料颗粒控制中，泰安中联的在线颗粒检测控制系统使用三台在线颗粒分析仪，分别设置在生料磨、煤磨、水泥磨成品出口检测处。

生料质量控制系统以原料配料皮带上在线分析仪为核心，通过对入磨原料皮带机上物料的实时分析，每一分钟检测出原料的化学成分，并传送给生料质量控制系统，控制系统通过计算，连续不断地调节各原料下料配比，以保证出磨生料率值的稳定。由于这个闭环控制几乎是实时进行的，这就使出磨生料的饱和比(LSF 或 KH)、硅酸率(SM)、铝酸率(IM)三个率值控制非常稳定。该在线分析控制系统的使用，缩短了控制周期，稳定了生料质量，为泰安中联生产线取消了均化库。

智能化矿山开采的技术依据则是设置于石灰石破碎下料皮带上在线分析仪的检测数据。通过对皮带机上石灰石成分的实时分析，指导数字化矿山的开采，保证石灰石成分的稳定。石灰石破碎下料皮带上在线分析控制系统的使用，稳定了石灰石质量，使泰安中联生产线取消了石灰石预均化堆场。

在线分析控制系统的使用，不仅保证了原料、生料的成分稳定，提高了熟料质量，而且使泰安中联生产线取消了石灰石预均化堆场和生料均化库，为缩短生产流程起到了关键作用。

5. 系统操控专家化

泰安中联专家智能控制系统主要用于实现对水泥生产过程的控制、稳定及优化，以自动导航方式来完成过程操作，将操作质量从操作员的平均操作水平提升至最优操作模式，保证生产系统每时每刻都处在最佳运行状态。

生产线的关键生产环节(烧成系统、生料粉磨、水泥粉磨)采用专家智能控制系统，在稳定入窑生料喂料量、分解炉出口温度、窑头罩负压、二次风温、磨产量、磨负荷等参数的基础上，通过建立数学模型、使用模糊控制、模型预测控制、神经网络等先进控制技术，将现代化智能化控制技术与现代管理的原理融入水泥生产过程，进一步提高生产的稳定性，保证产品质量，提升自动化生产控制和管理水平，降低系统煤耗、电耗，减轻操作员劳动强度。

烧成系统的专家智能控制系统包括了分解炉温度自动地根据喂料量大小、入窑分解率的高低、系统风量大小、系统一氧化碳含量、煤质好坏和煤量大小进行智能控制的分解炉子智能系统；回转窑的窑速和喂煤量根据喂料量大小、烧成带温度、熟料游离钙含量、窑尾一氧化碳含量和氮氧化物含量进行智能控制的回转窑子智能系统；冷却机的推动速度和冷却风量根据熟料产量、出冷却机熟料温度、热回收效率的情况进行智能控制的冷却机子智能系统等。

专家智能控制系统保证了过程控制的持续平稳，消除由于交接班造成的操作偏差；使操作员和管理者从繁重的常规生产过程中解放出来；为管理者提供工具和信息，更客观地分析和管理生产过程；增加产量，提高运转效率，减少能源消耗，降低成本。

6. 现场监控无人化

泰安中联生产线系统建立了完备的立体监控网络。通过中控室大屏幕，操作员不仅可以观察生产监控系统的实时图像，还可以将操作员站的操作画面实时显示在大屏幕上，全景显示全厂生产状态，生产运行状况和运行数据一目了然。

监控信号覆盖全厂，包括生产现场、行政等重要区域，使现场实现可视化管理，提高了对生产过程的控制力，有效减少了设备事故、安全事故的发生。监控系统通过网络信息系统连接，并加入生料综合管理系统中，使管理者随时通过系统监控全厂重要区域。

立体监控系统的应用使水泥工作实现定岗制转变为巡岗制，并使水泥生产现场的无人值守成为可能。

7. 运维保障远程化

设备远程维护保障系统，通过智能通信模块将设置于泰安中联的智能装备(如篦式冷却机、熟料辊式破碎机等)与设置在南京凯盛的“设备远程运行保障中心”连接在一起，使南京凯盛的工艺、设备、电气专家可以通过远程服务平台向泰安中联的智能装备提供在线监测、远程升级、故障诊断、故障预警等远程咨询服务。

通过安装于各个现场的智能通信模块，将现场设备与安装和南京凯盛设备远程运行保障中心的服务器建立加密连接，保障中心服务器读取各设备的所有运行数据，进行集中显示和存储分析。企业管理人员或维护工程师可以使用计算机或移动终端(iPad、智能手机等)随时随地通过互联网连接保障中心服务器，访问现场设备的相关运行画面，查看参数历史趋势，获得比现场控制箱和集中式控制系统(focus control system，FCS)画面更为详细的设备运行信息。

南京凯盛保障中心的设备专家对设备运行数据进行在线监测，对设备故障和用户提出的疑问进行在线诊断维护和实时解答。设备专家对设备运行数据进行长期、横向(与同等规模生产线同一类型设备)比较，对设备运行中出现的不正常现象给予及时提醒，提前发现设备运行隐患，自动通过保障中心短信系统发送给现场维护工程师和相关管理人员，延长设备使用寿命，保证设备安全稳定运行。

8. 辅助平台体系化

泰安中联 MES 系统是企业 ERP 系统与 FCS 控制系统间信息集成的纽带，是实施企业智能制造的基本技术手段。泰安中联 MES 系统主要由远程生产信息管理系统、能源管理系统、质量管理系统、设备管理系统、物流管理系统、智能巡检系统、设备远程维护保障系统等组成，其中远程生产信息管理系统、能源管理系统、质量管理系统和设备管理系统一同构成企业的生产综合管理系统。

作为智能工厂的核心和有机组成部分，泰安中联的 ERP 企业资源管理系统选择集成了面向制造行业进行物质资源、资金资源和信息资源一体化集成的智能化企业信息管理系统，实现物流、信息流和资金流的动态管理，依托工厂数据库大量的生产运行数据，通过系统提供的数据分析功能和在线专家数据库的支持，预测企业经营发展的趋势，及时为企业管理决策提供依据和建议。

该项目建设之初，就确立了低能耗这个目标，该项目要达到烧成热耗、熟料电耗、水泥综合电耗、全员劳动生产力达到世界水泥领先水平，并提出了要实现“五全”、“八化”、“四一流”和“四不漏”的建设目标。“五全”指全变频、全消音、全封闭、全收尘、全利废。“八化”指矿山开采智能化、原料处理无均化、生产管理信息化、生产过程智能化、耐火材料无铬化、物料粉磨无球化、生产现场无人化、过程管控可视化。“四一流”指工艺一流、技术一流、环境一流、形象一流。“四不漏”指不漏风、不漏料、不漏油、不漏水。与传统水泥厂相比，智能化工厂有着显著的经济效益和环境效益，见表 4.6 和表 4.7。

表 4.6　实施智能化前后效益对比分析

指标名称	单位	实施前	实施后	效益
建设投资	万元			–3700
预均化堆场及其设备	万元	2800	0	–2800
均化库及其设备	万元	1300	400	–900
吨水泥生产成本	元/吨			–23
吨水泥熟料综合煤耗	kg/t	98	95	–3
吨水泥综合电耗	kWh/t	75	70	–5
日产水泥熟料	t	5300	5800	500
水泥强度	MPa	58	60	2
吨水泥设备维修费用	元/吨	15	9	–6
劳动生产率	t/人.年	6000	19000	13000
生产人员	人	300	100	–200
巡检人员	人	40	0	–40
资金使用				
物流、资金流、信息流集成率			95%	
销售发运速度				50%
采购成本				–20%
生产管理效益				20%
社会效益				
污染气体排放				–10%
矿山服务年限	年	35	40	5
创新工作				20%

表 4.7　能耗和劳动生产率国内外先进水平对比分析

指标名称	单位	实施案例	国内先进	国际先进
烧成热耗	kJ/kg	2780	3010	2900
水泥电耗	kWh/t	70	100	85
劳动生产率	t/人·年	17600	5000	15000

第五节　建材制造过程生态化增值服务

一、基本内涵

建材制造过程生态化增值服务化转型是指依托建材工业资源循环利用技术、固废消纳和垃圾处置等技术，大力发展循环经济，以实现建材工业作为工业和城市废弃物有效和无害化处置核心为目标，提供我国建材制造过程在废弃资源循环利用和废物无害化处置领域的生态化增值服务。

利用建材窑炉处置工业副产品和城市废弃物，既是废弃物处置工程，又是能源再生工程，更是治理污染的环境保护工程，是实现建材工业可持续发展的重大途径。变工业副产品和城市废弃物为原燃材料，减少了环境负荷，是环保、资源综合利用技术的创新，从而将资源能源依赖型的建材工业转化为环境自净能力强、与环境相容性好的绿色服务型产业。

根据水泥工业窑炉的特性及水泥生产规模，利用建材窑炉处置工业副产品和城市废弃物，是实现建材制造过程生态化增值服务化转型的最主要途径。今后，水泥工业受到国家、社会的高度重视不应是因为高能耗、高排放、高资源消耗及产能严重过剩等造成社会负面影响的问题，而应是因为水泥成为社会经济建设不可替代的结构和功能材料，因为水泥工业已成为不污染环境、大量利用可再生能源清洁生产的环境友好产业，因为依靠水泥工业综合利用其他产业废物，形成了资源循环再生的社会化生态服务产业链，因为依靠水泥工业安全无害化处置各种工业危废物、城市垃圾，成为保护环境、建设生态文明不可或缺的环保基础设施。

二、发展现状

(一)固体废物综合利用发展情况

半个多世纪以前，在欧美日等地不掺混合材的纯波特兰水泥几乎一统水泥工业的天下，我国水泥工业在前苏联的指导下，开始在磨制普通硅酸盐水泥时允许往熟料中掺入15%适宜的工业固体废渣用做活性混合材，在不显著影响水泥力学性能的前提下(有时或者还可以稍稍改善水泥混凝土的某些施工性能)，达到增加水泥产量的目的；同时还能消纳处置一部分工业固体废弃物，主要是钢铁厂的高炉矿渣和火电厂的粉煤灰等。实践表明，矿渣和粉煤灰的确很适于用做水泥的混合材，是科学的、正确的。

2011 年 12 月 17 日，工业和信息化部发布《大宗工业固体废物综合利用“十二五”规划》，将大宗工业固体废物的综合利用视为节能环保战略性新兴产业的重要组成部分，也视其为解决大宗工业固废不当处置与堆存所带来的环境污染和安全隐患的治本之策。根据规划提出的目标，到 2015 年，大宗工业固体废物综合利用量达到 16 亿吨，综合利用率达到 50%，年产值 5000 亿元，提供就业岗位 250 万个。

按照各国水泥协会或代表性水泥集团公司公布的统计资料，2007 年中国、德国、日本和美国生产的各品种水泥中，其中混合材的全国平均掺加量分别为 27.5%、14.1%、13.3%和 6.0%，如果计入缓凝剂石膏用量，则每吨熟料生产水泥的数量，在美国约为 1.11 吨，在德国和日本分别为 1.22 吨和 1.21 吨，在中国则达 1.45 吨。

2000～2007 年水泥中混合材的平均掺入量，日本变化最大，由 7%上升到 12.3%，德国由 11%上升到 14.1%，美国由 4%上升到 6%，比较缓慢。但国际上的总趋势是今后混合水泥的比例将日益增加，着力于混合材潜在性能的深度研发和加工，以期使混合材能负责地替代水泥熟料，提高利废质量。

从宏观上，发达国家自1990年确立水泥工业可持续发展战略以来，已经把水泥工业发展循环经济看作实施水泥工业可持续发展战略的重要途径和实现方式。有些国家甚至以立法的方式加以推进，其要义是，首先，减少源头污染物的产生量，在生产、使用阶段尽量避免废弃物的排放；其次，对于源头不能削减又可以利用的废弃物要加以回收利用，使它们回到经济循环中去；只有那些不能利用的废弃物，才允许作最终的无害化处置。日本、德国、美国及欧洲等发达国家对水泥行业废弃物处理和资源再生利用做了具体规定，并相继付诸实施。从微观上，发达国家水泥行业发展循环经济是从废弃物资源化开始的，利用废弃物的种类很多，而且利用历史也比较早，但过去大多是从满足水泥生产自身需要，利用粉煤灰、煤矸石、矿渣、尾矿等作为水泥生产配料或混合材。

自20世纪70年代出现能源危机和此后各国废弃物(包括产业垃圾、市政及生活垃圾、建筑垃圾等)越来越多，占地、污染、处置等方面的困难和矛盾越来越大，发达国家便开始探索在水泥生产过程中如何有效地利用这些废弃物的热能或有益成分。一方面处理废弃物，另一方面直接为水泥生产服务。在这方面美国、日本、德国、法国等起步都比较早，技术先进，而且积累了不少成功经验。

日本水泥工业平均每生产一吨水泥所利用的各类废弃物已达到 300 多千克(政府规定的目标为400千克)，德国水泥工业利用各类可燃废弃物作燃料已占到水泥总燃料消耗的38%。

欧洲是脱硫石膏资源化利用最成功的地区，2008年欧洲15国的脱硫石膏产量为1125万吨，当前欧洲的脱硫石膏基本上100%利用。20世纪70年代初，美国把每年排放的1700万吨钢渣全部利用起来。目前，德国钢渣绝大部分已得到利用。英国、法国的钢渣利用率为60%左右，日本为50%左右，中国为10%左右。

随着我国经济的发展，固体废物的产生量正在逐年增加。因为我国经济的快速发展(如火电、钢铁和水泥等)主要依赖于大量资源和能源的开采，原材料的过量消耗和能源的过量使用，这些必将造成大量固体废物的产生。如何治理和利用固体废物，以循环经济的理念走可持续的发展道路才是将来的方向。

(二)城市垃圾协同处置发展情况

从20世纪70年代初期开始，为解决能源短缺、燃料价格上涨，德国、日本、美国、瑞士和加拿大等发达国家开始利用水泥工业处置废物，积累了大量的经验，已经建立起从废物产生源头到水泥工厂处置的质量保证体系，该体系既考虑污染物排放，又保证水泥和混凝土的质量。欧盟国家利用水泥窑处置废物的技术与应用居于世界前列，相关法规、标准比较完备，规定了可以在水泥厂处置的废物种类，不同用途(替代燃料、替代原料和混合材料)废物中各种重金属的最高含量限值，熟料和水泥中部分重金属的最高含量限值，制定了焚烧危险废物的水泥窑大气污染物排放标准。

20世纪70年代，国外开始研究利用可燃性固体废物作为替代燃料用于水泥生产。1974年，在加拿大的Lawrence水泥厂进行了将聚氯苯基的化工废料作为替代燃料用于水泥生产的实验；1994年，美国共37家水泥厂用危险废物作为替代燃料，处理了近300万吨危险废物；80年代，日本水泥工业开始从其他产业接受大量废弃物和副产品；2000年以后，挪威协同处置危险物的水泥覆盖率为100%；2001年，日本水泥厂的废物利用量已达到吨水泥355千克；2003年，欧洲200多个水泥厂参与协同处置固体废弃物业务；目前，美国水泥厂一年焚烧的工业危险废物是焚烧炉处理的4倍之多，全美国液态危险废物90%在水泥窑进行焚烧处理。

美国、德国、英国、澳大利亚、加拿大等发达国家的污泥资源化率均已超过50%。近年来，美国、日本和英国等污泥农用的比例呈增加趋势；而有些国家，如德国、丹麦由于污泥农用标准日益严格，污泥农用的比例不断下降，其他处理方法，如焚烧比例有所上升。

在我国，固体废物处理处置产业已经取得了较大的发展，但仍有非常大的发展空间。目前我国固体废物管理的重点是城市生活垃圾、工业固体废物和危险废物。水泥行业在低碳城市建设中可以执行的碳减排措施包括替代原料、替代燃料、增加混合材掺量、余热发电、处置废物、工艺过程优化、能源管理等。同时，水泥窑协同处置城市废物对于低碳城市建设具有反作用，如推动资源的合理利用、促进绿色市政技术的应用、促进低碳节能材料的使用、树立低碳生活理念。

我国水泥窑处置污泥和垃圾的工作仍处于探索与试验阶段，目前尚无专门的法规、标准和政策的指导。《工业和信息化部关于水泥工业节能减排的指导意见》（工信部节〔2010〕582号）提出了到“2015年大城市周边的水泥企业基本形成协同处置城市生活垃圾和城市污泥的能力的目标”，《国民经济和社会发展第十二个五年规划纲要》提出将“支持水泥窑协同处置城市生活垃圾、污泥生产线和建筑废弃物综合利用示范线的建设”作为水泥工业发展重点之一。要求“十二五”期间争取建成100～200条水泥窑协同处置系统。亟须开展我国水泥窑协同处置城市生活垃圾和城市污泥的环境友好性与经济适用性研究，为相关法规、标准的制定提供技术基础。

我国居民生活垃圾管理还没有形成完整的体系，其中农村和乡镇生活垃圾还没有纳入环境卫生管理体系，无论是收集、转运还是处理处置都没有相应的管理模式和管理体系，所以其处理处置不可能形成完整的产业。我国城市生活垃圾产生量(以清运量计)在近年来增长速度趋缓，常年稳定在1.5亿吨以上，但是城市生活垃圾的处理能力近年来出现较大程度的增长。到2010年为止，我国657个城市共有生活垃圾无害化处理场(厂)628座，拥有日处理能力38.8万吨。其中共有卫生填埋场498座，焚烧厂104座，堆肥场11座。

在生活垃圾清扫和收运方面，全国城市共有市容环卫专用车辆设备9万余台。全国1633个县城(人口约1.4亿人)2010年产生生活垃圾6317万吨，其中进行无害化处理的数量为1732.51万吨，无害化处理率为27.4%。其中88.7%直接进行卫生填埋处置，6.68%进行焚烧处理，2.13%进行堆肥化处理。全国19410个建制镇(人口约1.39亿人)、13735个乡和721个镇乡级特殊区域(人口约0.361亿人)以及27.98万个自然村(人口约7.688亿人)的生活垃圾管理和处理处置基本处于空白，还没有建立基本的管理体系。

截至 2011 年年底，我国建成运行污水处理厂 3100 多座，年产生含水量 80%的污泥 2000 余万吨。而目前全国城镇污水处理厂的污泥只有 10%左右通过堆肥技术处理处置后回用到土地，大约 20%采用填埋，少量采用清洁化处置协同焚烧的方式，如水泥厂、发电厂等，已在无锡、镇江、常州、嘉兴和广州等市有多个工程案例。污泥干化系统已有国内厂家生产并已工程化应用(如嘉兴)，但目前大部分投产的干化设备，如北京、上海、重庆、深圳和苏州等均还是采用的进口设备。污泥单独焚烧工程案例不多，最典型的是上海石洞口污水处理厂，引进的国外装备需进一步优化。污泥好氧发酵+农用约占 10%～15%，污泥焚烧占 2%～3%。

总之，现阶段我国固体废物主要以填埋方式为(占 60%以上)，以焚烧和堆肥为辅。在未来相当长的一段时间内焚烧处置量呈逐年增加趋势，并将成为我国城市固体废物的主要处置方式。

(三)污泥协同处置发展情况

经过 40 多年的探索，欧美等发达国家逐步建立起贯穿于废物产生、分选、收集、运输、储存、预处理和处置、污染物排放、水泥和混凝土质量安全等一系列法规和标准，水泥行业替代燃料技术和经验成熟，成为发达国家水泥行业节能减排的重要手段。发达国家有 2/3 的水泥厂使用替代燃料，可燃废物在水泥工业中的应用替代比例平均达 20%。

以污泥处置为例，工业污泥和城镇生活用水处理厂的污泥是欧洲水泥协会定义的 14 类替代燃料的 2 类，污泥是日本、德国、瑞士、荷兰等国重要的替代燃料。瑞士水泥行业替代燃料使用最多的是干化污泥，2007 年达 5.7 万吨；德国从 2002 年处置 4000 吨猛增到 2006 年的 23.8 万吨，4 年增长了 58 倍。日本水泥业使用替代燃料的数量逐年增多，其中城镇生活水处理厂的湿污泥用量 2008 年达 303 万吨，是水泥行业利用和处置废弃物的第三大品种，日本水泥行业处置污泥的数量占日本污泥产生量的 30%。2007 年韩国水泥行业处置污泥 71.3 万吨。

国外水泥行业燃料替代的数据表明发达国家均有较高的替代比例。美国的替代率是 25%，德国水泥行业的替代率从 2000 年的 25.7%迅速上升至现在的 49.9%，荷兰是世界上水泥行业使用燃料替代率最高的国家，从 2001 年的 83%上升至现在的 92%。

我国水泥工业在利用工业废渣和尾矿作为替代原料用于水泥生产已有较长的历史，如矿渣、粉煤灰、火山灰、煤矸石、炉渣、页岩、磷渣、碱渣、赤泥、电石渣等。但利用方式比较粗放，或代替原料配料，或作混合材料，在利用可燃性废弃物作为替代燃料方面刚刚起步，还处于试验阶段。在资金、技术、装备、政策、法规等方面还有大量工作要做，尤其是在提高人们的节能利废意识方面，与国外存在较大差距。借鉴发达国家的先进经验，将废物处置与水泥工业的可持续发展结合起来，利用水泥窑焚烧处理废物，是适合我国国情的做法。

为此，2006～2010 年，越秀集团越堡水泥公司、金隅集团北京昌平水泥公司和海螺集团铜陵水泥公司先后投产了水泥窑协同处置 250～300t/d 市政污泥或城市垃圾的工程项目，验证了其技术可行性和环境安全性(表 4.8)。其中越堡水泥公司每年处置含 80%水份的污泥约 18 万吨，替代标准煤约 5200 吨，替代率约 2.3%；北京昌平水泥公司每年处置含 80%水份的污泥约 10 万吨，替代标准煤约 3200 吨，替代率约 2.4%；铜陵水泥公司每年处置含 40%水份的城市生话垃圾约 9 万吨，替代标准煤约 6100 吨，替代率约 3.9%；另外，华新武穴、中材溧阳、重庆拉法基、北京硫璃河、上海金山和广州珠江水泥厂，也分别在处置城市生活垃圾、污泥及其他废物(包括危废)等。全部加起来年处置城市生活垃圾的总量不到 100 万吨，污泥总量不到 40 万吨，危废不到 10 万吨。替代煤耗还不到 0.1%。处置废物的水泥窑不到 15 条，只占全国新型干法窑 1600 条的 0.9%。处置和利用率很低，与国外相比差距很大。2011 年，一些发达国家水泥窑处置可燃废物占全国水泥煤耗总量的替代率为荷兰 95%、德国 73%、法国 42%、日本 31%、美国 26%。

表 4.8　国内实施水泥窑协同处置技术的企业情况

企业名称	废弃物种类	年处置量	生产线规模	时间
新北水水泥有限责任公司	工业污泥、燃料、漆料、有毒有害品、化学试剂、废塑料、废轮胎	10 万吨	2500t/d	1995 年
上海万安企业总公司	各种危险废物	数据不详	1350t/d	1996 年
华新水泥股份有限公司	市政污泥(宜昌生产线)	年处置 3 万吨	4500t/d	2010 年
	三峡库区漂流物(秭归生产线)	30 立方米	—	2010 年
	危险工业废物(武穴)	年处置 8 万吨	—	2008 年
	生活垃圾(赤壁生产线)	年处置 15 万吨	—	2012 年
新北水水泥有限责任公司	城市污泥	年处置 22 万吨	2500t/d	2009 年
广州市越堡水泥有限公司	城市污泥	年处置 18.6 万吨	6000t/d	2009 年
铜陵海螺水泥有限公司	生活垃圾	年处理 20 万吨	5000t/d	2010 年
洛阳黄河同力水泥公司	生活垃圾	年处置 16.5 万吨	5000t/d	2011 年
中材溧阳公司	生活垃圾	设计能力 15 万吨	5000t/d	2011 年
北京金隅琉璃河水泥公司	垃圾焚烧发电厂飞灰	初期 3 万吨	2500t/d	2012 年

三、转型路径

(一)清洁化服务对象

固体废物中最为人们所关心的是一般工业固体废物、城市垃圾、城市污水污泥、危险废物、医疗垃圾、电子废物、重金属和农药污染土及其他行业废物。固体废物处理处置产业(国际上通行称为“固体废物管理业”)是一个正在发展的产业，也是一个与其他产业产生大量交叉的产业。2010 年，欧盟水泥行业能源消耗 28%来自于替代化石燃料，其中 18.3%是生物质燃料，22.4%来自于塑料，超过 68%的美国水泥厂使用一种或者多种可替代燃料。美国水泥厂 13%的能源消耗来自于可替代燃料。废弃物产生的预防与废弃物回收再利用、协同处置之间不是一个竞争关系，而是为了减少废弃物负面影响的系统工程，如表 4.9 所示。

表 4.9 可在水泥厂处置的典型废弃物名录

废物应用方式	废物类型	
替代燃料	固态废物	秸秆(包括稻米壳)，木屑、屠宰业废料、棕榈油壳
		旧轮胎、塑料(粒状或混合物)、纺织废料、废皮革
		废油墨、废油漆，废白土，干化后污泥
		废纸，废纸板、塑料制品、分拣后的生活垃圾
	液态废物	城市污泥，工业污泥、河湖淤泥，活性炭污泥
		废油，石化废物，油漆厂废物、溶剂废物
		蜡状悬浊物，沥青废浆，油泥，纸浆
		聚酯材料、聚氮酯材料
替代原料	钙质替代原料	干化污泥、工业石灰，石灰浆、电石渣、饮用水淤泥.,
	硅质替代原料	铸造砂、微硅、废催化剂载体、硅石废料、石英砂岩粉、石英砂岩尾矿
	铁质替代原料	炉渣、硫铁矿尾矿、赤铁矿渣、赤泥，锡渣、转化炉灰
	硅铝钙综合替代	洗矿场废物、飞灰、流化床灰渣，石材废物
销毁处置	各种废农药、杀虫剂、多氯联苯、废药品	
不适于水泥窑处置的废物	核废弃物、电子废弃物、各类电池	
	具有传染性和生物活性的医疗废弃物、无机酸和腐蚀剂、爆炸物	
	包含石棉的废弃物、放射性废弃物、含高浓度的氰化物废弃物	
	将要销毁的化学武器或生物武器、未分类市政垃圾、其他不知组成成分的废弃物	

水泥行业可利用的工业废渣主要有以下几种。

粉煤灰是从煤燃烧后的烟气中收捕下来的细灰，是燃煤电厂排出的主要固体废物。我国火电厂粉煤灰的主要氧化物组成为 SiO_2、Al2O_3、FeO、Fe_2O_3、CaO、TiO_2 等。“十一五”末，我国粉煤灰年产生量达 4.8 亿吨。据预测，“十二五”末，我国粉煤灰年产生量将达到 5.7 亿吨。粉煤灰在水泥工业和混凝土工程中有以下应用：粉煤灰代替黏土原料生产水泥；粉煤灰作水泥混合材；粉煤灰生产低温合成水泥；粉煤灰制作无熟料水泥，包括石灰粉煤灰水泥和纯粉煤灰水泥。2013 年 3 月 1 日新修订的《粉煤灰综合利用管理办法》正式实施，对比 1994 年原国家经济贸易委员会等六部门联合发布的《粉煤灰综合利用管理办法》，对粉煤灰处理提出了更严苛的要求，也更具可操作性。

脱硫石膏有两种定义，分别来自欧洲和美国测试学会(American Society for Testing and Materials，ASTM)。这两种定义分别如下：脱硫石膏来自烟气脱硫企业，是经过细分的湿态晶体，是高品位二水硫酸钙($CaSO_4 \cdot 2H_2O$)；脱硫石膏是一种化工副产品，主要是在废气脱硫过程中产生的，主要由含两个结晶水的硫酸钙组成。到“十一五”末，我国有 3 亿千瓦燃煤发电机组配置石灰石—石膏法脱硫设施，每年产生 4500 万～5000 万吨的脱硫石膏。脱硫石膏可代替天然石膏做水泥缓凝剂，或者纸面石膏板。

钢渣主要由钙、铁、硅、镁和少量铝、锰、磷等的氧化物组成。在水泥行业，钢渣可以作水泥混合材、混凝土骨料。我国约有 90%为转炉钢，年产生的钢渣量超过 0.63 亿吨。

电石渣是在乙炔气、聚氯乙烯、聚乙烯醇等工业品生产过程中，电石(CaC_2)水解后产生的沉淀物，主要成分为 $Ca(OH)_2$。每吨电石水解后约产生 1.15 吨电石渣。电石渣可代替石灰石生产水泥熟料，不仅可以节省不可再生的石灰石资源，还可以减少 CO_2 气体排放，保护环境，降低成本。

水泥窑协同处置工业废物，按在水泥窑系统中的主要作用分为替代原料、替代燃料、销毁处置三种类别。

随着我国工业化进程的加快，工业固体废弃物产生量逐年增加(见表 4.10)，2014 年，全国一般工业固体废物产生量 32.6 亿吨，综合利用量 20.4 亿吨，贮存量 4.5 亿吨，处置量 8.0 亿吨，倾倒丢弃量 59.4 万吨，全国一般工业固体废物综合利用率为 62.1%。全国工业危险废物产生量 3633.5 万吨，综合利用量 2061.8 万吨，贮存量 690.6 万吨，处置量 929.0 万吨，全国工业危险废物综合利用处置率为 81.2%。

表 4.10　2001—2013 年全国工业固体废物产生和处理情况　　单位：万吨

年度	产生量		排放量		综合利用量		贮存量		处置量	
	合计	危险废物	合计	危险废物	合计	危险废物	合计	危险废物	合计	危险废物
2001	88746	952	2894	2.1	47290	442	30183	307	14491	229
2002	94509	1000	2635	1.7	50061	392	30040	383	16618	242
2003	100428	1170	1941	0.3	56040	427	27667	423	17751	375
2004	120030	995	1762	1.1	67796	403	26012	343	26635	275
2005	134449	1162	1655	0.6	76993	496	27876	337	31259	339
2006	151541	1084	1302	20.0	92601	566	22398	267	42883	289
2007	175632	1079	1197	0.1	110311	650	24119	154	41350	346
2008	190127	1367	782	0.07	123482	819	21883	196	48291	389
2009	203943	1430	710	0	138186	831	20929	219	47488	428
2010	240944	1587	498	0	161772	977	23918	166	57264	513
2011	322722	3431	433	0	195215	1773	60424	824	70465	917
2012	329044	3465	144	0	202462	2005	59786	847	70745	698
2013	327702	3157	129	0	205916	1700	42634	811	82970	701

注：2011 年环境保护部对统计制度中的指标体系、调查方法及相关技术规定等进行了修订，故不能与 2010 年直接比较

（二）工业废渣综合利用服务

1. 粉煤灰综合利用

粉煤灰可作为生料配料或者混合材使用，粉煤灰能够提供水泥熟料所需的 SiO_2、Al_2O_3，增加抗压强度。粉煤灰作为原料对能耗有两方面的影响：颗粒粗的粉煤灰粉磨较困难，会使能耗上升；颗粒较细的粉煤灰因达到产品成品质量要求，可直接入选粉机进行筛选，因而能耗降低。但使用粉煤灰对质量有一定的要求，粉煤灰的 f-CaO 不能过高，否则易使水泥的安定性不合格，对 SO_3、水分和活性指数都有一定的要求。

2. 脱硫石膏综合利用

脱硫石膏是电厂烟气脱硫的产物。水泥厂使用脱硫石膏替代天然石膏，对脱硫石膏的质量有一定的要求：脱硫石膏的水分不能过高，否则会造成堵料、断料，并使水泥中的 SO_3 波动达不到控制标准。SO_3 含量和不溶物也必须达到一定的要求，不溶物偏高时会严重影响水泥早期强度和凝结时间，SO_3 稳定性差时会引起水泥凝结时间波动，甚至导致水泥不合格。另外也要关注脱硫石膏的结晶水，要重点关注流动性，确保喂料畅通，不影响水泥质量。目前采取的防范措施为下料口贴树脂板、加振动器防堵处理。

3. 钢渣综合利用

钢渣作为补充铁质的原料，与其他的原料一同进入生料磨进行粉磨。使用钢渣配料后，提高了熟料的品质，熟料的 3d 抗压强度由原来的 30.5MPa 提高到 31.52MPa，28d 强度由原来的 56.5MPa 提高到 58.7MPa。现在已将钢渣通过采用联合粉磨系统工艺，达到一定细度后，作为水泥与混凝土的混合材使用，并精选出内含的钢粉回用，使钢渣利用更加合理。

（三）城市固体废弃物清洁化处置服务

在新型干法水泥生产线大力发展的今天，水泥工业中 35%以上采用了大中型的旋风预热器、分解炉和回转窑组成的稳定的烧成系统和装备来煅烧水泥熟料。由于生料的分解炉温度达 880 摄氏度左右，熟料煅烧温度达 1400 摄氏度以上，熟料煅烧过程中承受有害废气和物料的容量较大，废弃物烧结后的产物成为合格熟料的组分，不会引起二次污染。而且，水泥厂一般远离居民区，处理废弃物的优势明显。水泥窑协同处置垃圾与新建垃圾电厂相比，技术优势显著，见表 4.11。

水泥熟料烧成系统可综合处理的废弃物有生活垃圾、部分工业废弃物、商业活动废弃物、部分医疗垃圾、城市污泥等。可以利用回转窑系统吸收废弃物焚烧过程中产生的有毒气体，废弃物焚烧后剩下的灰渣可以作为水泥的组分，其中有毒的组分，如少量重金属会固化在水泥中，真正做到废弃物处理的“三化”目标，使危害降到最小。另外还可以降低水泥厂的能耗，降低生产成本，有利于提高水泥厂的生产效益，同时也减轻了社会对环保的压力，保证了废弃物处理过程无二次污染，还可以减少对自然资源和不可再生能源的开采，实现资源的再利用和经济的可持续发展。

表 4.11　新建垃圾电厂与水泥窑协同处置垃圾相关指标对比

对比指标	新建日处理量 1000 吨的垃圾电厂	新建日产熟料 5000 吨的水泥厂
日垃圾处理量	1000 吨	1000 吨
总投资	4 亿～6 亿元	4 亿～5 亿元
装备国产化率	≤70%	≥90%
年运转率	70%～80%	85%～90%
年垃圾处理量	25 万～29 万吨	30 万～33 万吨
运转稳定性	对垃圾的数量、质量要求高	对垃圾数量、质量波动的适应力强
二次污染	焚烧炉灰需特殊处置	没有二次污染

注：如果利用已有的新型干法水泥窑，总投资预计仅为 3 千万元左右

利用水泥窑处置废弃物因无废渣排出，可作为生产原料再利用，符合废物处置无害化、减量化、资源化原则。其优点包括以下几点。

焚烧温度高。水泥回转窑内物料温度约 1450 摄氏度，气体温度约 1750 摄氏度，在此高温下，废物中的有机物焚毁去除率达到 99.99%以上。

停留时间长。一般物料从水泥回转窑窑头到窑尾总的停留时间在 20～60 分钟，气体在大于 850 摄氏度以上的停留时间在 8 秒以上，是一般专业焚烧炉的 4 倍。

碱性环境。水泥窑内的碱性物质可以和废物中的酸性物质中和，有效抑制酸性物质的排放；没有废渣排出，不对环境造成二次污染。

废气处理效果好。水泥工业烧成系统和废气处理系统，使燃烧之后的废气经过较长的路径和良好的冷却设备和收尘设备，有着较高的吸附、沉降和收尘作用，且收集的粉尘可以重新利用。

(四)污泥清洁化处置服务

水泥窑协同处置污泥技术是协同处置工业废物的一种，相对于处置其他废物来说，不仅量大，也比较稳定，在国内水泥企业采用较多，国内《水泥窑协同处置污泥工程设计规范》标准已试行。利用水泥窑系统的高温煅烧功能处理污泥，一方面可以利用污泥的发热量，另一方面其灰分也可作为水泥配料的一部分，实现了污泥处理的零排放。这种污染控制与资源化利用结合到一起的技术，称为城市污泥的多元集成处置技术。

目前国内利用水泥窑协同处置污泥的技术主要有直接送烟室焚烧处置、直接干化后焚烧处置、间接干化后焚烧处置等。

1. 直接焚烧污泥处置技术

污泥直接输送到烟室燃烧，灰渣作为熟料成分。水泥窑直接焚烧污泥工艺流程为专用汽车运输(湿污泥)—污泥接受仓(密闭)—带计量的污泥泵—烟室或分解炉。

该工艺流程简单，设备少，占地面积小，运行费用低，对环境基本没污染；缺点是能耗较高，处理污泥量有限(一般处置量＜4%熟量产量)，2500t/d 熟料水泥生产线一般

每天只能处理 100 吨含水量 80%的污泥。

该技术适用于对处理污泥补助相对较少的欠发达地区和产生污泥量较少的城市。污泥喷入点的选择极为重要，值得深入研究；污泥物理形态与化学成分、重金属等微量元素的成分和处理范围也值得深入研究。

2. 直接干化污泥处置技术

含水率较高的污泥经压榨脱水成为易于运输的泥饼运至水泥厂，利用水泥窑余热烘干泥饼，干化污泥作为替代原燃料送入水泥窑分解炉或窑头煅烧，具体工艺流程见图 4.6。

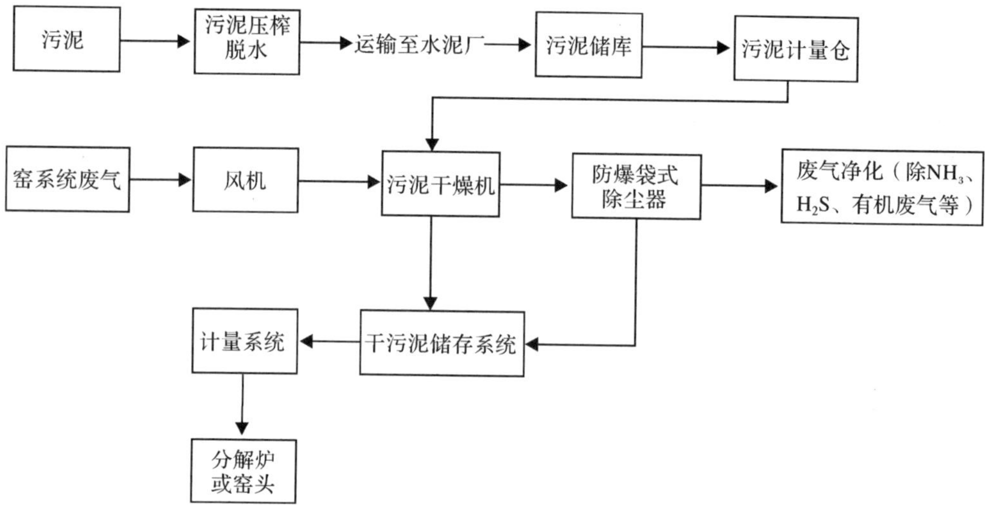

图 4.6　直接干化污泥然后焚烧干化污泥工艺流程框图

污泥直接干化过程必须控制的安全要素是：氧气含量＜12%；粉尘浓度＜$60g/m^3$；颗粒温度＜110 摄氏度。干燥器干化污泥后排出的烟气经过袋式除尘器(防爆)后排出。

该技术工艺流程较复杂，设备较多，占地面积大，运行费较高。利用废气的热量，产生的干化污泥热值高，可以代替部分燃料，提高水泥窑处理污泥量。排出的烟气量大，臭气气体量较多，需要采取适宜的处理臭气技术。利用废气直接干化污泥产生的臭气尚无有效的处理技术，需要研究投资少和运行费用低的臭气处理技术。

该技术适用于水泥窑废气未开展余热利用的企业、产生污泥量较大的城市或地区。

广州越堡水泥有限公司协同处置污泥(日处理污泥量 600 吨)过程中二噁英的排放量 0.026ng TEQ①/Nm^3，优于欧洲标准要求。噪声在 100dB(A)以下，达到水泥行业标准。

3. 间接干化污泥并焚烧干化污泥处置技术

从分解炉和烟室抽取余热烟气进锅炉加热导热油，利用导热油间接干化污泥，然后输送干化污泥到分解炉焚烧。干化污泥作为替代燃料和原料使用。工艺流程见图 4.7。

① TEQ：国际毒性当量(Toxic Equivalent Quantity)。

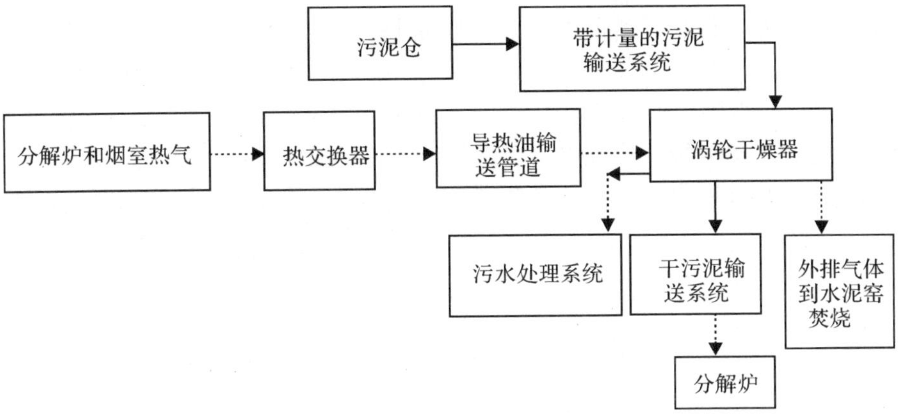

图 4.7　间接干化污泥然后焚烧干化污泥工艺流程图

该技术工艺流程较复杂，占地面积大，间接式干化机采用进口设备，投资大，运行费高。产生的干化污泥热值高，可以代替部分燃料，提高水泥窑处理污泥量。从污泥中蒸发出来的水要经过处理达标后排放，排出的废气(包括二噁英)要达到水泥行业排放标准。

该技术适用于产生污泥量较大和处置补助较高的城市或地区，也可采用余热锅炉的蒸汽，通过间接干化机来干化污泥。

间接干化机主要是采用进口或进口技术国内生产的，价格较贵，不利于推广，需要研究干化效率高的间接干化机。

投加干化污泥后窑尾废气中污染物的排放情况，即二噁英小于 0.1ngTEQ/m^3；臭气浓度，98(无量纲)。二噁英满足《水泥工业大气污染物排放标准》(GB 4915—2004)中的排放限值(0.1ng TEQ/m^3)；铅、镉、汞和氯化氢满足大气污染物综合排放标准(GB16297—1996)中的排放限值(铅，排放浓度 0.75mg/m^3，排放速率 0.35kg/h；镉，排放浓度 0.80mg/m^3，排放速率 3.08kg/h；汞，排放浓度 0.011mg/m^3，排放速率 0.090kg/h；氯化氢，排放浓度 97mg/m^3，排放速率 15.60kg/h)；氟化氢满足北京市《冶金、建材行业及其他工业炉窑大气污染物排放标准》(DB11/238—2004)中关于水泥行业的 B 区Ⅱ时段的标准限值(排放浓度 2mg/m^3)；臭气浓度满足国家《恶臭污染物排放标准》(GB14554—1993)的排放限值(排放浓度 60000)。

粉尘排放浓度约为 15mg/m^3，噪声级约为 70-100dB(A)，污水采用水处理后达到《污水再生利用工程设计规范》(GB50335—2002)中规定的“再生水用作冷却用水的水质控制指标”的要求后作为设备循环冷却水回用于生产。

四、典型案例：北京金隅——水泥窑无害化处置废弃物

过去，水泥企业大力开展利用工业固体废物，强调资源综合利用，并因此争取到国家资源综合利用政策的税收优惠。这种利废行为逐渐地演变为排废企业和利废企业共同的逐利行为，政府和社会也因此淡化甚至漠视水泥企业利废的环保贡献。

但是，通过环保部门认定并颁发许可证的水泥窑协同处置工业危废物为水泥工业环

保转型打开了一个突破口。目前对污泥的协同处置虽然存在竞争，但是，相对于污泥焚烧发电，或相对于污泥在其他建材产业中的利用，其不产生二次污染排放和处置过程安全卫生的特点，仍得到了市政部门的认可。目前最具争议性的是对生活垃圾的协同处置。由于先入为主，生活垃圾焚烧发电早已进入市政环卫规划，并争取到国家上网电价补贴政策，有一大批环保专家服务于垃圾焚烧产业，其中有的成为水泥窑协同处置生活垃圾的质疑者和反对者。

尽管不能像垃圾发电企业享受政府补贴，一批龙头水泥企业仍坚持不懈努力，华新水泥、海螺集团、华润水泥、中材集团、金隅集团等龙头企业通过技术创新和产业化推广，建立了适应不同条件下协同处置生活垃圾的各种技术路线和产业示范工程，为水泥工业向环保产业转型奠定了坚实基础。

金隅集团建成并成功运营国内第一条具有自主知识产权的利用水泥窑无害化处置工业废弃物生产线，不但实现了水泥生产过程中部分原材料的有效替代，而且有机物有害成分的焚毁率达到99.99%，彻底解决了传统处置过程中产生的二次污染问题。自主研发建设的水泥窑无害化、资源化处置城市生活污泥生产线于2009年10月竣工，年处置能力占北京市生活污泥总量的四分之一。承建的北京市危险废弃物处置项目也于2008年年底投入运行。这些项目的投运，不仅发挥了建材窑炉工业的自身优势，也培育了新的经济增长点，开辟了新的发展途径。

“生活垃圾焚烧飞灰的资源化利用”项目，为北京市环保产业的发展提供了有力的技术支撑，目前已在北京琉璃河水泥厂建设一条年处理3万吨的垃圾飞灰生产线；“城市污水处理厂处置工程”项目为解决北京市乃至全国城市生活污泥处置难题提供了一种新途径、新思路。金隅电子废弃物处置中心专门处置电子、含汞废物、含铅废物三大类工业危险废物。一系列具有循环经济的环保产业项目，既促进了自身经济效益和资源利用效率的最大化，也为城市发展、环境安全和社会和谐做出了积极贡献，荣获了我国环保领域最高奖项——“中华环境奖”。

中国经济发展进入新常态阶段，经济发展方式正从规模速度型粗放增长转向质量效率型集约增长，经济结构正从增量扩能为主转向调整存量、做优增量并存的深度调整。新常态下，固定资产投资和房地产投资大幅下滑，水泥行业面临着产能过剩、需求增长动力不足、环境约束不断加大的严峻形势。企业如何适应新常态、转变发展方式，在行业面临诸多困难的环境下，取得长足的发展？可以说，“金隅模式”给出了一份很好的答案。

早在十年前，金隅集团就开始实施水泥产业向循环经济发展方式的转变，是水泥行业转型升级的先行者。2005年，国内首条利用水泥窑无害化处置危险废弃物示范线在北京水泥厂投入运营。为了实现绿色发展，“十一五”节能减排投入超21亿元，工业企业烟尘、粉尘、二氧化硫、化学需氧量等主要环保指标，在同行业中始终名列前茅。在资源利用方面，年均消纳粉煤灰、脱硫石膏、废陶瓷、矿山废石等各类废弃物近千万吨，占北京市废物综合利用总量近20%。金隅集团充分发挥水泥窑炉自身独特优势，先后自主研发和建成运营我国首条利用水泥窑无害化处置工业废弃物示范线、首条利用水泥窑无害化处置和资源化利用城市污水处理厂污泥生产线、首条水泥窑协同处置生活垃圾焚烧飞灰生产线及国内技术设备最先进和体系最完善的危险废弃物处置线。金隅集团可处置国家危险废弃物名录49类危险废弃物中的43类，在京年处置污水处理厂污泥20余万吨、生活垃圾焚烧飞灰9600吨、各类危险废弃物10万吨。生态岛8年来处理了北京市绝大部分污染场地，累计修复污染土壤200多万立方米。

2008年北京奥运会和2014年北京APEC会议期间，京津冀地区绝大多数水泥生产企业面临停产，金隅集团北京水泥厂因承担环保职能，成为唯一不停窑的水泥企业。“十二五”期间，金隅集团建材制造业全面转型为“政府好帮手、城市净化器”，水泥产业转型升级为与环保产业共生共融，实现了水泥产业由灰转绿。

中国建筑材料联合会会长乔龙德曾盛赞金隅集团北京水泥厂是中国水泥行业的一个亮点，并从五个方面给予了极高的评价：一是在发展理念、发展模式、发展方向上正确，实现处置废弃物、脱硝脱氮、节能减排等关键点，给了全行业信心，也为水泥行业第二代新型干法改造提供了思想基础；二是“北水”始终坚持技术创新，在技术进步上从来没有停止过，抓住了企业发展的根基；三是把企业责任与社会建设、城市发展融为了一体；四是获得了很多社会和政府认可的荣誉，体现了“北水”这个品牌的价值；五是实现了发展水泥工艺与提升技术相结合、发展经济与环保产业相结合、废弃物处置与节能减排相结合、企业利益与社会责任相结合。

从“十一五”末期开始，北京金隅根据首都功能定位，提出“走出去”发展战略，将自身产业规划布局拓展至全国。邯郸金隅太行是2005年年底北京金隅在河北省整合重组的第一家水泥企业。此后又陆续整合重组了鹿泉鼎鑫、赞皇天塔山、涉县宙石、涿鹿永兴、宣化黄羊山、燕赵等水泥企业，并投以重金对这些企业进行产业升级和环保改造，使河北的水泥工业水平有了很大提升。

京津冀及周边地区是中国大气污染最严重的区域，为加快京津冀及周边地区大气污染综合治理，国家六部委发布的《京津冀及周边地区落实大气污染防治行动计划实施细则》提出：到2017年，北京市、天津市、河北省细颗粒物(PM2.5)浓度在2012年基础上下降25%左右；电力、钢铁、水泥、有色等重点行业到2015年，完成脱硝、脱硫、降尘等设施改造任务。

中央一再强调，京津冀协同发展要以区域基础设施一体化和大气污染联防联控作为优先领域，要以产业结构优化升级和实现创新驱动发展作为合作重点，努力实现优势互补、良性互动、共赢发展。金隅水泥板块的战略规划布局是京津冀环渤海区域。面对资源约束趋紧、环境约束提高的双重挑战，金隅集团一方面对全部水泥厂进行水泥窑脱硝技术改造工程以及物料全封闭化改造，另一方面进一步加快利用水泥窑处置城市废弃物，使之成为金隅集团的新型环保产业，并为水泥工业做出行业示范。

作为我国第一批循环经济试点单位，北京金隅氮氧化物排放浓度和氨逃逸浓度远远优于国家及地方相关标准，能源资源消耗水平及碳排放强度等各类节能减排指标居全国同行业前列。北京金隅已将水泥窑协同处置工业(危险)废弃物的领先优势拓展至河北省，与赞皇金隅、涿鹿金隅、承德金隅、曲阳金隅等企业的处废合作项目已被列入《河北省危险废物污染防治实施方案(2013—2017年)》中13个危险废物污染防治重点工程，有效服务于现代化城市生态文明建设。“不比体重比健康”，让企业回避了行业产能严重过剩的风险，赢得了绿色制造的安全空间。

金隅集团董事长蒋卫平在谈到企业转型升级时提到，转，不是退，也不是简单地转向别的行业，而是在做强做优做实主业的基础上，多元地延伸和优化产业链。金隅集团的转型升级，必须坚持“存量要转型、增量要升级”的理念。存量的转型，是指企业现有的各要素组合，必须适应新常态下的发展情况；增量升级，通过科技投入、研发、改革创新来实现，它包括产业功能的升级、资产的升级、销售收入的升级、利润的升级，也包括对社会效益和生态效益方面的升级。例如，金隅的水泥和新型建材制造业必须适应环保新常态的要求，水泥协同处置粉尘和氮氧化物的排放，不仅要达到国家标准，而且要接近零排放，金隅的目标是：让每一个企业都像花园一样，不仅是生产出水泥等产品，成为稳定税收和就业的“政府好帮手”，还要成为“美丽中国”的“城市净化器”。水泥企业利用水泥窑协同处置城市生活垃圾、固体废弃物及危险废弃物，赋予“城市净化器”的功能，就能实现产业功能的转型，同时也促进水泥产业的持续发展。

目前，水泥窑协同处置技术正在完善和提升，市场应用规模正在快速扩大。无论支持垃圾焚烧发电的专家认可与否，水泥窑协同处置生活垃圾在不产生二噁英、不产生固体危险废物、不影响熟料生产质量，不导致公众反对而产生重大社会稳定问题、不需要地方政府划拨土地、甚至不需要中央政府额外补贴等方面具有竞争优势。只要市场公平竞争，严格环保监测，相信处置城市生活垃圾的技术选择会逐渐转向水泥窑协同处置。但是，市场资源有限，水泥企业应加快行动，占领这个战略竞争高地。

可以肯定，通过将水泥工业定位为废物资源化利用的循环经济关键节点产业和协同处置工业危废物、城市垃圾的环保产业，水泥工业将会实现华丽转身，以新的绿色环保服务产业功能拥抱生态文明建设，以环保水泥产品服务于社会经济发展。

第六节　绿色建材效能增值服务

一、基本内涵

建材产品效能增值的服务化转型是指运用现代生产技术，优化产业结构和提升工艺水平，生产高标号水泥、烧结砌块和脱硫石膏板等建筑材料，加快发展集安全、环保、节能等功能于一体的新型建筑材料及部品，构建循环经济体系，实现“减量化、再利用、再循环”；生产并提供低碳环保建材产品，推动绿色消费和建筑节能，实现节能减排、扩大内需、改善民生，实现城乡经济社会发展一体化。

二、发展现状及趋势

绿色建筑是我国建筑业的发展方向，对材料的选用很大程度上决定了建筑的“绿色”程度。2012 年 4 月 17 日，财政部与住房和城乡建设部联合颁发的《关于加快推动我国绿色建筑发展的实施意见》（财建〔2012〕167 号）指出：“到 2014 年政府投资的公益性建筑和直辖市、计划单列市及省会城市的保障性住房全面执行绿色建筑标准，力争到 2015 年，新增绿色建筑面积 10 亿平方米以上，到 2020 年，绿色建筑占新建建筑比重超过 30%”。

我国绿色建材产品应符合以下趋势。

产品符合且高于相关标准要求。各类产品符合相应的产品标准是基本要求。同时，对于不同的建筑材料应针对自身属性，提出关键性指标，并适度提高其指标技术要求。如耐久性、节能性能、节水性能、防火性能等。

产品应具有满意的环境安全性。有害物质限量的强制性国家标准只是产品市场准入的最低门槛，以水性内墙涂料的挥发性有机物（volatile organic compounds，VOC）值为例，《室内装饰装修材料 内墙涂料中有害物质限量》（GB 18582—2008）的要求为≤120g/L，而《环境标志产品技术要求水性涂料》（HJ/T 201—2005）的要求则为≤80g/L；《奥运工程环保指南——绿色建材》则从健康环保的角度提出了≤50g/L 的更高要求。所以，仅满足国家强标显然不符合绿色建材的理念，应在此基础上和具有可操作性的前提下提出更高标准要求。

产品宜具有合理的功能性。建筑产品在保证其基本使用性能的前提下，宜赋予其改善室内声、光、热和空气质量的功能性，以改善人居环境，这是建筑材料的重要发展方向之一。

全生命周期环境负荷低的产品。据统计，我国建材的含能（碳排放）占了建筑全生命周期的 20%～25%，不容忽视。某些“零能耗建筑”，通过高耗能的技术投入，实现建筑运行阶段的所谓“零能耗”，其实质是将巨大的能源消耗和环境污染转移到前期的建筑材料生产及施工等阶段。从这个角度出发，绿色建筑选用的建筑材料应在资源开采、原材料制造、产品生产、运输、使用、维护以至废弃最终处置的全寿命周期中减少对自然资源和能源的消耗，降低对环境的不利影响。具体措施包括选用生产过程中含能（碳排放）低的建筑材料、选用利废型建材产品等。

绿色建材效能增值要坚持如下四大原则。

坚持安全质量。以保障建筑物安全和品质为行业发展基本宗旨，不断提升新型建筑材料防火、抗震等防灾减灾性能。

坚持节能环保。满足人民生活水平不断提高的新期待，适应建筑使用功能和建筑节能的新要求，提升新型建筑材料节能环保等性能。

坚持创新驱动。加大研发投入，创新发展模式，加快开发安全、环保、节能、经济等综合性能优良的新型建筑材料。

坚持因地制宜。统筹兼顾资源环境、建筑结构、文化风俗、市场需求等因素，积极发展适合区域特点的新型建筑材料及部品。

三、转型路径

（一）转型方向

1. 新型建筑材料

新型墙体材料。砌块、建筑板材和多功能复合一体化产品，轻质化、空心化产品，石膏板复合保温板、硅酸钙板、外装饰挂板、蒸压加气混凝土板及各类多功能复合板等产品，高强度、高孔洞率、高保温性能的烧结制品及复合保温墙体材料。

保温绝热材料。建筑外墙用安全环保型保温材料，节能自保温型建筑墙体及材料，高速运输装备用安全型绝热材料及制品，真空隔热材料、热反射材料、相变材料等新型绝热材料，耐 1300 摄氏度以上高温的绝热材料及制品。

建筑防水材料。改性沥青防水卷材、自黏型防水卷材、热塑性弹性体防水卷材、种植屋面用抗根穿刺防水材料及防水保温一体化产品，柔性太阳能薄膜防水卷材，聚氨酯、聚脲类防水涂层，聚合物乳液类防水涂料和玻纤胎沥青瓦等。

建筑装饰装修材料。环保型墙纸，环保、耐候、自洁净型建筑涂料，环保、功能型实木复合地板和强化木地板，环保型多功能门窗，防腐木材、木塑制品，耐水、耐火、高强等功能性纸面石膏板，保温、防火、耐候及涂色铝塑复合板等。

2. 功能型水泥基复合材料

自 1824 年发明以来，硅酸盐水泥材料已有近 200 年的历史，生产工艺技术不断创新，从立窑发展到节能、高品质和生产高效的现代新型干法工艺。我国新型干法技术经过三十余年的发展已成熟，生产技术装备达到国际市场广泛认可的先进水平。与工艺创新形成巨大反差的是硅酸盐水泥基材料技术创新未能有革命性突破，因而应用领域未能有突破性发展。与此同时，高性能水泥混凝土技术的成熟和广泛应用将显著提高混凝土建筑物的使用寿命，从中长期来看，这将从消费端减少对水泥混凝土的需求。可以预见，如果没有水泥基材料革命性创新带来新的市场需求，随着基础设施的完善和建筑物服役寿命的延长，也随着其他材料的竞争(如结构钢、复合材料、各种新型墙体材料等)，水泥需求将逐渐下降，直至一个维持性的最小需求。当然，如果水泥基材料的创新出现重大突破，极大地拓宽应用领域，则可能是“柳暗花明又一村”的景象。

水泥基复合材料是以水泥作为主要胶凝材料和基体，通过各种复合措施制成的高性能无机材料，如纤维混凝土、高性能混凝土等。由于其具有优异的物理力学性能和耐久性，因而广泛应用于结构工程、建筑构件和制品制造等。功能化是水泥基复合材料近年来的主要发展方向。

1) 水泥基复合吸声材料

近年来，水泥基复合材料在吸声降噪领域的应用研究进展迅速。采用物理成孔技术、掺杂技术、结构堆积技术和梯度层合技术等优化水泥基复合材料的表面和内部吸声结构，形成大量开口孔、孔结构细密且相互连通的水泥基复合吸声材料。其主要有水泥基块体吸声材料和水泥基板状吸声材料两大类。

水泥基块体吸声材料砌筑直接形成声屏障，通过对其块型、结构、表面状态优化设计，使其吸声面具有良好的吸声性能。水泥基块体吸声材料背面可加工成各种装饰面(如劈离、凿毛等)，提高声屏障的装饰性能。代表性产品有吸隔声砌块、单元式吸声砌块、轻质陶粒混凝土砌块、高效吸声装饰块等。由中国建筑材料科学研究总院和武汉天博环保科技发展有限公司联合研制的具有种植钵的环保型吸声墙体砌块，2003 年应用于襄樊高速公路武当山段声屏障工程，降噪量大于 10dB，具有装饰和种植功能。

水泥基板状吸声材料在现场直接拼装形成声屏障，其迎声面形状、构造和表面状态均可按设计要求进行优化，从而具有良好的吸声性能。水泥基板状吸声材料质量较轻，施工方便，特别适用于各类桥梁声屏障工程。代表性产品有水泥珍珠岩吸声板、发泡陶粒混凝土吸声板、木材泡沫水泥吸声板等。由中国建筑材料科学研究总院和北京泰科立高新技术有限公司联合研制的无机高效复合吸声板将应用于深圳轻轨吸声式疏散平台工程，目前正在施工。

由中国建筑材料科学研究总院主持完成的国家高技术研究发展计划(863 计划)项目"交通路网用水泥基复合吸声材料的研究"于 2005 年通过原建设部科技司组织的部级鉴定。研究成果水泥基木梗复合吸声材料以木质纤维材料构架为吸声主体，通过优化内部吸声结构，设置表面强吸声结构和吸声材料——背板空腔共振吸声结构辅助吸声，提高吸声降噪效果。通过混杂增强、板(网)状材料增强、界面强化和组成优化，提高复合吸声材料物理力学性能和耐久性。至今已在数十个吸声降噪工程中使用 5 万多平方米，显著改善了大型交通路网的周边声环境。该成果获 2006 年度北京市科技进步奖三等奖，2007 年获国家发明专利。

2)水泥基复合保温隔热材料

随着我国建筑节能工作的全面推进，对保温体系用保温隔热材料提出了新的需求，如热工性能好、性价比高、耐久性好、施工方便等，水泥基复合保温隔热材料能满足这些要求，近年来其研究与应用工作取得显著进展。通过内部成孔、掺加超轻集料、优化组成与配比等措施，降低水泥基复合材料密度，赋予其良好的保温隔热性能，同时保证基本使用性能和耐久性。其主要有泡沫混凝土、保温砌筑砂浆、水泥-EPS 复合保温材料等。

近 10 年来，泡沫混凝土在我国发展迅速。从原材料、生产工艺与装备、应用技术到标准，已形成了相对完整的生产应用技术体系。近年来，利用泡沫混凝土中含有大量封闭孔隙，从而表现出良好的保温隔热性能的特点，将研发方向从轻质材料和轻质结构材料扩展到保温材料，并取得成功。中国建筑材料科学研究总院先后研制成功 WYC10 型泡沫发生器、CCW-2008 型混凝土泡沫剂、FA 泡沫混凝土憎水剂、密度为 $300kg/m^3$～$900kg/m^3$ 的保温隔热用泡沫混凝土，制定行业标准《泡沫混凝土砌块》(JC/T1062—2007)，正在制定《屋面保温隔热用泡沫混凝土》行业标准。泡沫混凝土已广泛用于屋面保温隔热工程、外墙外保温工程、地暖隔热工程、自保温建筑砌块和复合墙体填充材料等。

水泥基墙体屋面复合保温材料是中国建筑材料科学研究总院承担的国家"十五"科技攻关课题"小城镇新型建材技术研究与开发"的研究成果，2005 年通过原建设部科技司组织的部级鉴定。水泥基墙体屋面复合保温材料采用再生膨胀聚苯乙烯颗粒、无机复合胶凝材料，增强和改性组分，通过结构和组成优化设计，采用物理成孔技术、混杂增强技术、界面强化技术、增黏保水技术、掺杂改性技术等制备而成，具有优异的热工性能、物理力学性能和耐久性。该成果已实现大规模产业化，先后转让给国内 10 个省市区的 22 家企业，新材料已在江苏等 13 个省市区的数百个建筑工程的 700 多万平方米墙体和屋面保温工程中使用，获直接经济效益 2.2 亿元，利税 6580 万元，节约资金 1640 万元，回收利用废弃聚苯乙烯泡沫 20.6 万立方米。先后获中国建材集团公司科技进步奖一等奖、中建总公司科学技术成果奖，并被列为 2006 年全国建设行业科技成果推广项目。

3) 高性能轻集料混凝土

与传统混凝土相比，优质的高性能轻集料混凝土强度高，质量轻 20%以上，更耐久(无碱—集料反应)，在建造大跨度桥梁和超高层建筑时，结构自重会大幅度减轻，相应地材料用量会减少，基础荷载也会降低，建筑总造价降低 5%～20%。从建筑节能方面看，在我国北方采用高性能轻集料混凝土作外墙，冬季较实心黏土砖或普通混凝土可节能折合标准煤约 30%～50%。如考虑夏季降温能耗，全年总建筑节能将达 40%～60%。这些都会提高建(构)筑物的使用性能，降低工程总造价。因此高性能轻集料混凝土是水泥基复合材料轻量化的重要发展方向。

高性能轻集料混凝土是中国建筑材料科学研究总院承担的国家“十五”科技攻关课题“高性能轻集料混凝土的研究与应用”的研究成果。该成果首先在高性能轻集料混凝土用高性能轻集料的原料技术性能与加工工艺技术、原料配合比优化设计、成型技术和烧成工艺参数等方面取得突破性进展，制备的高性能轻集料呈碎石状，表层致密，具有较高的筒压强度和低吸水率，在制备高性能轻集料混凝土时，该轻集料无须预浸泡，简化了施工工艺。其次在利用高性能轻集料配制高性能轻集料混凝土的配合比设计方法、集料上浮性评价体系、原材料及其技术条件、制备工艺与应用技术、耐久性等方面的研究均取得显著进展，形成了高性能轻集料混凝土制备、生产、施工的成套技术。在“十一五”期间重点开展了高性能轻集料混凝土的变形性能等关键性能研究，以及在建筑、道路与桥梁工程的应用开发，进展顺利。

4) 装饰性水泥基复合材料

赋予水泥基复合材料的装饰性，是提高材料自身价值的重要途径。重要产品包括装饰性砌筑材料、装饰性建筑板材、装饰砂浆和压印混凝土等大类。

装饰混凝土砖和砌块的装饰性来源于色彩、表面造型和后处理。就色彩而言，彩色和用于清水墙的本色混凝土砖和砌块应属于装饰混凝土砖和砌块范畴;就表面造型而言，装饰混凝土砖和砌块的装饰性通过采用特制模具成型，脱模后表面装饰性能通过凹槽、凸圆弧、凹圆弧、肋条、曲面等体现，可以是彩色或本色；采用专门的后处理设备对砖或砌块进行后期加工，如劈离、凿毛、喷丸、拉纹、研磨、水刷等，使其外表面具有良好的视觉效果，这是装饰混凝土砖和砌块的主要发展方向之一。此外，通过混合料不均匀拌和同样可以产生良好的装饰效果。日本的装饰混凝土砖和砌块研发工作处于世界领先地位，并广泛应用。近年来，我国通过引进和消化吸收也取得进展，多功能装饰混凝土砌块已用于新农村建设。中国建筑材料科学研究总院系统地开展了劈离砌块、凿毛砌块和条纹砌块及防水剂研究，研制了劈离机、凿毛机等后处理设备，主持制定了行业标准《装饰混凝土砌块》(JC/T641—2008) 和国家标准《装饰混凝土砖》(GB/T 24493—2009)。

欧美和日本等开展装饰性建筑板材研究较早，在生产技术、装备和应用技术方面日益完善。我国尚处于发展阶段，各种水泥基外墙装饰板品种繁多，中国建筑材料科学研究总院在此方面开展了大量研究，如 2000 年科技部小康住宅项目“住宅用 GRC 外装饰系列产品研制与应用技术”2002 年原国家经济贸易委员会技术创新项目“多功能成组立模复合墙板生产线工艺技术装备开发”等，制定了行业标准《玻璃纤维增强水泥装饰制品》(JC/T 940—2004)。在承担国家“十一五”支撑计划课题“乡村建筑用经济型建筑墙板的研发与应用”期间，研制成功装饰性外保温板和外挂板，完成以外挂板为主要部件的三板一柱轻钢结构建筑研究与实践。

5)透水性混凝土

透水性混凝土是一类非封闭型多孔混凝土，采用特殊级配的集料、水泥、增强剂和化学外加剂等经特殊工艺制成。由于集料级配特殊，在混凝土中含有大量的孔隙，并且这些孔隙是连通的。降雨时，雨水将沿这些贯通的“路线”进入路基，渗入地下。与普通混凝土相比，透水性混凝土的基本特征是高透水性。透水性混凝土在道路工程中的应用有两种方式，即现浇透水性混凝土路面和制成透水性混凝土路面砖进行铺装。

在道路和地面工程中，德国、美国、日本等早已广泛使用透水性混凝土及制品，尤其是日本。20 世纪 90 年代，中国建筑材料科学研究总院率先研制透水性混凝土及制品，透水性混凝土在北京御京花园试用，透水性混凝土路面砖在北京月坛地区使用。研究成果《透水混凝土制品的研究与应用》于 1998 年通过原国家建筑材料工业局组织的部级鉴定，技术先后在北京、江苏、内蒙古、山东等省市区推广应用。近年来，随着综合国力的增强和认识的提高，透水性混凝土及制品在我国得到广泛应用，正处于大发展阶段，研究工作更加深入。2006 年，郑州会展中心广场大面积使用透水性混凝土浇筑，单体工程量为国内之最，取得了良好的环境效益。先后制定了行业标准《透水砖》(JC/T 945—2005)、《透水水泥混凝土路面技术规程》(CCJJ/T 135—2009)。

3. 特种水泥

新中国成立后，水泥行业突飞猛进地发展，开发出众多水泥新品种。改革开放后，在市场机制作用下，优胜劣汰，不断进步，形成了一个具有中国特色的特种水泥体系。

中国特种水泥体系分三大类，即特种硅酸盐水泥、铝酸盐水泥和硫铝酸盐水泥。特种硅酸盐水泥有大坝水泥、油井水泥和装饰水泥等品种系列，以及核电水泥和道路硅酸盐水泥等品种。铝酸盐水泥包括 CA-50 铝酸盐水泥、CA-60 铝酸盐水泥、CA-70 铝酸盐水泥和 CA-80 铝酸盐水泥四个品种。硫铝酸盐水泥分普通硫铝酸盐水泥和铁铝酸盐水泥两个品种系列。

特种水泥是国民经济发展中必需的工程结构材料和功能材料。以市场为导向而形成的特种水泥体系各品种广泛应用于我国现代化建设。大坝水泥系列的中热硅酸盐水泥应用于举世闻名的长江三峡大坝建设。油井水泥系列的 A 级、D 级和 G 级油井水泥保证了我国油田不同井深的固井需要。装饰水泥系列中的白色硅酸盐水泥用于国家大剧院的内部装饰装修。核电水泥用做核能反应堆容器外部的混凝土防护壳。铝酸盐水泥作为不定形耐火材料普遍应用于水泥、冶金和石化等工业的高温耐热装置。CA-60 铝酸盐水泥用于建造航天火箭发射台的导流槽。CA-50 铝酸盐水泥在现代建筑工程上用于制作各种干拌砂浆，如自流平砂浆等。

硫铝酸盐水泥是中国建筑材料科学研究总院与生产、应用单位密切协作于 20 世纪 70～80 年代开发出的水泥新品种。开发成功后即应用于冬季施工建筑结构工程、快速施工城建工程、刚性防水工程、海洋建设工程和各种水泥制品。1978 年用快硬硫铝酸盐水泥冬季施工的北京复兴门国家海洋局大楼和 1994 年用快硬铁铝酸盐水泥冬季施工的辽宁物产大厦等高层建筑目前都在正常使用。1992～1993 年用快硬铁铝酸盐水泥快速施工的北京三环路立交桥，如燕莎桥、安贞桥和航天桥等，至今安然无恙。1981 年年底到 1982 年年初用快硬铁铝酸盐水泥建造的福建东山岛南门海堤，经二十多年的日夜风吹浪打，依然十分坚固，砌缝水泥砂浆表面完好无损，抗海水腐蚀性能非常好。硫铝酸盐水泥已有 20～30 年的安全使用历史，这对水泥新品种而言非常难能可贵，为进一步开发创造了十分有利的条件[①]。

当前我国的水泥工业已进入构建资源节约和环境友好型的低碳绿色产业的新阶段，特种水泥的发展正是适应了这样的新形势。具有补偿收缩功能的大坝水泥和新开发出的核电水泥满足了发展清洁能源的需要。铝酸盐水泥作为不定形耐火材料，对水泥、冶金和石化等行业高温耐热装置的节省能源和提高设备运转率具有关键性作用。硫铝酸盐水泥生产与通用硅酸盐水泥相比，可减排 CO_2 30%，由于烧成温度低 100～150 摄氏度，其 NO_x 排放量也较低，这些对保护环境有利。硫铝酸盐水泥用于冬季施工和快速施工可使工程建设做到省、好、快，大大提高了经济效益和社会效益。铁铝酸盐水泥用于海洋工程可大幅度提高工程使用寿命。通用硅酸盐水泥经 3～4 年使用后必须进行修补，经涂层处理后，使用期也只能延长到 7～8 年。根据现有的考察资料判断，快硬铁铝酸盐水泥在海洋工程的使用寿命是 20 年以上。

特种水泥对创建资源节约型环保友好型社会虽正发挥着重要作用，但随着社会进步尚需进一步开发。从目前特种水泥新品种的性能、添加料、用途等情况，可以大致将特种水泥研发方向确定为以下五个：一是常用水泥性能的改进；二是特殊性能水泥的开发；三是生态水泥研究；四是水泥替代其他材料研究；五是工艺水泥研究。值得说明的是，这种划分并没有绝对的意义，更多的是表明其中某一种突出特点。例如，替代其他材料的水泥产品本身也是一种具有特殊性能的水泥。很多常用水泥生产技术改进也带有生态环保特点[②]。

1）工程水泥性能改进

这类研究主要方向是改善现有水泥的质量和技术性能指标、解决工程中出现的问题。

防水水泥：这种称作“阿卡法尔特”的水泥，是日本为防止地铁隧道壁面渗漏地下水而开发的，系在普通水泥中掺入沥青乳剂，并加入用于纸尿布吸水剂的聚合物制成。它最适合砌筑隧道壁作增强材料兼防水材料用，固化后具有人类指甲般的弹性，不易产生裂缝，而且在水中也能不变形地硬化，不会对地下水产生污染。

玻璃水泥：俄罗斯研制出一种奇异的高强度玻璃水泥。这种水泥中掺有一种篁铁玻璃纤维。它主要用在修筑大型建筑物时，不用加钢筋，即可达到与通常的钢筋混凝土同样的坚固程度。俄罗斯目前用这种玻璃水泥制作活动围墙、屏风、天花板，起到了美丽神奇的妙效。

加糖水泥：前苏联建筑科学院研制成功的这种新奇水泥，系在水泥原料中掺入榨糖的下脚料和蔗糖一同烧结而成。它的强度特别高，是普通水泥的 5 倍，非常适用于承受

① 王燕谋. 深化科技体制改革进一步开发特种水泥. 中国水泥，2013,（5）: 36-38.

② 部分资料摘录自《我国特种水泥的现状与发展前景》。

大重量的混凝土基础。

球粒水泥：日本研究人员发现，普通水泥微粒长约 20～30 微米，呈三角形或方形等形状。送入研磨机研磨只能使微粒数量增加，不能改变形状，而将其送到高速气流中任水泥微粒相互撞击、摩擦，则可磨掉棱角而制得球粒水泥。用球粒水泥制备混凝土，因其微粒像轴承一样易旋转，流动性增强，不仅节约用水，且强度要比使用普通水泥高 30%～50%。

长效水泥：日本一家公司经研究证实，有机填料能大大减少水泥结构的裂纹，其中乙二醇酯的衍生物和氨基醇的效果最好。含乙二醇的化合物可防止气泡的产生，而在水泥中掺加氨基醇则能生成防锈的吸收层，使用这种填料水泥的建筑物，至少能使用 500 年，比一般水泥结构高出 4～5 倍。

耐海水水泥：它由日本研制，是在混有 SiO_2 细粉的硅酸盐水泥中加入酸性磷酸铝而制成的，二者的重量比为 100∶(0.1～5)，当这种水泥混有 40%～50% SiO_2。细粉和酸性磷酸铝 0.5%时，用 100 份这种水泥与 40 份砂、50 份水混合均匀，经成型硬化为试块，在海水中浸泡 8 星期后，其尺寸变化只相当于用硅酸盐水泥同砂、水混合均匀制成试块的 1/4。

米糖水泥：美国一水泥厂利用米糖做原料，经过自燃炉加温—生成非晶态硅灰—气灰分离—硅灰分离—硅灰粉碎—加入高炉矿渣、沸石—混合设备—产品等工艺过程，将米糖中所含 20%的灰分提炼出来而制成硅灰水泥。这种高级耐酸水泥强度高、凝固速度快，在 10%盐酸溶液中浸泡一年也不会变质。

2) 特殊性能水泥的开发

在水泥的现有功能中再加上其他功能，为实现某些特殊的建设目的提供可能。

自愈水泥：自愈水泥内掺一些黏性流体并由一些多孔的纤维包裹，一旦水泥裂缝，纤维外包装也破裂，将混合物放出，填补裂缝。该水泥还包含一种防护性药剂，因为用来回固的钢筋会由于盐分和污水的腐蚀而生锈。用这种纤维将钢筋包起来，可防止砼中的钢筋腐蚀。这种水泥可应用于重点工程，因其只产生微小裂缝，可避免更大的灾害性断裂，在应用中可提高建筑物的安全系数。

防噪声水泥：奥地利科学家受隔音室多孔板的启示，研制出一种多孔水泥。这是在水泥中拌以石灰石或砾石等料，再加些化学阻滞剂。这样，铺出来的路面可以吃掉公路上的噪音。另外突出的颗粒路面反光小，颜色与环境较和谐，视觉舒适，不污染环境。

导热水泥：加拿大研制出一种具有热传导性能的水泥。这是在水泥浆中加入非金属传导粒子和纤维，通上电以后，水泥变热。这种水泥可用于铺设寒冷地区住宅周围的路面、机场道路，建造民房和热力储藏系统。

导电水泥：俄罗斯一家钢筋水泥研究所发明了一种廉价而通用的屏蔽材料——炭水泥。为了使水泥能导电，在水泥中添加了有导电性能的无烟煤或焦炭粉末。用这种水泥建造楼房，使楼房本身就成为一个屏障，并且比金属屏障更加安全可靠。制作导电水泥时，要注意其有很高的反射系数，造成室内电磁波能量级很高。为保护工作人员和灵敏仪器，他们又发明了更理想的导电水泥，既能很好地吸收电磁辐射，又具有很低的反射系数。它的研制成功可使电磁防护费用减少到原来的 1%。导电水泥不仅可用来建造新型厂房，也可用作防护涂层。由于导电水泥在有电流通过时会发热，这样的发热既安全又不会引起燃烧，因此，可用其建造热交换器、干燥室、不结冰的机场跑道、人行道和楼梯，以及建造带有暖墙的住房。

贮热水泥：这是一种多孔泡沫水泥，具有重量特轻、比重小于水、强度很高等特点。在高层建筑中使用它无须打桩，利于加快建设进度，并可在白天贮存太阳光的热量，夜间再慢慢地放出热量，因而是一种建造太阳能房屋的材料。

3) 具有生态保护功效的水泥

人类在生产建设过程中使用了大量的资源，也产生了大量的垃圾，对生态环境造成了很多不可逆转的危害，如何利用废料生产具有使用价值的水泥，是一个重要的研究方向。

吸水水泥：日本鹿岛建设公司研制出具有吸水功能的水泥。使用这种水泥混合而成的混凝土。其表面可自然生长出植物。一般混凝土为防止内部钢筋腐蚀，仅能吸收其重量 3%的水分，而这种吸水水泥因为掺有植物纤维，其重量不仅减轻了 30%，并且最多可能吸收占其重量 35%的水分。另外，这种水泥并不因吸有大量水分而使其强度下降。这种水泥由于表面长有植物，可制成各种混凝土，用来制造河川、海洋的防波堤，这样可有效地保持水边生态；若用于城市大楼屋顶或墙壁，则可缓和温室效应，有助于城市绿化；还可在水泥上面种菜、种树；在沙漠地区，用来种树是最好的“土壤”；还可任意做成蜂窝状，放在海中，为鱼类和溪流生物安家；还可安放在树上，为鸟儿筑巢。这种巢穴，最大的优点是，不怕腐蚀，耐高温、抗冻。

垃圾水泥：日本太平洋水泥公司研究出一种生态水泥。其原料是城市垃圾和石灰石，用 0.6 吨垃圾和 0.8 吨石灰石可以制造出 1 吨水泥。在垃圾灰用作水泥原料之前，先通过金属回收系统从中分离和回收铜、铅、锌等金属成分，再经过回转窑里 1350 摄氏度的高温烧结，其中的二噁英等有害物质会被分解。该公司的产品有两种：一种是清除了氯成分的普通型生态水泥；另一种是含氯的快速石化型生态水泥，均可用作建造房屋、道路、桥梁和改良土壤的材料等。

硫矿渣水泥：法国开发出的这种水泥是利用低品位硫黄矿渣或含硫土为主要原料，经过研磨后只需加热到 120 摄氏度，可节约很多能源。据实验表明，这种硫矿渣水泥的强度和其他技术指标与普通硅酸盐水泥差不多。这项成果为在没有石灰石矿的地区开辟水泥的原料来源提供了一个新方向。

粉煤灰水凝水泥：它由美国发明，是用粉煤灰与浓磷酸进行反应后制成的一种高强度水泥。制作时，将粉煤灰与浓度至少为 70%的浓磷酸(重量比)反应所得混合物进行破碎，并磨细成粉状，可以同砂子等骨料混合配制砂浆或混凝土，其强度要比波特兰水泥高。

亚纳米高强粉煤灰水泥：目前我国已经将亚纳米高新技术应用于水泥熟料煅烧、粉磨等工序中，通过提高熟料标号、粉体细度、比表面积等技术指标，从而生产出耐磨、快硬、早强水泥及铝、铁、硫酸盐等特种水泥。可以大幅提高水泥的强度、比表面积、熟料单耗等技术指标。这种水泥的大量生产获得很高的经济效益和环境效益。其在生产水泥时，粉煤灰掺量达到 50%左右，它不但利用了粉煤灰固体废物又清洁了环境，更增强了水泥性能，是发展循环经济的一个成功范例。

4) 水泥替代其他材料

由于某些材料需要大量使用并且其本身造价较昂贵，用替代水泥来替代其功能可以很大程度上节约资源。

破布水泥：德国研制了一种破布水泥。该水泥是由被切碎的纺织品废料和水泥一起产生的水泥般的原料，含有包上一层化学物质外壳的纺织纤维。因此这种建筑材料富有弹性、透水且耐寒，非常适合网球场的铺设及特殊公路。用这种破布水泥铺设的网球场深受网球运动员的欢迎，他们再也不会感到关节疼痛，网球也蹦得更高了。

碳纤水泥：日本的 TIASET 公司与东邦人造纤维公司共同研制成一种新型碳纤维补强水泥。这种水泥由 2 种成分组成。一种是特制的超细水泥，其颗粒达微米级，为普通水泥的 1/10；一种是聚丙腈碳纤维，用作补强剂，其直径为 7 微米，并以约 10 微米的间隔均匀地排列在超细水泥中。这样的组合方式使该水泥强度极高。例如按重量计，掺入 15%的碳纤维，强度可达 250 兆帕；掺入 20%的碳纤维，强度高达 548.8 兆帕。而普通水泥仅有 30～50 兆帕。这种水泥还具有重量轻、耐高温、阻燃性好等特点。其通用于各种建筑工程，也适用于航天工程。

陶瓷水泥：由日本东京工业大学研制成功。原料取自于大自然中的铝酸钡、氧化硅和水，三者的比例为 2∶4∶1，成本十分低廉。在室温下可在较短时间内硬化，硬度可与硬塑料媲美，膨胀系数小而稳定，在 50 摄氏度高温下还能保持原有理化性能。它的优越性是可替代某些陶瓷和某些塑料。

木质水泥：瑞典研制出一种木质水泥，这是在水泥中加入了聚合物颗粒制成。用这种水泥制出来的制品，可以像木材一样锯切、钉钉子、开螺孔等，并有良好的隔声和防火性。

荧光水泥：日本研制出一种荧光水泥。这种水泥中添加了硫化锌发光物质的颜料、骨料，可发出红、蓝、绿、黄、象牙色 5 种颜色的光。它吸收阳光和灯光，只要接触到几分钟的光，就能发光 15～60 分钟。这种水泥不燃而耐火，耐久性强，无公害。多用于在公路上标划车道、人行道线和各种路面标志等，可贮存白天的日光及来往车辆的灯光，夜晚时闪闪发光，构成“夜光公路”，给城市夜色增添光彩，方便夜行车辆。它不但可用于交通道路、地下隧道，还可用于室内照明。

5) 用于工艺品的水泥

很多大型工艺品在制造过程中需要大量的资源，其造价可能很高，通过技术改进，工艺水泥可以在大型工艺品制造方面表现出它易于生产、使用灵活等得天独厚的优势。

可塑水泥：英国研制了一种可塑水泥。这种水泥采用特殊配制和制造工艺，使用时，加水调和后可以 48 小时内具有柔软性和可塑性。并且具有较高的拉力，类似于陶瓷的泥料性能，不用模型而可以人工塑造各型器具及工艺美术品等，48 天后开始硬化，强度类似于陶瓷。

彩色变色水泥：德国研制了一种可变换颜色的水泥。这种水泥是在普通水泥中加入了二氧化钴。用它建造的房子，干燥时呈蓝色，潮湿时呈紫色，下雨吸水后变成一系列色。因此，只要看房子颜色，就可以知道天气变化。

软性水泥：我国台湾研制成一种新型的软性水泥，这种水泥是一种高分子复合材料，与定量的纯水泥干粉拌合成胶泥状。该水泥具有优越的柔软性和弱性。这种水泥可用在防水地段和体育场所上。

弹力水泥：英国牛津大学研制成功的这种水泥，系在生产流程中减少水泥的含水量，并加入一种聚合物，使其强度比普通水泥高 10 倍，而且具有柔韧性。使用这种水泥时，可像面团一样随意拉长、卷叠、挤压，或者注入预先做好的模具内，制成各种水泥制品，而且可大大节约原材料。用这种水泥的净浆可制备弹簧、棒、管、盘和唱片等。

4. Low-E 节能玻璃

Low-E 玻璃又称低辐射玻璃，是在玻璃表面镀上多层金属或化合物组成的膜玻璃产品。工业制造 Low-E 玻璃主要有磁控溅射和常压化学气相沉积工艺。磁控溅射工艺的离线 Low-E 玻璃属于软膜玻璃，其耐磨性、耐腐蚀性、热稳定性较差，不能单片使用，必须加工成中空玻璃才能使用。截至 2011 年年底，国内共有离线 Low-E 玻璃生产线 35 条，离线 Low-E 玻璃产能 3000 万平方米。据卓创数据统计，2014 年国内离线 Low-E 玻璃生产线共计 120 条，合计年产能约 4.26 亿平方米。较 2013 年全国新增 Low-E 玻璃生产线 12 条，产能增加 6800 亿平方米，增幅 19.43%。常压化学气相沉积工艺的在线 Low-E 玻璃属于硬膜，其耐磨性、热稳定性均较好，可以进行带膜钢化、热弯，可以较长时间储存，可单片使用，生产成本大大降低。相对来说，我国离线 Low-E 比在线 Low-E 生产技术成熟，已初步形成规模产业。

据最新统计，目前在线 Low-E 玻璃的生产技术掌握在英国的 Pilkington、美国的 PPG 等少数几家大公司手中。在北美、欧洲等地区浮法玻璃生产线中，在线生产 Low-E 玻璃的装配率约为 15%～20%。我国的杭州蓝星新材料技术有限公司拥有在线 Low-E 玻璃生产技术的完全自主知识产权，其发明的在浮法玻璃退火窑内镀低辐射膜的创新方法，形成世界范围独有的浮法退火窑 MOCVD 生产 Low-E 玻璃成套技术。而国际其他公司生产技术具有共性，全部是在锡槽内镀低辐射膜，即浮法锡槽 CVD 生产 Low-E 玻璃生产技术。

表 4.12　我国部分在线 Low-E 生产线情况

序号	厂名	技术拥有者	地点	规模
1	上海耀华皮尔金顿玻璃股份有限公司	皮尔金顿	江苏常熟	600T/D 一条
2	大连旭硝子玻璃有限公司	Glaverbei	辽宁大连	600T/D 一条
3	漳州旗滨镀膜玻璃有限公司	Arkema 公司	福建漳州	600T/D 一条
4	河北沙河迎新玻璃集团		河北沙河	600T/D 一条
5	秦皇岛耀华功夫有限公司		河北秦皇岛	600T/D 一条
6	山东金晶科技股份有限公司	美国	山东淄博	600T/D 一条
7	山东中玻特种玻璃有限公司	中国玻璃控股公司杭州蓝星形材科技技术有限公司	江苏东台	600T/D 一条
8	威海蓝星玻璃股份有限公司		山东威海	600T/D 一条
9	中玻蓝星（临沂）玻璃有限公司		山东临沂	600T/D 一条

由于技术上难度巨大，再加上国内镀膜玻璃生产技术基础薄弱，我国在线 Low-E 玻璃还未形成规模产业化。与离线 Low-E 玻璃产能大幅上涨相比，在线 Low-E 玻璃产能增长则相对理性。由于国家对节能产品的重视程度有所提高，在浮法玻璃窑炉不再审批的情况下，部分厂家意向转建在线 Low-E 玻璃生产线。由于在线产品价格较高，以及受低价离线产品的持续冲击，市场走势较为清淡，厂家维持按单生产为主，产能利用率持续偏低。在此背景下，2014 年在线 Low-E 玻璃生产线仅河南地区增加 1 条，产能 600 万平方米。在线 Low-E 玻璃生产线共 11 条，产能同比增长 10%。江苏地区占全国总产能的 28%，吴江南玻、东台中玻、常熟耀皮各 1 条生产线，产能 1800 万平方米。福建地区在线 Low-E 玻璃生产线 2 条，产能 1800 万平方米，占比 18%。除此之外，辽宁、山东、天津、河北、海南各有 1 条生产线，产能均为 600 万平方米。表 4.12 为我国部分在线 Low-E 生产线情况。

对平板玻璃制造业来说，发展常压化学气相沉积工艺制造在线 Low-E 玻璃是一个很好的选择。一方面，制造在线 Low-E 玻璃需要常压化学气相沉积工艺与浮法玻璃生产工艺的完美结合，平板玻璃制造业丰富的浮法玻璃生产经验在实施这一结合中具备先天优势。常压化学气相沉积工艺是一种高速沉积工艺，其成膜速度快，可以匹配浮法玻璃生产线的高速拉引，适合在线连续作业，产品尺寸长度不受镀膜反应器限制，浮法生产线上的玻璃成型或退火区可为常压化学气相沉积工艺提供镀制 Low-E 玻璃所需的高温沉积环境，无须对玻璃基板进行加热处理，因而可以节约大量的能源，制备出效率高、成本低的在线 Low-E 玻璃。另一方面，在线 Low-E 玻璃作为一类高附加值的玻璃产品，可以满足产业整合升级和产品结构调整的需要，将浮法玻璃生产工艺与常压化学气相沉积工艺相结合，生产在线 Low-E 玻璃等高附加值产品，是平板玻璃制造业升级产业优化产品结构的首选之路。

生产在线 Low-E 玻璃具有很高的技术难度，主要的核心技术是大尺寸镀膜的均匀性控制和制造作业的稳健性。相关的核心技术也是针对这两大挑战的解决方案。由于一系列建筑节能标准和条例的实施，导致 Low-E 玻璃的市场需求迅速增加，但我国 Low-E 玻璃依赖进口的局面仍然没有较大的改观。因此，加快我国 Low-E 玻璃生产线的建设势在必行。

一方面要开发完全拥有自主知识产权的稳定 Low-E 镀膜产业化生产技术。可以仿照国内离线 Low-E 玻璃的发展历程：全套引进国外先进技术与装备—引进核心装置和部件，仿照国外生产线进行组装或改造—在消化吸收基础上，集成创新 Low-E 生产线。扶持以科研设计单位为主导的生产技术或核心装备的引进，通过生产实践投入，加快对引进技术和装备的消化吸收及集成创新，完善在线 Low-E 玻璃的生产技术，并形成自有知识产权的在线 Low-E 玻璃生产技术和核心装备，扶持有实力的生产企业对引进生产线核心装置进行技术整改或替换，并推出自有知识产权的核心装备进行生产实践验证，从而替代进口，降低产品成本，使在线镀膜工艺走上良性发展的轨道。

另一方面应尽快制定出台 Low-E 玻璃在建筑应用方面的相关政策标准。为扩大节能玻璃的应用范围，建议提高建筑节能标准，强制性使用 Low-E 节能玻璃，争取将“门窗节能”列入工程验收等方面有实质性的突破。在线和可钢化离线技术在国内的发展使

Low-E 有望大面积、规模化生产；配套设备和技术的国产化将降低 Low-E 在国内应用的门槛，为强制政策出台具备了现实基础；从长远发展的角度看，随着国家建筑节能战略的实施，Low-E 中空玻璃的市场需求必将快速增长，建设优质 Low-E 镀膜玻璃生产线符合企业自身发展需要，从政策和技术以及发展需求方面都具备了大规模产业化的条件。

（二）转型重点

1. 加快结构调整

积极发展集防火、抗震、环保、保温、防水、降噪、装饰等多种功能于一体的新型建筑墙体和屋面系统等材料及部品。着力发展安全环保型防火保温材料、节能环保型门窗和建筑墙体。发展太阳能光伏发电—建筑一体化屋面系统及太阳能光伏发电墙体，与屋顶绿化相关的屋面材料及部品。

发挥大企业在技术、资金、管理等方面的优势，实施兼并重组，加快行业整合，培育龙头企业。充分发挥中小企业多、贴近市场、机制灵活、创新能力强的优势，积极培育“专、精、特、新”的“小巨人”企业，引导产业链各类企业协同发展，形成以优势骨干企业为龙头、大中小企业配套发展格局。在城镇周边合理布局新型建筑材料加工基地，支持一批产业链完整、特色鲜明、主业突出的新型建筑材料工业园区加快发展，加大节能环保新型建筑材料在新农村建设中的推广力度。

2. 发展循环经济

对现有窑炉生产线实施节能改造，推广余热利用、变频调速及内掺燃料等节能技术。鼓励综合利用煤矸石、粉煤灰、矿渣、副产石膏、建筑垃圾等固体废弃物，建立与相关产业相衔接的循环经济生产体系，扩大资源综合利用范围和利用量。积极开展清洁生产审核，完善清洁生产评价体系。

3. 加快技术创新

在新产品、专用技术装备、建筑部品等方面加大研发力度。

加快技术改造步伐。支持节能型隧道窑替代轮窑、变频电机替代传统电机等技术改造，推广窑炉节能、自动切码运系统、挤压成型和液压成型等技术，提高防水卷材生产装备的大型化、自动化和节能减排水平，改造升级节能门窗制造和配套技术。

制定新型建筑材料新产品标准，研究适合新产品应用的设计规范、施工规程及通用图集，加快与建筑规程规范的衔接。制定新型建筑材料部品目录，构筑标准化、系列化和专业化部品体系。

4. 突出重点工程

新型建筑材料发展工程：为绿色建筑发展、既有建筑节能改造提供材料支撑，推动安全环保节能的新型建筑材料及制品产业发展。结合城镇及新农村建设、安居工程、建筑节能改造等专项工作，发展安全环保型外墙防火保温材料、轻质墙板、硅酸钙板、节能建筑墙体、节能门窗、节能屋面系统、节能阻燃防水材料等，建设示范工程推广使用新型建筑材料。

建筑部品基地建设工程：为建筑工业化和住宅产业化提供材料支撑，加快推进新型建筑材料工业向加工制品业方向发展。选择若干中心城市，按照循环经济、节能减排、集聚发展的模式，支持一批产业链完整、特色鲜明、主业突出的新型建筑材料工业园区建设，发展部品化的新型建筑墙体、屋面系统及其他深加工建筑部品，建设建筑部品生产基地，推进建筑部品化。

资源综合利用示范工程：提高资源综合利用水平，建设资源综合利用产业示范工程，修复改善生态环境。在相关产业发展集聚区，或既有固体废弃物堆存地周边，遵循资源综合利用和循环经济发展规律，利用固体废弃物无害化利用的新技术，逐步增加无害化利用的固体废弃物品种，建设示范工程，推进综合利用产业化。

四、典型案例：北新建材——绿色建筑材料集成服务商

北新建材是A股上市公司，是全球最大的石膏板产业集团，是我国新型节能环保建材规模化生产和应用的引领者。目前北新股份正致力于从最大的石膏板生产商向为公共建筑和家庭客户提供一揽子应用解决方案的集成服务商转型。通过技术创新、商业模式创新和管理创新，从绿色新型建材产品生产厂家向标准墙体部件的系统方案提供商和集成服务商转型，从提供纸面石膏板、矿棉吸声板等绿色建材产品向提供复合外墙系统、新型屋面系统、隔声楼板系统、轻质内隔墙系统、环保内装饰系统、节能门窗系统、采暖辅助系统、住宅智能化管理成套技术等部品部件系列转型。

北新建材是我国建材工业“靠新出强”的典范。1979年引进我国第一条年产2000万平方米大型现代化石膏板生产线，开创了我国现代石膏板工业的新纪元。通过自主创新，2004年建设了中国最先进的年产3000万平方米石膏板生产线，2005年全套引进中国第一、世界领先的年产5000万平方米的石膏板生产线，2006年建设了中国第一条100%以电厂废弃物脱硫石膏为原料的年产3000万平方米石膏板生产线。公司按照国务院国有资产监督管理委员会“央企要有国际竞争力”的要求，强化主业发展，2013年公司在全国20多个省市拥有石膏板生产线54条，产能规模达到16.5亿平方米，跃居成为全球最大石膏板产业集团。截至2014年年底，公司石膏板产能达到17.8亿平方米，新增建设的石膏板生产线2014年年底竣工后，北新建材拥有的全资和控股的大型石膏板生产线即达到69条，继续保持全球最大石膏板产业集团的龙头地位。公司预计在“十二五”期间，业务规模将超过30亿平方米。

北新建材是以“绿色建筑未来”为产业发展方向核心理念，将“品牌建设”和“技术创新”作为两大战略引擎，致力于为公共建筑和家庭客户提供一揽子“低碳、节能、环保”的绿色建材和绿色建筑解决方案。目前拥有以下三大应用体系。

墙体及吊顶系统：由石膏板、龙骨、矿棉板、岩棉及配套产品构成的墙体及吊顶系统解决方案。

住宅部品及建筑节能系统：由门窗、暖气片、龙牌漆、静音管等住宅部品构成的建筑节能环保系统。

新型房屋及建筑外围护系统：轻钢结构新型房屋、木结构新型房屋及金邦板、金邦瓦建筑装饰外围护系统。

近年来，国内建筑施工行业和工程方对建材性能的要求越来越高。北新建材自主研发的宾馆饭店隔声墙体系，隔声量可达45～53dB，过道防火墙体系，耐火极限可达1.5～4小时，目前已在重庆市希尔顿酒店、乌鲁木齐华凌大酒店、郑州索非特国际饭店、西安香格里拉大酒店、武汉江城明珠豪生大酒店等工程上得到采用。

北新建材为银行业提供特种防火墙体系，确保每一个安全空间具有独立耐火功能，根据设计要求耐火极限可达1～4小时，减轻周围火情的侵害。提供特殊房间和地下金库高性能防火、防潮、防盗墙体系，集多种功能于一体，防患多种安全隐患。中国银行总行、中国工商银行总行办公楼、青岛国际金融中心等银行金融机构都是北新建材成功的工程案例。

学校作为培养人才的摇篮，随着现代教育的发展，人们对教育环境与质量的要求越来越高，不仅体现在对学校教学主体的建筑建材本身的安全性、环保节能性能要求，如对教学楼的抗震性能、防火性能，以及涂料的挥发性有机物、甲醛、苯类化合物低含量的要求，也体现在对建筑结构的室内声环境等软指标上的要求，如建筑墙体的隔声、吸声性能、门窗的密闭性方面要求的提高。北新建材提供各类房间的石膏板隔墙，如普通教室房间隔墙，音乐教室、琴房、语言教室的隔声吸声墙，满足各类教室之间的隔声要求，对房间的混响时间也有严格的控制。北新建材根据《民用建筑隔声设计规范》(GBJ 118－88)以及新版报批稿要求，通过技术研发使走廊及门庭的顶棚材料的降噪系数不低于0.4，在各类教室布置适当的吸音材料以控制混响时间，提高语音的清晰度。北新建材产品用于学校工程的案例也很多，如北京大学教室、天津南开大学主教学楼、西安交通大学图书馆等。

医院是特殊的弱势群体公共场所，必须考虑整体环境的健康环保性，北新建材一直坚持生产绿色产品、提供绿色建材的产业理念，确保产品长期使用无毒无害，提供过道、特殊房间多种防火墙体系，耐火极限可达1～4小时，大厅、走廊或病房采用多种吊顶吸声体系，在满足装饰的基础上具有一定吸声降噪功能，减少声反射，创造宁静的空间环境。北京朝阳医院、武汉协和医院外科大楼、上海东方医院、南京肿瘤医院等都是北新建材成功的工程案例。

随着生活水平提高，人们越来越关注居住的舒适性，对门窗保温、隔热性能、卫生间防潮、内墙漆的环保性等要求越来越高。北新建材针对住宅建筑提供超级隔热断桥铝门窗体系，具有优异隔声、保温性能，气密性、水密性好，不受外界干扰；提供绿色环保涂料，无毒无味；提供超级静音排水管道体系，减少噪声困扰，营造宁静健康生活环境。珠江国际城、郑州世纪之星、远洋山水、燕轻源等都是北新建材成功的工程案例。

工业厂房是大空间建筑，内装相对简单，更多侧重于外饰面、保温、隔热、采光等整体功能，北新建材在厂房建筑方面积累了较多经验，能够设计、安装厂房框架钢结构，利用金邦板复合外墙体系提供外墙外保温，集外墙装饰、保温于一体，利用高容重岩棉为室内提供重量轻，保温、节能效果好，施工方便的保温材料。北新建材用于工业厂房的工程案例也有很多，如苏州天丰矿棉板厂、东方基业汽车城、三一重工、湖南长丰猎豹汽车总厂等。

旧房改造，节约能耗，保护环境是国家经济发展中遵循的产业政策，而降低取暖开支，又能享受温暖是人们希望的目标。对很多结构完好的旧房，通过北新系统解决方案可以增加一层外墙外保温功能，而且整个过程全部干法作业，花色品种多，具有时尚现代装饰效果，使外墙重新美化装饰，另外可提供屋面装饰系统、内墙装饰系统，旧貌换新颜，既有效又经济，与改造前相比可节约30%的能耗。

第五章 建材产业服务化转型的政策措施和建议

资源和环境是大自然赋予人类社会的宝贵财富。当前，雾霾天气范围扩大，环境污染矛盾突出，大自然向粗放发展方式亮起了红灯。作为资源依赖性强、环境敏感度高的建材产业，转变发展方式更是刻不容缓，实施服务化转型战略、打造服务型产业体系，是建材产业发展方式转变的有效途径。

从生产型向生产—服务型转变，打造服务型产业体系，是建材产业服务化转型的目标。打造服务型产业体系主要通过全面树立服务观念、加大服务要素投入、加快发展服务产业、建立服务导向的评价体系等实现。结合前文研究，提出以下建材产业服务化转型的措施和建议，包括树立服务理念、完善市场机制、加大科技创新、培育新兴产业、推进转型试点、完善评价体系、培养创新人才、加强国际合作等。

第一节 发达国家支持制造业服务化转型的主要做法

制造业服务化是当今世界制造业发展的重要趋势，制造业强国纷纷将其作为提升制造业发展水平的重大战略。发达工业国家政府通过制造业服务化有关政策推动，实现了制造业的转型和提升，巩固和强化了世界制造业强国地位，对我国工业转型升级有一定的启示和借鉴作用。

一、美国制造业服务化支持政策及措施

全球金融危机爆发以来，很多专家认为，金融危机的根源在于近十年来美国经济的“去工业化”，美国新的经济增长必须依靠实体创新而非金融创新，因为金融创新导致了房地产市场泡沫破灭、金融市场过度扩张及金融资产过度升值、商业银行和投资银行混业经营风险无法控制等。2011 年 8 月，美国总统奥巴马签署《制造业促进法案》。2012 年在国情咨文中，奥巴马强调“构建永恒的美国”的关键是重振美国制造业、发展本土能源、提高劳工技能教育及复兴美国价值。“再工业化”战略成为美国重塑竞争优势的关键。

美国奥巴马政府提出“再工业化”战略，是一种现实的考量。尽管制造业在美国经济中的比重只有 15%左右，但由于经济总量巨大，美国制造业在全球的份额仍高达 20%左右。现在，美国力图通过“再工业化”重振本土工业，一方面是防止制造业萎缩失去世界创新领导者的地位，另一方面是要通过产业升级化解高成本压力，寻找像“智慧地球”一样能够支撑未来经济增长的高端产业，而不是仅仅恢复传统的制造业。Roy Rothwell 和 Waiter Zegveld 把“再工业化”定义为产业的结构转型面向高附加值、知识密集要素和产品，以及服务于新市场以新技术创新为主的产业等。

美国学者和研究机构将“制造业服务化”定义为以产品为导向的服务类型，主要由

传统产品制造商所提供，并将产品视为提供服务或功能的工具或平台，具备市场销售性，能满足消费者个性化需求。

2009 年 2 月，经美国参议院和众议院协商形成了规模达到 7870 亿美元的刺激经济方案——《美国复兴与再投资法案》，期待通过管理和发掘科学与技术创新的力量和潜能来重建美国经济。2009 年 4 月，奥巴马在乔治敦大学的演讲中，首次提出重振制造业战略构想。奥巴马提出在国民经济各行业中，只有制造业抗危机冲击能力最强，对保持国民经济稳定、保证就业具有举足轻重的作用。因此，重振美国制造业，应作为美国经济长远发展的重大战略。不仅如此，奥巴马认为，要继续保持美国在 21 世纪的世界领导力，特别是重新树立美国在高技术领域的领先地位，必须依靠制造业的振兴，依靠大量受过良好训练的工程师和技术工人。

2009 年 6 月，美国颁布《清洁能源与安全法案》《制造业促进法案》等系列法案，搭建起重振制造业的法律框架，也提出了重振美国制造业所需采取的大量措施。特别是《清洁能源与安全法案》，将清洁能源产业作为制造业中的重点发展对象，明确了美国清洁能源产业发展的目标、路径和政策措施。2009 年 9 月，美国政府公布《美国创新战略：促进可持续增长和提供优良工作机会》文件，提出了美国发展创新型经济的完整框架。同年，奥巴马总统发表声明称，美国经济要推动制造业增长和实行出口拉动增长。2009 年 12 月，美国总统执行办公室公布《重振美国制造业框架》，详细分析了重振制造业的理论基础及优势与挑战，并提出 7 个方面的政策措施。

2010 年 1 月，奥巴马政府国情咨文中指出，为了鼓励美国企业留在美国本土，将对工作岗位转移到美国以外地区的企业取消税收优惠，而将这些优惠提供给为美国人创造就业岗位的公司。2010 年 8 月，美国总统奥巴马正式将《美国制造业促进法案》签署为法律，该法案与 2010 年 7 月底众议院通过的一系列法案一起，构成美国重振制造业的法律框架。

2011 年 2 月，美国白宫公布《美国创新新战略：保护我们的经济增长和繁荣》，该战略是对 2009 年 9 月的创新战略的更新发布，提出要依靠创新来确保美国经济高速、持续、长久的增长，同时详细阐述了政府、企业及人民如何同心协力推动国内经济长期增长，把发展先进制造业、生物技术、清洁能源等作为美国国家优先突破的领域，位于美国创新金字塔的顶层。

在 2012 年 1 月的国情咨文中，奥巴马总统强调，为了让美国经济“持续强劲增长”，需要重振制造业，美国企业应该扭转就业岗位“外包”的趋势，将就业岗位留在美国国内，美国政府将对此提供税收政策等方面的优惠。奥巴马强调“构建永恒的美国”的关键是重振美国制造业、发展本土能源、提高劳工技能教育及复兴美国价值。“再工业化”战略成为美国重塑竞争优势的关键。

美国国家科学技术委员会（National Science and Technology Council，NSTC）于 2012 年 2 月正式发布了《先进制造业国家战略计划》。该计划是对美国“再工业化”战略的贯彻落实，是从国家战略层面提出的加快创新、促进美国先进制造业发展的具体建议和措施。该计划描述了全球先进制造业的发展趋势及美国制造业面临的挑战，从投资、创新等方面提出了实施美国先进制造业战略的五大目标及相应对策，明确了参与每个目标实施的主要联邦政府机构以及完善先进制造业创新政策、加强产业公地建设、优化政府投资的三大原则。

美国总统科技顾问委员会(President's Council of Advisors on Science and Technologies，PCAST)于2011年6月向美国总统奥巴马呈交了题为"确保美国在先进制造业的领先地位"的专题报告。报告认为，虽然一百多年来美国始终在制造业方面占据世界领先地位，但是近几十年来美国的制造业正在迅速衰退，呼吁政府、企业与学术界紧密合作，以振兴美国的先进制造业、确保其制造强国霸主地位。根据该项议案和建议，奥巴马总统提出并启动了美国"先进制造伙伴(advanced manufacturing partnership，AMP)"计划。

AMP汇集了研究、商业和政治领域的杰出代表，其指导委员会由顶尖的工程大学校长和美国知名企业的老总组成，这些学校包括麻省理工学院、加州大学伯克利分校、斯坦福大学、卡内基梅隆大学、密歇根大学和佐治亚理工学院，企业包括卡特彼勒、康宁、陶氏化学、福特、霍尼韦尔、英特尔、强生、诺斯罗普·格鲁门、强生、宝洁和联合技术公司。AMP致力于描绘"投资和促进新兴技术发展"路线，提出了加速中小厂商投资、强化劳动力技能、建立公私合作伙伴关系、协调联邦投资达到最佳化及提高美国先进制造研发投资五大目标及行动方案。

2012年7月，AMP提交了一份报告，其中含有16条详细建议，包括建立一个全国制造创新研究院网络(national network for manufacturing innovation，NNMI)，并建议这些研究院采取公私合作形式，充当区域性制造的枢纽，使科研机构产生的成果能够在制造业领域得以更有效的运用，消除本土研发活动和制造技术创新发展之间的割裂，重振美国制造业竞争力。美国提出该战略以后建立的第一所制造业创新研究院是2012年成立的美国增材制造(也称为"3D打印")创新研究院。

美国民间行业机构纷纷从行业发展角度，出台研究报告并对策措施响应并支持美国政府的"再工业化"战略，提出美国制造业复兴的具体建议和措施，以全面提升美国制造业的国际竞争力。美国波士顿咨询顾问公司(BCG)2010年8月发布了《美国制造回归》的研究报告。艾睿铂咨询公司(Alix Partners)发布了《2011年美国制造业外包成本指数》的研究报告。2011年10月底，美国制造商协会(National Association of Manufacturers，NAM)这一由美国80%的制造业厂商组成的美国最重要的行业协会发布了《美国制造业复兴——促进增长的四大目标》的研究报告。该报告从投资、贸易、劳动力和创新等方面提出了促进美国制造业复兴的四大目标及相应的对策措施，制定了促进制造业增长和就业的计划，并确定了美国保持制造业全球竞争力的路径。

金融危机发生后，美国并没有因此而大幅度减少研发投入。国会公布的《2009年美国恢复和再投资法案》的草案包含增加133亿美元科技投入，其中研究和开发99亿美元，研究和开发设施设备34亿美元。2010财年联邦部门研发拨款中，美国国家科学基金会、能源部科学办公室和国家标准技术研究院为代表的基础研究主体的研发拨款朝着十年内翻番的目标稳步前进。美国对具有国家战略价值的新兴产业投入了巨资，借助于税收补贴等手段，利用杠杆效应撬动社会资本在这些领域的投资。美国还采取了一系列措施，如设立民用空间项目计划、组建公私合营企业探索清洁煤技术的商业化模式、鼓励私人投资进入宽带服务领域等，意在推动民间参与科技开发和利用，以保持美国的创新活力和经济增长。

人才培养与研究方面，由美国环保署委托泰勒斯研究所执行产品服务化的研究分析，至今仍持续进行，主要目的是借助实证资料弥补文献研究内容的不足。美国环保署也资助在硅谷开展了区域性的实验研究计划，主要成果是发展了推进制造业服务化的支持网络，包括与企业共同编撰工具手册及定价法，出版各年份产业报告等。

市场秩序与环境方面，由政府出面建立营运模式共创与知识交流的平台，用以向企业推广其研究的制造业服务化运作模式。美国环保署挑选了“化学品管理服务”作为推广对象，联合许多大型化学品制造商，进行了包括相关制度建立、案例分析、实际参与执行等在内的一系列实验性经营活动。

二、日本制造业服务化支持政策及措施

日本认为“制造业服务化”是一套整合了“产品”及“服务”、提供销售市场并创造附加价值来满足顾客需求的系统，使用回收物质制造产品的商业模式。

人才培养与研究方面，日本建立了多层次的人才培训体系和科学的人力资源开发培养体系，包括研究生、本科生和职业教育等，为制造服务业发展提供大量专业人才。在行业协会的组织和倡导下，日本全面开展在职教育，建立相应的职业资格认证制度；通过确立专业人才能力开发和客观评价的体系来引导培训教育工作，并从世界各国引进制造业服务化领域的专业人才，促进人才流动。市场秩序与环境方面，日本政府积极建立完备的基础设施，制订相关技术标准，为制造业服务化发展提供重要支撑。制定了 25 种与企业相关的认证体系，通过组建行业协会来加强和完善制造服务业市场的管理。除此之外，日本还制定了相应的法规或专业资格认证程序，从制度上保证了人员的业务水平、服务运作的规范化进程以及契约签订的严谨程度。在信息技术推广和应用方面，政府主持制订了《IT 基本法》等一系列法律法规，来规范市场运作。

三、欧盟制造业服务化支持政策及措施

欧盟各国认为“制造业服务化”是包括产品、服务、基础建设等共同开发的系统，具备更强的竞争力，能够满足顾客个性化需求，比传统商业模式具有更好的环境生态效益。欧盟正在积极制定政策，计划将自身的制造业打造成为以复杂产品系统概念为基础，并发展“高附加价值欧洲制造”　“知识为基础的工厂”。基于这样的政策基调，欧盟相关机构做出了一系列努力。

人才培养与研究方面，从 1998 年开始，欧盟先后出台制定了 FP5-FP7 计划，FP5（Fifth Framework Programme）（1998～2002 年）、FP6（Sixth Framework Programme）（2002～2007 年）、FP7（Seventh Framework Programme）（2007～2013 年）计划，其中 FP5 提出“延伸性产品”的基本概念，成为后续研究计划的基础。这些计划一脉相承，层层推进，从理论方面支撑起制造业服务化的推进工作，并研究拟定了“制造业 2020 规划”。建立知识社群，增加与产业利害相关的关系人的参与程度；促进在其成员国内部分享永续制造策略，着重扩大制造研发活动的补助范围；确保财务资源的流通；维持和促进制造业正面的公共形象；推行国际网络共享与合作。欧盟开展了关于“确保欧洲制造业未来的策略性研

究议题”的讨论，并通过欧盟 FP7 开展较大规模的联合技术计划，在各国家和地区开展具体的研究计划来落实。2006 年，英国国家经济和社会研究委员会（ESRC）资助成立“复杂产品系统创新中心”。经济与社会研究院（Economic and Social Research Council，ESRC）成立于 1964 年，是英国五个面向全国资助科学研究的政府机构之一，管理科学的许多重要研究内容，如技术创新、科技政策、企业管理、技术环境条件研究等属于其主要资助范围。2011 年，挪威研究委员会建立“研究型创新中心”，以支持制造业新兴和跨部门的研究。

市场秩序与环境方面，欧盟注重发展支持网络，制定政策的同时开展相应研究工作。例如，英国“经济暨社会研究委员会”资助成立“复杂产品系统创新中心”；挪威研究委员会建立“研究型创新中心”，以支持制造业新兴和跨部门的研究，建立新一代制造的理论、方法、模型和管理工具。

德国是世界上制造业最具竞争力的国家之一。在告别机械化、电气化和信息技术之后，德国迎来了工业化的新阶段，将物联网和服务应用到制造业引发第四次工业革命。

工业 4.0（Industrie 4.0）是 2010 年 7 月德国政府《高技术战略 2020》确定的十大未来项目之一，并已上升为国家战略，旨在支持工业领域新一代革命性技术的研发与创新。

“工业 4.0”项目是在德国工程院、弗劳恩霍夫协会、西门子公司等德国学术界和产业界的建议和推动下，于 2013 年 4 月的汉诺威工业博览会上被正式推出。随后，德国政府于 2013 年正式发布了《实施工业 4.0 战略规划建议》的白皮书，力图以此确保德国制造工业未来的领先地位。

“工业 4.0”概念包含了由集中式控制向分散式增强型控制的基本模式转变，目标是建立一个高度灵活的个性化和数字化的产品与服务的生产模式。

大多数业界人士认同德国的工业 4.0 是工业变革的说法。德国学术界和产业界认为，“工业 4.0”概念是以智能制造为主导的第四次工业革命，或革命性的生产方法。该战略旨在通过充分利用信息通信技术和网络空间虚拟系统——信息物理系统（cyber-physical system）相结合的手段，将制造业向智能化转型。

工业 4.0 战略专家组认为，德国在嵌入式系统方面，特别是在汽车工业和自动化工程方面的强大优势是工业 4.0 的基础。在此基础上，实现工业 4.0 还需几大重要因素配合。首先是信息物理系统（cyber-physical systems，CPS）的应用和发展，如嵌入式 ICT 系统之间的相互作用和通信等；其次是工业自动化程度的提高、智能监控及自主决策过程的发展，这些因素对实时引导和优化企业及整个增值网络来说至关重要；其他还包括重要应用领域的新服务，如移动性、健康、气候和能源等。

来自德国弗劳恩霍夫协会 IPK 总监 Holger Kohl 认为工业 4.0 一方面可以实现整个价值链从下而上的组织方式，另一方面通过整个生产过程中，产品与机械智能实时的生产、沟通、合作，形成更优化的价值链运作，管理出现的任何问题。目前，即使是非常知名的全球性企业，生产过程中仍然有部分是手动控制的。

近几年，德国进入工业 4.0 的主要驱动因素是对于工业 4.0 网络系统的连接。网络系统把原模拟世界和数字世界连接起来，而且打通供应链中的每一个环节。目前的企业制造过程是集中规划和控制的，如在生产制造的情况下发生变化，需要通过人工来调整 ERP

系统进行改动。而在工业 4.0 的体系中，产品能够跟机械进行沟通，找到更优化的流程。从原来由上至下的规划方式变成了整合、智能产品和工艺流程。

Holger Kohl 认为工业 4.0 可以给全世界的工业企业带来全新的机遇，实现产品之间的沟通，实现利用率，最终提升工业行业的竞争力。在德国的电子工业界，工业 4.0 让这些企业节约了产品生产规划时间的 40%，协调和沟通工作时间节约 90%，生产成本降低 20%，生产产量增加 10%，工艺处理的时间节约 30%，并且极大地减少了工艺流程，提高了资源的利用率，对每个企业的盈利能力都有巨大的影响。同时，流程处理时间极大地降低，让企业对所有变化可以做出更加快速地反应。

“工业 4.0”项目主要分为两大主题，一是“智能工厂”，重点研究智能化生产系统及过程，以及网络化分布式生产设施的实现；二是“智能生产”，主要涉及整个企业的生产物流管理、人机互动以及 3D 技术在工业生产过程中的应用等。该计划将特别注重吸引中小企业参与，力图使中小企业成为新一代智能化生产技术的使用者和受益者，同时也成为先进工业生产技术的创造者和供应者。

德国政府通过“工业 4.0”战略支持企业、大学、研究机构联合开展研究，目前资助的项目包括有自律生产系统、基于人工智能系统与智能传感器的生产管理等。

为推进“工业 4.0”计划的落实，德国三大工业协会——德国资讯技术和通讯新媒体协会、德国机械设备制造业联合会以及德国电气和电子工业联合会共同建立了“第四次工业革命平台”办事处，以吸引并协调所有参与本次革命的资源。

对于“工业 4.0”项目，西门子等德国企业介入，鼎力推荐并积极参与。Henning Kagermann 博士认为：“工业 4.0 为德国提供了一个机会，使其进一步巩固其作为生产制造基地、生产设备供应商和 IT 业务解决方案供应商的地位。令人鼓舞的是，我们可以看到德国的所有利益相关方在紧密合作，通过工业 4.0 平台，一起向前迈进，加以实施。”目前，在工业 4.0 组织下的企业格局还没有形成，在未来 5～10 年，很多德国企业都会做好准备来实施工业 4.0。

四、芬兰制造业服务化支持政策及措施

芬兰政府机构和研究人员认为“制造业服务化”是一种创新的商业模式，明显具备将重点由产品转移到更多的服务之上的特性。其政策框架的出发点是将“制造业服务化”视为服务业和服务创新发展的方向之一，目标是掌握发展竞争优势，建立以“客户为中心”的制造服务业。

人才培养与研究方面，芬兰科技业同业公会(Technology Industries of Finland)自 2003 起发表一系列研究计划，针对“制造业服务化”进行可行性研究，阐明制造服务的任务；明确“创新制造”计划的推动方向。基于此，芬兰政府编制了关于“制造业服务化”的延伸规划，明确其发展方向与路径；主要研发计划包括支持跨组织的合作，分析与发展相关的议题、要素与模式等。

市场秩序与环境方面，芬兰政府设立每年一度的制造服务企业日，促进服务化转变企业的沟通与交流，并出台相关规定规范市场与行业秩序。

芬兰国家技术创新局将“服务业和服务创新”作为重点推进工作之一，提出“建立

以顾客为中心的服务业是芬兰竞争力的来源”，确定“制造业服务化”也是芬兰“服务业和服务创新”的重要切入点，先后部署创新制造、创新服务、创新运营模式三项工作计划，对制造业服务化发展给予引导和资金支持。

创新制造（“SISU2010 计划”）从制造业的角度来思考制造服务化的方向和可行性，提出制造业的创新思维，结合芬兰制造业的相关基本能力，发展新的生产方式和制造技术，在未来提供个性化产品。发展“创新制造”的三大技术基础，即新的制造业生产方式和技术、应用于工业生产和物流的信息通信技术、未来生产系统。“创新制造”三大主题是柔性生产解决方案、先进生产和制造技术、自组织生产，最终达到自主化生产。

创新服务旨在发展创新服务的理念，拓展芬兰企业提供先进服务的领域。“创新计划”提出开展服务模式创新的四个方面，即新的网络和价值链结构、技术和产品创新、组织创新、顾客对接和服务传递系统创新。通过举办“BestServ”论坛，建立厂商和客户跨组织的互动平台，促进制造服务化的创新。组织开展企业模型和生命周期运营相关技术研究以及定期举办制造服务企业等活动。

运营模式创新。芬兰国家技术创新局从企业战略和企业需求的角度出发，研究探索与之相适应的制造和运营的方式。运营模式创新有三大重点，分别是制定公司制造/运营战略的战略规划、开发创新运营概念所需的专有技术（know-how）和技能、发展创新运营概念；思想目标为开发制造和运营的相关专有技术、发展新的营运概念模式、建立不同产业部门的联系网络、通过辅助服务计划，开发中小企业的专有技术和技能。

第二节　中国支持制造业服务化转型的主要做法

近几年来，中国政府一直高度重视制造服务业及相关产业的发展。《国民经济和社会发展第十一个五年规划纲要》将生产性服务业分为交通运输、现代物流、金融服务、信息服务和商务服务等。“十一五”规划纲要明确提出“大力发展主要面向生产者的服务业”。在《国务院关于加快发展服务业的若干意见》中强调：“大力发展面向生产的服务业，促进现代制造业与服务业有机融合、互动发展。通过发展服务业实现物尽其用、货畅其流、人尽其才，降低社会交易成本，提高资源配置效率，加快走上新型工业化发展道路。”

2005 年 10 月，《中共中央关于制定国民经济和社会发展第十一个五年规划的建议》中明确指出，“十一五”期间要大力发展现代制造服务业，要运用现代经营方式和信息技术改造提升传统服务业，提高服务业的比重和水平。

2005 年 11 月，《2016—2020 年国家信息化发展战略》也指出，应把“加快服务业信息化”作为政策法规环境，依托信息网络，改造和提升传统服务业，加快发展网络增值服务、电子金融、现代物流、连锁经营、专业信息、咨询中介等新型服务业，大力发展电子商务，降低物流成本和交易成本。

2006 年 2 月，在《国家中长期科技发展规划纲要（2006—2020 年）》中，把现代服务业与信息产业并重，并把“现代服务业信息支撑技术及大型软件”作为优先主题。

2007 年 3 月，国务院发布《国务院关于加快发展服务业的若干意见》，除了提到要大力发展面向民生的服务业之外，特别提出了要大力发展面向生产的服务业，促进现代制造业与服务业的有机融合、互动发展；推进业务外包，提升物流的专业化，积极发展信息服务业，健全金融市场体系，大力发展科技服务业等意见。

2009 年，国务院发布的《装备制造业调整和振兴规划》中提到制造业服务化的趋势，并提出发展现代制造服务业，围绕产业转型升级，支持装备制造骨干企业在工程承包、系统集成、设备租赁、提供解决方案、再制造等方面开展增值服务，逐步实现由生产型制造向服务型制造转变。鼓励有条件的企业，延伸扩展研发、设计、信息化服务等业务，为其他企业提供社会化服务。有的经济发达地区也出台了相应的政策。例如，上海出台了《上海发展面向制造业的服务业工作方案》。上海还利用信息化手段推进装备制造企业拓展海外工程承包业务，形成工程设计、安装维修、再制造等增值服务，以提升总集成、总承包服务能级，促进企业从产品制造商向系统解决方案供给商转变。

2010 年《国务院关于加快培育和发展战略性新兴产业的决定》确定了战略性新兴产业发展的重点方向、主要任务和扶持政策，即从我国国情和科技、产业基础出发，现阶段选择节能环保、新一代信息技术、生物、高端装备制造、新能源、新材料和新能源汽车七个产业，在重点领域集中力量，加快推进。强化科技创新，提升产业核心竞争力；加强产业关键核心技术和前沿技术研究，强化企业技术创新能力建设，加强高技能人才队伍建设和知识产权的创造、运用、保护、管理，实施重大产业创新发展工程，建设产业创新支撑体系，推进重大科技成果产业化和产业集聚发展；积极培育市场，营造良好市场环境；组织实施重大应用示范工程，支持市场拓展和商业模式创新，建立行业标准和重要产品技术标准体系，完善市场准入制度；深化国际合作；多层次、多渠道、多方式推进国际科技合作与交流；引导外资投向战略性新兴产业，支持有条件的企业开展境外投资，提高国际投融资合作的质量和水平；积极支持战略性新兴产业领域的重点产品、技术和服务开拓国际市场；加大财税金融等政策扶持力度，引导和鼓励社会资金投入。设立战略性新兴产业发展专项资金，建立稳定的财政投入增长机制；制定完善促进战略性新兴产业发展的税收支持政策；鼓励金融机构加大信贷支持，发挥多层次资本市场的融资功能，大力发展创业投资和股权投资基金。

国民经济和社会发展第十二个五年规划纲要提出要“通过转型升级提高产业核心竞争力”、“把推动服务业大发展作为产业结构优化升级的战略重点”和“促进生产性服务业与先进制造业融合，推动生产性服务业加速发展”。十八大报告和十八届三中全会对增强服务意识、发展服务业也有提及。资源型产业要应对资源、生态环境、产能过剩、结构不良、经济和市场等制约，需要向服务化转型。

在《国民经济和社会发展第十二个五年规划纲要》(2011—2015 年)中，提出了减少对国外技术的依赖和追求包括高端装备制造业发展与新一代信息技术的七个“战略性新兴产业”的全球技术领导地位的目标。把推动服务业大发展作为产业结构优化升级的战略重点，营造有利于服务业发展的政策和体制环境，拓展新领域，发展新业态，培育新热点，推进服务业规模化、品牌化、网络化经营，不断提高服务业比重和水平。营造环境推动服务业大发展，通过有序拓展金融服务业、大力发展现代物流业、培养壮大高技术服务业和规范提升商务服务等方式，深化专业化分工，加快服务产品和服务模式创新，促进生产性服务业与先进制造业融合，推动生产性服务业加速发展。并以开放促改革，以竞争促发展，推动服务业制度创新，完善服务业政策体系，优化服务业发展环境。为了实现这一目标，投入了 1.2 万亿欧元，通过补贴、税收减免和其他财政激励手段来刺激供给和需求，还计划增加研发投入，将研发资金的占 GDP 的比例进一步提高。

2011 年《国务院办公厅关于加快发展高技术服务业的指导意见》指出，高技术服务业是现代服务业的重要内容和高端环节，技术含量和附加值高，创新性强，发展潜力大，辐射带动作用突出。加快发展高技术服务业对于扩大内需、吸纳就业、培育壮大战略性新兴产业、促进产业结构优化升级具有重要意义。提出“十二五”期间，我国高技术服务业营业收入年均增长要达到 18%以上，到 2015 年，发展成为国民经济的重要增长点，对经济结构调整、发展方式转变的支撑能力明显增强，到 2020 年，我国将形成较为完善的高技术服务产业体系，成为服务业发展的主导力量，基本满足建设创新型国家和全面建设小康社会的需要，为经济社会可持续发展提供强有力的支撑。

国务院颁布的《工业转型升级规划(2011—2015 年)》是改革开放以来第一个把整个工业作为规划对象，并且由国务院发布实施的中长期规划，提出了工业转型升级的总体思路、主要目标、重点任务、重点领域发展导向和保障措施。按照“市场化、专业化、社会化、国际化”的发展方向，大力发展面向工业生产的现代服务业，加快推进服务型制造，不断提升对工业转型升级的服务支撑能力。明确指出，加快推进服务型制造是加快工业转型升级的重要支撑。

2014 年中国政府首次对生产性服务业发展做出全面部署，印发《关于加快发展生产性服务业促进产业结构调整升级的指导意见》，提出了引导市场主体行为的发展导向，明确了政府创造良好环境的工作重点。要求进一步科学规划布局、放宽市场准入、完善行业标准、创造环境条件，加快生产性服务业创新发展，实现服务业与农业、工业等在更高水平上有机融合，推动我国产业结构优化调整，促进经济提质增效升级。强调要以产业转型升级需求为导向，引导企业进一步打破“大而全”“小而全”的格局，分离和外包非核心业务，向价值链高端延伸，促进我国产业逐步由生产制造型向生产服务型转变。一是鼓励企业向产业价值链高端发展；二是推进农业生产和工业制造现代化；三是加快生产制造与信息技术服务融合。明确现阶段我国生产性服务业重点发展研发设计、第三方物流、融资租赁、信息技术服务、节能环保服务、检验检测认证、电子商务、商务咨询、服务外包、售后服务、人力资源服务和品牌建设，并提出了发展的主要任务。要求着力从深化改革开放、完善财税政策、强化金融创新、有效供给土地、健全价格机制和加强基础工作等方面，为生产性服务业发展创造良好环境，最大限度地激发企业和市场活力。

《关于加快发展生产性服务业促进产业结构调整升级的指导意见》提出，在研发设计方面，完善知识产权交易和中介服务体系，发展研发设计交易市场。开展面向生产性服务业企业的知识产权培训、专利运营、分析评议、专利代理和专利预警等服务。建立主要由市场评价创新成果的机制，加快研发设计创新转化为现实生产力。在商务咨询方面，加强知识产权咨询服务，发展检索、分析、数据加工等基础服务，培育知识产权转化、投融资等市场化服务。重视培育品牌和商誉，发展无形资产、信用等评估服务。在人力资源服务和品牌建设方面，鼓励具有自主知识产权的知识创新、技术创新和模式创新，积极创建知名品牌，增强独特文化特质，以品牌引领消费，带动生产制造，推动形成具有中国特色的品牌价值评价机制。

北京、上海等经济发达城市，以山东、江苏为代表的东部地区，以四川、陕西为代表的中西部地区，均出台了有关促进现代服务化发展的财税、信贷、土地政策及品牌建设、资金支持、奖励等相关措施。

中国机械工业联合会也提到了现代制造服务业的分类和发展目标。在第七届中国国际装备制造业博览会上，沈阳市政府主办的沈阳现代制造服务业发展论坛吸引了来自国内外专家的目光。“生产性制造向服务型制造转变是制造业的一个重要发展趋势。”论坛上，中国机械工业联合会副会长朱森第建议，沈阳应加快发展现代制造服务业，推动装备制造业实现转型升级。

德勤为世界经济论坛提供的一份报告显示全球制造业发展需要政策支持，认为制造业产生很多附加值，包括比其他行业创造更多的工作岗位、促进社会各个方面的创新、传递客户解决方案，这些都是保持经济长期和可持续发展的关键。报告还指出美国只要愿意提供更低的企业税率、执行支持国内能源生产和职业教育计划的政策，将继续保持全球制造龙头老大的地位；德国如能成功应对包括区域能源短缺以及劳动力和原材料费用高涨在内的挑战，将可持续地带来制造业繁荣；日本如能应对好人口老化、高税收和自然资源有限等问题，发展灵活的货币政策，方可维护竞争力；中国需要制定相关的环境和能源政策，才能稳固世界最大制造经济体的地位；印度通过加强劳动法执行有全球竞争力的基础设施投资，放宽外国直接投资管理政策，可以实现制造业占 GD P25%的目标。

面对全球制造业发展的新趋势，中国政府和企业应该顺应趋势，把握机遇，中国需要在国家中长期科技规划和制造业发展进程中，把推进制造业服务化作为一项重要内容全面部署。一方面，采取有效政策措施，促进中国企业参与发达国家制造业的服务化分工，积极推进服务化进程，扩大生产性服务内需市场；另一方面，强化制造企业在资源、能源、环保方面的义务，促进企业进行服务化战略选择。

德国弗劳恩霍夫协会 IPK 总监 Holger Kohl 在 2014 年 11 月中国制造业管理国际论坛组委会主办的“第十一届中国制造业管理国际论坛”上表示，对于中国企业来说，目前，中国整个产业结构的平均水平特别是制造业的水平，基本处于工业 2.0 到工业 3.0 之间，也就是说要提升整体的盈利性，中国需要更多的资本投入才能够从工业 2.0 提升到工业 3.0 再提升到工业 4.0。

第三节　制造业服务化转型面临的挑战

伴随着经济的发展，服务业在产业结构中的比重呈现出不断上升的态势，服务业增加值占 GDP 的比重不断上升，从 2000 年的 39.0%、2005 年的 40.5%增长到 2010 年的 43.2%、2011 年的 43.3%。尽管近几年我国服务业增长迅猛，但发展仍然相对滞后，远远低于 64.8%的世界平均水平，甚至低于 53%和 50%的中、低收入经济体平均水平。我国制造业服务化的趋势发展较快，基础已经初步形成并取得了一些成果，市场空间较大，发展前景良好。但已显现出整体发展滞后、内部结构不合理、服务化水平不高等问题，并深受观念落后、政策法规滞后、市场机构不成熟、诚信体系不健全等不利因素的制约。从微观层面看，尽管服务化能给制造型企业带来更多的附加价值，但是除了少数制造企业以外，大多数建材制造企业的服务化转变都非常谨慎和缓慢，即使那些制定了完美的战略和计划的企业，服务化转型的实际过程和结果也往往不令人十分满意，建材生产制造企业从产品盈利到服务盈利“知易行难”，企业在实施服务化战略中面临着很多困难和挑战。

一、传统发展观念

中国制造业服务发展要克服行业内的传统观念和行为习惯。中国制造业经历了多年的发展历程，制造业领域内的从业人员已经习惯了固有的经济发展模式，他们普遍认为，制造业就应该强调生产和产品，所有的技术改良和质量控制，都是为提供合格产品而服务的，应将有限的精力集中于产品生产，没必要关注产品服务等售后环节。但是，中国制造业是竞争最为充分的行业，成本、技术、功能与质量等方面的竞争几乎达到极限，因此单纯地依靠制造过程已经不能再生产更高的附加价值，只有将更多的服务渗透到产品的生命周期中，实现差异化经营战略，才能获得更高的附加价值和更强的企业竞争优势。而从单纯的制造产品转型到对人提供服务，所要求的观念和心态大不相同。前者是凭借自我生产的产品获得利润，在观念上更多的是重视生产力和竞争力，重视质量、成本及经济规模，以最佳产品或最低成本吸引客户，在心态上更多地是强调自我、强调管理。而后者是凭借客户的满意度和忠诚度获得利润，在观念上更多的需要关注客户和市场需求，以最佳服务、最大限度地满足客户需求，在心态上更多的强调经营、功能和效益。同时，制造业服务化从获得短期利润向提供服务从而获得中长期利润转变，使现金流和投资回报发生变化，制造业服务化对投资者和管理者的领导特质提出新的要求。因此，中国制造业走服务化发展道路，必须首先转变固有的观念与心态，而制造商们要想实现从产品的提供者到产品服务提供、整体解决方案和价值体验提供者的角色转变，从制造的利己思维转移到服务的利他思维，必须首先转变自身的观念和考虑问题的角度，而这种转变需要付出很大的努力和耐心。

二、产业结构不均

中国制造业发展面临世界范围内的制造业竞争，我国制造业服务化水平还不高，生产性服务业发展相对滞后、结构不合理等问题突出。从国内实践看，我国一些制造业企业正在积极探索与服务业有机结合的路子，并已初见成效。同时也要清楚，中国制造长期处于全球产业链的中低端，与美国、欧洲拥有先进的制造技术和优质服务的企业相比，还有一定的差距。中国已经成为世界制造大国，但还不是制造强国。这一点突出表现在：中国制造业的自主创新能力不强，核心技术对外依存度高，产业发展需要的高端设备、关键零部件和元器件、关键材料等大多依赖进口。在高新技术领域，发达国家提供的产品附有全方位的服务，企业依靠品牌优势和产品附加服务，利润率远远高于中国企业。而中国的制造业企业，多在国家政策倾斜、原材料丰富的地区设立工厂，工厂的主要员工是在一线从事组装、加工的工人，企业的经营者和管理人员一直都将注意力放在产品生产上，采取各种措施降低成本，督促工人保证质量，稳定生产，以维持顾客持续购买为最终目标，而忽略了价值、应用和服务的创新。这种只把眼光放在供给层面，忽略需求层面和交易层面的做法，使企业对市场和顾客的掌控度较低，获利微薄。一旦外界环境发生变化，企业无法采取积极有效的措施应对危机。

中国制造业服务化发展仍处于较低水平。一是发展不平衡。各地出现了一批制造产业集聚园区，但高效的产业链式园区并不多，很多都是同类企业的“扎堆”，没有形成良好的上下游企业配套与协作，反而使区域内同质竞争现象更为严重，造成重复建设、过度竞争和资源浪费，难以形成制造服务业业态。在一些经济较落后区域和数目众多的中小企业中，则仍是以劳动密集型产业和产品为主，传统的生产销售模式和竞争策略没有根本性改变，仍在产业链的低端竞争。同时，服务业创新能力不足，影响和抑制了发展服务性业务的内在动力和发展水平。整体来看，制造服务业比重偏低，我国目前生产性服务业增加值占全部服务业比重不到 50%，比发达国家低 20 百分点。二是结构有待优化。从内部结构来看，融资租赁、产品研发等科学技术、软件和信息服务等核心内容占比较低，工程总承包、第三方物流、再制造等业务，虽然近年来发展较快，但多数制造企业使用较多的仍是传统服务模式，与发达国家相比仍存在较大差距。三是收入占比低。根据中国企业联合会公布的中国企业 500 强的相关数据，“十一五”期间，“500 强企业”主营业务收入占总收入比重的平均值达到 80%左右，中位数接近于 90%，而通过品牌、研发、金融等服务环节盈利的能力还不足。根据丁波涛博士对上海制造业服务化转型的模式、现状与对策研究，在我国经济发展水平处于前列的大都市上海市，其各主要制造业集团的业务服务中，服务业板块的收入基本都在 20%以下甚至 10%以下，与国际同行企业相比差距明显。四是利润率低。我国建材生产企业服务创新的成果主要体现在增强产品本身竞争力和增进客户关系层面，尚未成为企业价值创造和利润的重要来源。这一方面显示企业的服务创新结果虽然提升了客户体验，但还未能创造出让客户觉得必不可少的、愿意购买的核心价值。另一方面，也反映出建材企业对服务创新的投入、回报和未来收入模式都缺乏必要的预测、管理和规划。根据丁波涛博士的研究，由于服务业领域的市场竞争激烈，服务行业劳动力成本快速上升等种种原因，上海市不少制造企业的服务业板块利润率都低于其制造业务，导致产业链中的“微笑曲线”变为“苦笑曲线”，从而影响了制造企业对服务业务进行投资的积极性。五是制造业服务化依赖度差别明显。服务业可以分为生产性服务业、分销服务业、通信服务业、社会及居民服务业四个方面，其中生产性服务业成为中外制造业服务依赖走势迥异的最重要方面。21 世纪以来，美国、英国、法国、日本等国制造业对生产性服务业的依赖程度均有所增加，我国却出现徘徊回落的态势。另一个值得注意的现象在于，根据投入产出数据，我国出口导向越高的制造业行业，往往不倾向于通过服务化来提高增加值水平，两者之间的相关系数为负。这可以归因为我国出口企业参与全球产业链的分工层次较低，加工贸易的出口比重仍然很大，产品的出口增加值普遍不高，投入服务化程度甚至低于自产自销的本土企业。

三、客户接受程度

价值链中相关环节的挑战，主要指与各环节间的利益冲突、客户的服务意识和对服务产品的接受程度，以及客户的成本意识。制造业服务化改变了客户以往的成本结果，从全生命周期核算成本结构更能体现制造业服务化的价值。但服务化的推进使客户不能轻易获得原来可以免费提供的服务，从而影响产品的销售，因此产品销售的利益就会受到损害。另外，客户的服务意识需要时间来逐渐改变，在客户还不能接受服务产品的时候服务化进展就比较缓慢。制造商一般不会牺牲已有的客户市场来进行服务化进程。客户还未对产品生命周期中的各阶段的成本有所了解，没有意识到服务能给他们带来的增值，因此不能轻易接受服务产品。

四、政策方向不明

政策决定也是服务化转型困难的原因之一。近年来，不少国家认识到制造业服务化的战略意义和发展空间，出台相关政策措施予以扶持引导。我国政府文件虽未明确涉及制造业服务化这一问题，但针对新型工业化、加快制造业与服务业的融合等内容，已经出台有不少相关政策。与此同时，我国一直以来都非常重视制造业，各项经济政策对制造业都是十分有利的，而对服务业的相关政策或规定甚是缺乏，尚存在一些制约“制造业服务化”的机制障碍，如重复计税、税率偏高，服务业供地较少，金融支持不足等。例如，在我国服务业开具的 5%税额的发票与产品的 17%的增值税发票就侧面说明服务业的增值不如制造业，这也是我国的客户一直以来都忽视服务的原因之一。服务可以免费提供但产品最多只能打折。

从财税体制来看，企业所得税将认定高新技术制造企业的标准放到服务企业的认定上，许多服务业企业不能被认定为高新技术企业。在营业税征税方式上，对于服务外包存在重复征税，分工越细，营业税税负越重，不利于服务业分工发展。从土地制度来看，服务业发展主要依托城市，但是城市土地价格是非常高的，再加上我国目前对于服务业用地是采用招拍挂的方式出让的，而工业用地是通过协议转让的方式，这就造成服务业用地成本比工业用地成本高。从金融体制来看，服务业企业的固定资产一般较少，特别是人文社会科学的服务企业没有固定资产抵押，这些企业很难获得银行贷款，在我国这样以银行为主体的金融体系中，服务业的融资问题非常突出。

对此需要逐步破除障碍，扭转产业政策制定“各自为政”“重制造轻服务”等倾向，加强制造业服务化的研究论证，加大政策支持与引导力度。现行政策对服务创新的投入、产出缺乏科学的衡量标准，如国家衡量创新产出的指标主要是专利数量，而专利数量主要评价的是有形的创新产出，无法有效体现服务所发生的创新。对服务创新的支持政策远没有对技术创新的支持有力，虽然我国有关技术创新的税收优惠政策较多，但较少涉及服务业的创新行为。

五、成本控制风险

成本因素也是阻碍许多制造企业服务化的原因。制造业服务化对企业投资领域和投资方式都提出了新的要求，确定合理的生产要素价格是采取服务化战略的重要一环。首先，制造企业推进服务化战略，从而可能进入新的竞争领域——服务领域。在这一领域中存在着许多十分成熟的竞争者，这给制造企业带来了潜在的竞争成本，从而一定程度上阻碍了企业实施服务化战略。其次，随着原材料成本的降低以及劳动力成本的提高，以劳动为生产要素的服务产品有时对企业来说十分不划算，因此企业就放弃了服务化战略。

长期以来，由于服务业本身的“成本病”以及制造企业对于服务不够重视，我国服务业生产效率较低，明显低于制造业，制造业相对服务业“比较收益”。1979～2011 年第二产业与第三产业的劳动生产率差异比较显著，第二产业高于第三产业的劳动生产率，且差异的总体趋势是不断扩大。由于服务业生产率低、收益不足，制造企业没有足够的动力发展服务业务。

企业对风险的担忧也阻碍了服务化战略的实施。这里的风险一方面指企业对有些服务化措施时的成本内部化不能确定，尤其是他们不能控制消费者以及对消费者的使用行为不能产生影响的情况下。他们担心一旦推行，可能会由于客户的不当使用而使推行的服务方案不仅不能带来利润的增加，反而成为负担。另一方面，销售产品的利润立竿见影，而服务产品不仅需要企业的长期投入并且其利润的实现也是个长期的结果，因此制造企业对这个长期的投入以及利润的不确定性都有所顾虑，从而影响其服务化的进程。

六、组织内部压力

制造业服务化对内部组织的权责调整提出新的要求，企业对因服务化推进而带来的组织变化的抵触，也影响服务化的实施。企业由销售产品到销售服务必然会带来组织结构上的变化，而这两种不同的业务模式之间就会经常发生冲突。战略调整必须给某些部门带来机遇，也必须给某些部门带来威胁。服务化战略可能会改变原组织的权威、专有技术、职责或资源时，都会遭到组织的反对。而同时推进服务化的过程就成了一种政治过程，这种政治过程产生政治成本，也就是说企业若有效地实施服务化战略，就不得不做好准备应付这些冲突。现代制造服务业属于技术和知识密集型产业，除了必要的资金投入支撑以外，更需要加大对专业型及复合型人才的培养，需要一支专业化的人才队伍。业务及工作的开展直至形成较强的服务力，也需要持续的投入和实践的积累。

我国建材行业服务化发展具有鲜明的集团内部化特点。在绝大多数建材制造集团企业中，其服务业务收入绝大部分来自于集团内部，以内部关联交易为主，来自本建材集团之外的服务收入在全部服务业收入中所占比例普遍较低。对制造企业自身而言，无论通过何种路径进行服务化转型，都意味着企业进入了新的业务领域，并将在除建材制造企业内部以及所属建材集团内部外的更大范围内进行资源配置，而其带来的资源分散、业务多样化风险以及来自更大范围上的资源整合和业务协作的诸多困难和挑战，影响了建材制造企业向服务化方向转型和迈进的步伐。

第四节　国家政策建议和措施

一、树立服务理念

树立服务理念，打造服务型产业体系。实施服务化转型战略，需要将“善用资源、服务社会”的理念渗透到政府对建材产业的规划和监管上，渗透到建材企业的生产和经营中。在建材产业发展上，各级政府要摒除单纯追求GDP贡献的思维，要从建设生态文明和可持续发展的角度，综合考虑资源存量、环境容量、市场空间等因素，合理规划和布局建材产业，建立健全建材产业规划、审批、监管体系，鼓励建材产业利用新兴技术改造传统产业，鼓励建材产业科技型、服务型的产业链延伸，对不符合资源综合利用和环保要求的资源型开发项目坚决不予批准建设，坚决取缔落后产能。

建材产业的服务化转型，资源型企业是主体。与非资源型企业不同的是，资源型企业除了要考虑利润最大化目标外，还要注重社会效益，包括资源供应安全和环境保护等。资源型企业要摒弃传统的以产定销的观念，要以客户为中心，树立服务意识，通过加大技术、管理、人才等要素的投入，通过发展物流、技术、金融等生产性服务业，提升价值链、完善供应链，提高服务客户、服务社会的质量和能力。

二、推动科技创新

加大科技创新，提升建材产业的自主创新能力是建材产业服务化转型的有效手段。建材产业服务化转型的过程，也是技术创新能力提升、技术要素投入加大、技术贡献率增加的过程。建材产业的科技创新应遵循生态发展规律，以循环经济理念为指导，以资源充分利用和减轻环境影响为主要目标，利用现代高新技术和先进适用技术改造提升建材产业，创新生产工艺，构建起符合循环经济要求的建材产业高技术发展模式，以提高自然资源的开采率、利用率、回采率，实现剩余物与排放物的再利用与再循环。

国家可制定专门的建材产业的科技规划和政策，引导和支持建材产业的科技创新。对于建材产业面对的共性问题，可以建立协同创新体系，进行联合攻关，提高科技开发的效率和效应，如勘探开发技术、环境保护技术与资源开发利用后的生态恢复技术等。

三、支持协同发展

建材产业价值链中包含着众多服务环节，如物流服务、技术服务、金融服务、贸易服务等，这些服务环节因资源开发、加工、利用而生，并与资源开发利用过程紧密相连。作为大宗商品，水泥、玻璃、混凝土、石膏板等建材产品在这些生产性服务环节上具有相似性，国家可以通过建材产业生产性服务业发展规划和财政、金融等激励政策，推动建材产业在物流、金融、贸易等领域打破界限，建立协同性、一体化的建材产业物流体系、金融服务体系、工程技术服务体系、市场贸易服务体系，打造一批专业化的资源产品物流园区、金融服务中心、交易市场，培育专业化的、上规模的依托资源开发利用的物流、金融、工程技术、贸易服务企业集团，充分利用服务资源，提高服务效益。

就物流服务而言，建设一批加工、配送、交易中心，通过定制、直供、供应链金融等方式满足大型客户需求，通过综合批发市场、物流园、品牌店等多种方式满足客户个性化需求。与西方发达国家相比，我国建材物流的金融服务、交易中心建设明显落后。金融服务机构应发挥结算平台、筹融资平台、资金管理平台功能，降低筹融资成本，提高资金运作效率和效益，为建材产业的发展提供金融服务与支持，为建材产业的境外成员企业提供跨境金融服务。

工程技术服务在建材产业中具有较好的发展前景，当前重点是促进重组联合，提高工程技术服务产业集中度，建设一批技术先进、设计施工能力强、具有国际竞争力的工程技术服务企业集团。

四、完善市场体制

完善建材产业市场体制，提升企业市场服务能力。经过多年的改革，我国建材产业逐步形成以大型企业为主体的产业结构，产品价格市场化机制不断推进，市场在资源配置中的作用不断增强。完善建材产业混合所有制体制和管理机制。通过商业模式创新、产品创新、服务创新、组织创新，将服务理念贯穿于企业经营的全过程，在研发、设计、制造、销售等一系列环节，均充分考虑客户和社会的要求，建设节约型、环保型、服务型资源性产业。

资源性产品的市场机制改革，要兼顾民生需求和环境友好，注意完善生态补偿机制和代际补偿机制，建立一整套能够反映资源勘探开发、生态补偿、枯竭后退出等完全成本的制度体系，并将这些成本反映到资源性产品的价格中。

五、推广试点经验

建材产业的服务化转型是一个庞大的系统工程，依靠科技进步和产业升级，实现资源生产和利用方式的转型，这也是资源型企业主营业务由生产产品向产品—服务系统变革的过程。国家除了制定技术创新政策鼓励建材企业开发有利于服务化转型的技术、制定产业政策鼓励建材企业发展生产性服务业外，还可以选择一些具有技术和服务优势的建材企业，选择资源约束、雾霾较严重的京津冀都市圈，进行服务化转型的试点，鼓励建材企业进行商业模式创新，总结建材企业发展循环经济、物流服务、金融服务、工程技术服务、海外资源开发等方面成功的模式和经验，并加以宣传和推广，完善相关行业标准，完善建材产业相关规划，创造有利于建材企业服务化转型的外部环境，引导建材企业制定并实施符合自身条件和外部环境的服务化转型规划，实现服务化增值和价值链高端化，最终将建材产业打造成服务型产业体系。

六、建立评价体系

建材产业服务化转型战略的推进，需要改变已有的以增长速度、产值为重点的考核评价体系，加大资源消耗、环境损害、生态效益、产能过剩、科技创新、安全生产、新增债务、客户满意等指标的权重，促进建材产业重视科技创新，发展循环经济，关注生态环境，实施绿色生产，提升客户服务。从具体指标上看，可以整合节能指标完成率、排放指标完成率、客户满意度、服务业务占比、技术贡献率、资源综合利用和废物利用等指标，建立建材产业服务化评价体系，对建材企业进行具体应用、排序公布，对服务化程度较高的企业利用税收、金融等政策加以鼓励，对服务化程度较低的企业限期整改，甚至关闭。

七、培养复合人才

建材产业的服务化转型，是建材产业经营观念、业务领域、技术水平、管理能力的全面变革，需要大量的技术、管理高级专门人才，特别是金融保险、现代物流、法律、管理咨询、国际资本运营等方面的人才。为解决人才瓶颈，建材产业应采取有效措施，加大高层次、紧缺人才的培养和引进力度，可通过技术入股、管理人员持股、股票期权激励、成果有偿转让等方法吸引国内外优秀人才；通过产学研结合、定向招生、订单培养等方式，培养、吸收服务化转型需要的专门人才；同时加强在职教育，提升在职人员的技术素养、管理素养和市场意识，深入宣传服务社会、服务市场的理念和方法，建立健全人才评价体系，为服务化转型打下坚实的人才基础。

八、加强国际合作

建材产业因资源而生，经过多年的快速发展，我国水泥、玻璃、石膏板等建材产品产量位列全球前茅，建材产业可持续发展的资源瓶颈凸现。开拓海外资源，加强国际贸易，充分利用国际国内两个市场、两种资源，在更大范围、更宽领域和更高层次上参与国际合作和竞争，是保障国家资源安全和提升建材产业国际竞争力的内在要求。虽然建材产业的国际化经营已经起步，但是存在国际化经营能力普遍不足、国际化人才短缺、海外资源开发风险控制能力缺乏等问题。

可以借鉴日本等政府支持资源型企业海外资源开发的做法，通过政府承担或补贴前期的地质勘探成本和风险、海外资源开发的贷款贴息等方式，支持海外资源开发。海外资源开发除了要获取海外资源，还涉及金融、物流、港口、铁路、海运等多个环节，国家可以鼓励建材企业与以上领域的国内和国际企业组建战略联盟，协同开发海外资源，降低海外投资成本和风险，实现优势互补、合作共赢。具有技术优势和装备优势的建材企业，也可以通过技术输出和装备出口，提升国际市场影响力和竞争力。

九、加大资金扶持

政府资金支持是技术创新向产业培育转变的重要动力。支持手段应当是多元化的，既包括直接的财政投入，也包括税收减免、资本市场、金融市场等间接投入。目前，虽然我国有关技术创新的税收优惠政策较多，但许多都带有明显的制造业痕迹，较少涉及服务业的创新行为。例如，在一些产业扶持政策中，政府都是按照企业固定资产投入的一定比例进行配套，相比制造业，服务业的投入更多体现在人力、信息、品牌、商业模式等“软投入”方面，固定资产投入较少，服务板块从政府获得的资助相对较少。中央及地方政府可在整合现有相关财政投入渠道的基础上，设立战略性服务化转型发展专项资金，重点用于支持战略性服务化转型的技术开发、产品开发、产业化、创新平台、公共服务等方面的政策性补助，加快战略性服务化转型重点领域、重点企业和重点项目的技术改造和技术创新，尽快培植壮大一批各具特色的产业集群，带动各地战略性服务化转型企业的快速发展。

针对转型企业融资困难的问题，应加快金融产品的创新，建立风险补偿机制，引导金融机构对相关企业的信贷支持。积极发挥多层次资本市场的融资功能，引导各类企业在加强规范管理的基础上从资本市场和债券市场融资，开展技术创新、商业创新活动。

第五节　企业策略建议和措施

生产性服务业的振兴和发展是一个长期过程，不可能一蹴而就，它与国民经济其他行业的发展紧密相连，其变动影响着国家经济发展全局。因此，在制定生产性服务业的发展政策时，应从全局思维和发展思维出发，逐步地有重点地解决发展中的问题。总体来说有三条：一是改善生产性服务业发展的外部环境，包括促进产业之间的关联、发挥政府作用、加强对外交流等；二是注重行业自身发展，包括优化行业内部发展机制、规范行业发展准则、储备行业人才等；三是从微观层面，即企业自身角度，依据实际情况，找准发展生产性服务业的突破口。

上文已经从国家和行业层面提出了建材行业服务化转型的政策措施建议，而从建材企业自身角度出发，要实现服务化，则需要通过一系列具体的价值增值活动摆脱传统的低技术含量、低附加值的形象，提高为客户服务的价值。首先要识别出企业的核心能力，将非核心能力业务外包，构建或加入服务制造网络，提升企业为客户服务的核心能力；由于服务化已不再是单一的买产品而为客户提供解决方案，所以制造业企业需要转变其销售方式；为了快速响应客户需求，制造业企业需要建立面向客户的知识管理系统；为了更好地为客户提供服务，制造业企业需要建立服务质量评价和监督体系。

一、培育服务文化

服务化的竞争，实质是服务文化的竞争。传统的制造业企业常常认为制造业不需要服务文化，服务文化是服务业的事，与制造业关系不大。这是对服务文化内涵的曲解，也是造成一些企业形象不佳、发展迟缓、经营不善的重要原因。构建服务文化是制造业企业的战略任务，是提高竞争力的有效手段。加强服务文化的框架建设，塑造高品位的服务文化，关键是在正确理念的指导下，制定必要的服务规范和制度，建立高雅脱俗的服务礼仪。明确且严格的服务规范和制度是服务行为的操作标准，也是服务文化建设的保证。服务人员单有观念上对“顾客至上”的认识是不够的，不付诸实践，没有约束，只会是空中楼阁。服务是一种动态的商品，具有易消失和不可储存的特性，顾客对服务是否满意，关键是看服务人员的态度和行为是否达到和超过了顾客的期望。企业在深入研究顾客需求及变化的基础上制定高于顾客期望的规范和制度是极其必要的。企业的竞争优势完全取决于是否有能力以竞争的方式为顾客提供满意的、独特的服务。制造业企业应注重服务文化的构建，转变服务观念，形成与自身产品息息相关的特色服务。

二、建设服务网络

我国建材企业构建服务化网络时，首先要注意从根本上树立建材企业的服务观念，认识到为用户提供服务是企业的基本，建材企业生产产品的最终目的就是满足客户的特定需求。建材企业应当明确发展服务化的根本目的就是要改变传统的建材企业价值链上的相关者之间的关系，通过服务化使各利益相关者共同达到价值实现和增值。同时，构建服务化网络的时候，建材企业要注意服务化不仅仅局限于企业内部，而是从产业层面上看待建材企业的服务化，从企业内部逐渐向企业外部延伸，建立建材企业的服务的网络理念，从而使企业得以在这个基础上，再将企业自身在服务化网络中定位并实现企业自身功能的服务化转变。

对于我国的建材企业而言，要在技术研发、产品设计、市场拓展、品牌营造等方面不断地积累和进步，从而培育某一特定领域或价值链环节的核心竞争能力，使企业在拓展产业链各环节的服务能力得到逐步拓展，实现产品服务个性化，进而满足消费者多样化的需求。建材企业在核心能力识别的基础上，可通过如下方式进入服务网络。

首先，建材企业可以借鉴跨国公司的成功经验，通过并购在某些服务环节具有优势的企业，迅速进入服务领域。这种方式能够帮助企业在转型时抢占市场先机，而无须再投入大量成本进行前期的技术、人才和市场积累。

其次，通过建立和参与战略联盟弥补自身资源不足，提升服务能力。战略联盟为建材企业提供了除传统发展和购买以外的第三种方式来发展价值链两端的服务环节，通过参与和建立战略联盟，建材企业可以借助联盟其他企业的资源和核心能力，弥补自身在跨行业经营中战略资产的不足，降低成本和风险，还可以互补核心能力，利用协同效应来强化双方企业的竞争优势。不同行业企业之间建立的战略联盟关系还可能促进企业间核心能力的融合，使企业形成新技能，进入新的服务领域。

最后，通过参与全球服务外包等方式参与国际合作与竞争，拓展服务领域。发达国家建材服务化与全球化产业分工合作的交织，为我国企业通过服务外包等方式参与国际分工提供了良好的机遇。我国建材企业要充分把握机遇，积极参与到国际合作与竞争中，寻找新的商业机会，在全球范围内配置资源，或接受国外服务业转移，或转移自身加工环节，向服务领域延伸，拓宽企业利润来源。

三、转变销售方式

在销售方式的转变上，建材企业可以以互联网为依托而进行电子商务活动，使服务化的建材企业搜集和了解到更多的客户信息，促使其由传统的交易理念向新型的关系营销理念转变，也就是将重点放在了同客户关系的维持、对顾客的识别以及与符合企业利益的目标客户保持长期持久的关系上，建材企业更加重视同顾客一起创造价值的服务化趋势。建材企业与客户的关系其实是一种相互依存的关系，彼此之间存在着共同的利益：客户购买商品获得了使用价值，而企业提供产品获得了价值也就是利润。企业建立客户关系管理系统的目的就是要维持这种与客户的系统的、稳定的、和谐的、长久的关系。因此，建材企业的客户管理体系要主动发现目标客户、了解客户需求、开发客户、及时与客户沟通并使客户产生依赖性。建材企业服务化过程中营销方式的一个发展方向就是新时代下的网络管理，通过借助网络技术这一强大的平台，充分发挥其互动性，来发展建立在客户满意和客户价值基础上的关系营销，从而避免了与竞争对手的同质化竞争，使企业获得了优于对手的服务优势，同时为建材企业带来稳定的丰厚利润。除此之外，我国建材企业在发展服务化的同时要注意企业外部营销的基础和前提，如何与外部营销形成良好的互动，是建材企业要考虑的关键问题，内部营销无疑是解决这一系列问题的关键。企业员工就是企业的内部顾客，维持员工服务质量，运用有效管理理念使员工更加高效努力地做好服务工作。我国建材企业要清楚地意识到外部服务质量和客户满意度的提高很大程度上取决于企业的内部营销，积极通过企业文化建设和科学合理的奖励激励、报酬激励机制，促使企业员工充分调动其自身的主人翁责任感，更好地完成客户服务业务。我国建材企业一定要改变过去对客户服务的理解范围狭窄的层面上，不应只重视实物分销服务和库存的可靠性、订单的准确性及订货周期的变化，更不应该将客户服务政策仅仅停留在口头上。顾客服务活动应分成五个部分，即接触前、人员接触、送货前、送货和送货后。在接受订货之前顾客服务也是必要的，并且必须一直延续到完成产品运送之后很长时间。因此，建材企业必须认识到，企业进行的服务营销不仅仅局限于专业的销售人员与客户的互动，其实企业的每一位员工都有机会与顾客打交道，每一位员工都是企业的形象代表，每一位员工都是企业提供服务的窗口，所以建材企业要在企业内部真正树立起覆盖整个企业全体员工的面向产品生命周期全过程和面向客户的服务理念。

四、加强客户整合

在构建面向客户信息资源整合方面，建材企业应主动创造信息共享平台，真正与客户和其他企业之间达成信息资源共享及合理配置，通过有效识别企业自身特点和客户需求特点，并将二者进行恰当地融合，来最大限度地满足客户的个性化服务需求。我国建材企业要勇于挖掘客户需求信息，彻底深入到客户中，以服务客户的态度，不断听取客户的意见；强调客户参与式的产品开发，通过调研客户信息，做到以客户的角度作为立足点，根据客户需求设计相关导向性产品，使产品趋于定制化、个性化的服务；将服务营销渗透到建材企业产品服务的销售阶段，以网络平台的强大信息性和互动性为媒介，建立和维持长期的客户满意和客户价值的客户关系；建立全面面向客户的服务人员管理系统，采用多样化的产品售后服务形式，通过客户反馈不断改进和创新员工的配送服务、质量保证服务、售后安装服务、服务培训指导和产品服务咨询服务、相关功能配套服务、备品配件供应服务等。我国建材企业应借助网络和信息技术这个平台，结合自身特点应用网络和信息技术所搭建的平台，针对目标客户建立专门的数据库，这样才能根据具体的目标客户分析其需求，从而有效地刺激其购买欲望。互联网的出现不仅为企业提供了新的经营手段和新的发展机会，也使企业对客户信息资源的收集和整合更加便利。建材企业服务化需要借助信息化这个平台来发展壮大，与此同时服务化也是建材企业信息化的一个重要的发展方向。建材企业所在的建材行业可以建立相关的公共服务平台，并采用一对多的服务方式，为行业价值链上的各种建材企业提供建材行业信息化的应用服务，借以支持建材企业的业务过程，这样就实现了建材企业之间信息资源的共享和优势互补，将各种信息集成在一起，从而彻底地改变传统建材行业信息的应用和实施模式。随着建材行业公共服务平台越来越快地从提供信息、资源服务向提供专业技术服务的方向发展，越来越多的建材企业及产业集群广泛利用公共服务平台实施信息化技术的相关推广和应用，从而支持了建材企业之间业务流程协作和企业内的核心业务服务化，形成了一定层次的建材企业整体信息化水平。对客户需求的预测与分析、对售后服务过程中客户需求的迅速响应和客户信息的统计，以及实时或在线产品故障答疑和解除等服务都需要借助于信息技术平台，有了这个支撑，建材企业产品的技术含量就会相应地提高，产品技术升级换代随之加快，使建材企业产品升级服务需求随之增加。

五、加强知识管理

我国建材企业应该针对服务化过程中的知识管理采取一定措施。在建材企业中组织内部和组织之间的沟通中注重知识的共享和创新，突出人才在企业服务化过程中的重要作用，在与供应商、分销商、客户的互动中注意知识的积累和转换，并突出产品的知识集成。建材企业服务化重在创新，而创新归根结底就是创造和应用新的知识，促进创新的关键也就在于知识的转移和创造。由于知识分为显性知识和隐性知识，而在信息技术和经济全球化迅猛发展的今天，显性知识相对于隐性知识更容易获得，因而创新的关键就在于隐性知识的创造和应用。隐性知识是以创造和应用为前提进行传播和流动的，因为隐性知识和其所在的周围环境有着密不可分的关系，由于隐性知识在现阶段即使是通过信息技术也很难通过长距离进行传播和流动，故其只有通过当面的交流和互动来进行不断转移。我国建材企业在服务化过程中不断进行和用户一起提出解决方案的尝试，通过不间断的面对面的沟通和交流创造学习机会，使隐性知识得以转移和创造，促进了以隐性知识为依托的产品创新。通过不断地创造需求来使用户对建材企业的相关服务产生依赖，从而有效提升建材企业的竞争力。在建材企业服务化过程中，隐性知识的应用和理解并创造是企业需要注意的重要方面。客户参与到建材企业的生产设计销售等流程中，可以帮助企业为用户提供满足其需求的更好的产品系统解决方案，从而更好地实现产品价值和顾客价值，实现双赢。正是这种客户和企业之间的互动，使在信息时代比显性知识更难获得的隐性知识得以被创造和应用，这种互动恰恰促进了隐性知识的转移和创造，从而促进了产品系统的不断创新，因为在开发和确定及解决问题的过程中，客户往往能够比企业发挥更加巨大的作用，具有相关的技术及经验的客户经常能够为企业提出更多更好的技术和产品及服务的改进建议和意见，有的建材企业服务化中甚至加入了顾客亲自参与到产品改进当中，很大程度上形成了对建材企业的示范效应，在创新维度上很大程度上对企业产生了促进作用。隐性知识中也包括了对客户需求分析，这是建材企业进行相关产品的设计和建材的起始点。在企业各个环节上都要以客户为导向，发现和创造客户的需求，转化隐性知识，使客户满意度不断提高。建材企业服务化是凝聚着技术和知识的一项创造性活动。在我国建材企业服务化发展过程中，应大大增加绝大部分以知识为基础的服务活动，如整个产品生命周期所涉及的产品研发、服务营销、产品设计、渠道和产品广告等环节，这样才能充分发挥知识在建材企业服务化过程中的重要作用。

因此，我国建材企业在服务化的过程中，应根据周围环境选择适合自己的技术和知识，在创新中寻找机会，从而使企业的产品和服务具有不可替代性，与客户建立牢固的客户关系。

六、提升服务质量

服务不同于实体产品，其本质上是无形的、即时的，服务的中心内容是向顾客提供有价值的活动，并非转移某种产品的所有权。因此，顾客只能从看到的服务设备、资料、人员、价格上对服务质量做出评价。一般而言，服务品质的管理难度远远超过产品品质的管理难度。

在提高服务质量方面，我国建材企业可以结合实际情况建立相关的可行的服务化系统。建材企业的服务化经营包含的内容不仅仅是企业的有形产品，更重要的是企业销售过程中和销售之后的无形的服务。建材企业可将涉及用户的金融服务方面的延期付款、关于设备的租赁系统、服务中的员工培训、特定服务合同、提供咨询建议、替代用户储存零部件、用户参与开发等都归入建材企业提供的面向客户的服务之中。建材企业的服务化经营过程中要注意这个过程不仅要求在建材企业范围内树立全方位的全生命周期的为用户服务的思想意识，更应从比较实际的抓得着的方面来严格保证建材企业服务的质量，我国的建材企业应该具备完善服务质量的能力。建材企业在建立适当可行的服务化营销体系之外，还必须努力提高服务人员的服务能力，因为服务人员与客户直接接触、直接解决用户困难并开发相关资源，所以建材企业要对服务质量进行高标准的严格要求。在构建服务质量评价和监督体系上，要明确服务质量的定义和内涵，针对企业的实际情况设置切实有效的服务质量评价模型，从更广阔的范围和更深的层次加强与企业客户的接触，使客户参与到企业的制造过程、研发过程，使为客户提供支持的环节与产品研发、制造环节的技术反馈大大增强。在这里要尤为注意的是员工服务技巧与服务能力的相关开发，因为建材企业在发展服务化的过程中，逐步增多数量的建材企业员工参与到对顾客的服务和直接接触中，所以与顾客接触的员工成了企业服务质量的重要保证，通过员工与客户的接触也可以为企业提供一些重要的反馈信息，员工通过对顾客的观察、提问识别顾客的相关需求和想法来发现和解决服务过程中的实际问题。另外，员工与顾客直接接触的事实使顾客对建材企业的服务的评价很大一部分直接取决于接触员工的表现。建材企业要时刻加强和提高员工的服务技巧、工作行为和素质。首先，要加强培训员工处理人际关系的技巧的培训，使员工形成积极思考、主动创造、细致周到、乐于助人的服务态度；其次，除了员工的专业知识的扎实基础外，还要加强员工与顾客的沟通技巧，这样建材企业就可以通过与顾客接触的员工来掌握顾客的潜在需求，了解顾客对产品服务质量的评价，从而更轻易地分析顾客愿望，制造理想中的顾客需求产品。

全面提升服务质量的同时，还要积极应对顾客的投诉。很多建材企业对顾客的投诉和抱怨缺乏有效的管理。对于来自顾客的投诉，常常是疲于应对甚至躲避责任，对重大问题缺乏相应的解决方案，从而导致顾客流失严重，品牌形象受损。因此，如何积极有效地应对顾客投诉也是建材企业服务化过程中需要认真考虑的问题。

七、加强服务创新

服务创新有狭义和广义之分。狭义的服务创新是指服务型组织为获得更大的商业和社会利益，向目标顾客提供更高效、更周到、更准确、更满意的服务包(产品和服务的组合)。它包括组织结构创新、服务传递方式创新、服务流程创新、服务作业系统创新等几种主要形式。广义的服务创新是指各类组织(或部门)不断为用户提供无形的服务、有形的产品或二者的结合物，以便创造更大的价值和效用，增强顾客满意度和忠诚度。对制造业企业而言，服务创新是指直接面向用户的一切活动的改进，是广义的服务创新，包括了狭义服务创新的内容。制造业企业以核心产品为载体向顾客提供服务，不断挖掘现有产品和新产品的潜在收益，并通过相应的信息服务、技术支持及咨询服务等，与顾客在产品质量和服务方面结成伙伴关系，有利于树立品牌形象，提高顾客忠诚度。因此，制造业的服务创新应做到“以顾客为核心”的基本原则。

随着信息与网络通信等技术手段的快速发展，制造业与服务业的边界越来越模糊。制造业企业的竞争重点已逐渐由硬件转向软件，由有形转向无形。制造业创新的突破点也趋向于利用附带超值服务的优质产品或以技术、产品为载体的服务来巩固和拓展市场。客户和合作伙伴是制造企业服务创新重要的创新来源和资源。与制造业的产品创新不同，服务创新以“客户”为中心。因此建材企业要注重寻找内外部可以整合的服务创新资源。

不断创新是企业发展永恒的动力。制造业企业要着眼于长远发展，就必须要拓展新的服务领域，如服务咨询、顾客培训、产品派送、技术支持、维修保养等一系列辅助服务活动。真正的竞争优势和核心能力来自于各类差别化的服务创新，凭借独特性的服务项目和服务方式，赢得顾客的满意及忠诚度。不断地超越吸收和借鉴先进的服务理念和经验，优化企业的服务管理体系和方法，才能更好地面对制造业服务化过程中的激烈竞争，实现企业的可持续发展。

总而言之，面对全球景气持续而来的严峻考验，以及贸易自由化、制造业再一次大迁移的前提下，制造业与服务业的界线已经不再像过往如此泾渭分明，于此之际，建材产业制造业者应该力行服务化，寻求跨入制造服务创新的领域，以顾客服务为经营核心价值，才能在风云变幻的全球经济环境中，持续保持优势。

后　记

诚如书中开篇介绍，“建材产业服务化转型战略研究”是中国工程院重点咨询项目“煤炭等资源型产业的服务化转型战略研究”的子课题之一，整个研究由刘炯天院士带队，王一德院士参加，历时两年多，数十名专家学者立足资源型产业的可持续发展，对煤炭、冶金、建材及石油天然气等资源产业开展了深入的研究分析，本书即是我带领的项目研究团队提交给建材产业关于服务化转型的一份答卷。

“建材产业服务化转型战略研究”这个课题项目可以说是得之我幸，除却这份际遇和荣幸，更有一种使命感。不仅仅是心系集团前途、行业发展，更重要的是中国建材集团有限公司作为全国最大、世界第二的建材产业集团，中国建筑材料科学研究总院作为我国建材行业科技创新的旗舰，能够让我有信心组建一个拥有最前沿视角、最尖端技术，掌握第一手数据和最精准分析力的科研团队，能在当前行业全面过剩、经济增速减缓、盈利能力减弱的“新常态”下，为建材行业转型升级做一些前瞻性的探索，实现新形势下的行业优势再造。

书中的每个研究成果都是集体智慧的结晶。在这里，我要特别感谢刘炯天院士和王一德院士对整个研究过程的指导，在关键节点为我们专家引路、指点迷津；感谢中国建筑材料联合会对课题研究的全方位支持，乔龙德会长更是亲自参与了开题、评审，并为此书作序，给予我们研究成果充分的肯定和认可；感谢中国建材集团有限公司和中国建筑材料科学研究总院的研究团队，以包玮、施存有、肖慧、周建中等为代表的科研骨干成为课题研究的中流砥柱；感谢张健、陈璐、王立鹤等一大批青年科研人员的付出，可持续的人才队伍离不开这些朝气蓬勃的新鲜血液；感谢金玲、梁霄、牛振华、申会民等年轻同事为本书编辑付出了辛勤劳动；还要感谢煤炭、冶金及石油天然气课题组的专家学者，开拓了我们的思路；最后感谢我的家人，是家人给予的默默付出和支持，能够让我投身于工作，寄情于科研。在此，谨向所有关心和支持本书出版的领导、专家学者、企业同仁和社会各界表示最衷心的感谢！

集体是力量的源泉，众人是智慧的摇篮。正是有了上述这么许多人的耕耘和付出，才成就了这本《建材产业服务化转型战略研究》，这不仅是一本书，而是许多建材人踏踏实实的付出、勤勤恳恳的总结、孜孜不倦的思索，是我们对建材行业持续健康发展的有益探索。建材产业服务化转型战略研究会持续地推进和完善，希望建材以及各行业的专家学者、读者朋友不吝赐教，共同推进建材等资源型产业的更好更快发展。

姚　燕

2015年12月31日

建材产业服务化转型战略研究课题组成员名单

组　长：姚　燕

副组长：张　健

成　员：（以姓氏笔画为序）

丁奇生　王　莹　王立鹤　王灵秀　王鹏起　牛振华　毛志伟

申会民　包　玮　权宗刚　刘成雄　刘志海　刘贵平　李　韬

李卫国　李少平　李伟明　杨　健　肖　慧　吴　潇　吴善淦

宋　心　张劲松　陈　璐　郅　晓　罗振立　金　玲　周建中

赵　平　段圆圆　曹文鹏　曹宗平　梁　霄　谭丹君　谭东杰